O LIVRO DAS
FOBIAS
E
MANIAS

O LIVRO DAS
FOBIAS
E
MANIAS

99 obsessões para entender a mente humana

KATE SUMMERSCALE

Tradução de Renato Marques

Copyright © Kate Summerscale, 2022

TÍTULO ORIGINAL
The Book of Phobias and Manias

COPIDESQUE
Rodrigo Austregésilo

REVISÃO
João Sette Camara
Eduardo Carneiro

REVISÃO TÉCNICA
Rafaela Teixeira Zorzanelli

ADAPTAÇÃO DE CAPA E DIAGRAMAÇÃO
Henrique Diniz

DESIGN DE CAPA
Nathan Burton

CIP-BRASIL. CATALOGAÇÃO NA PUBLICAÇÃO
SINDICATO NACIONAL DOS EDITORES DE LIVROS, RJ

S953L

    Summerscale, Kate, 1965-
        O livro das fobias e manias : 99 obsessões para entender a mente humana / Kate Summerscale ; tradução Renato Marques. - 1. ed. - Rio de Janeiro : Intrínseca, 2023.

        Tradução de: The book of phobias and manias
        ISBN 978-65-5560-606-5

        1. Comportamento compulsivo - Obras populares. 2. Fobias - Obras populares. 4. Transtorno obsessivo-compulsivo - Obras populares. I. Marques, Renato. II. Título.

23-85278   CDD: 616.8522
                CDU: 616.89-008.441

Meri Gleice Rodrigues de Souza - Bibliotecária - CRB-7/6439

21/07/2023   26/07/2023

[2023]
Todos os direitos desta edição reservados à
EDITORA INTRÍNSECA LTDA.
Av. das Américas, 500, bloco 12, sala 303
22640-904 — Barra da Tijuca
Rio de Janeiro — RJ
Tel./Fax: (21) 3206-7400
www.intrinseca.com.br

Para Sam Randall

SUMÁRIO

INTRODUÇÃO 9

COMO USAR ESTE LIVRO 17

FOBIAS E MANIAS DE A a Z

Ablutofobia *(tomar banho/se lavar)* 25
Abulomania *(indecisão)* 26
Acarofobia *(animais minúsculos)* 28
Acrofobia *(altura)* 30
Aerofobia *(voar)* 33
Afefobia *(ser tocado)* 36
Afemania *(tocar)* 37
Agorafobia *(espaços abertos)* 37
Aibofobia *(palíndromos)* 43
Ailurofobia *(gatos)* 44
Aquafobia *(água)* 48
Aracnofobia *(aranhas)* 49
Aritmomania *(contas)* 55

Bambacofobia *(algodão)* 58
Batracofobia *(rãs e sapos)* 60
Beatlemania *(Beatles)* 61
Bibliomania *(livros)* 64
Brontofobia *(trovão)* 69

Cinofobia *(cães)* 72
Claustrofobia *(espaços confinados)* 76
Clazomania *(gritos)* 80
Cleptomania *(furtar)* 81
Coreomania *(dança)* 86
Coulrofobia *(palhaços)* 89

Demonomania *(o diabo)* 93
Dermatilomania *(cutucar a pele)* 97

Dipsomania *(álcool)* 99
Dorafobia *(pelos de animais)* 100
Dromomania *(caminhar)* 103

Egomania *(si mesmo)* 107
Emetofobia *(vômito/vomitar)* 107
Entomofobia *(insetos)* 111
Equinofobia *(cavalos)* 115
Ergofobia *(trabalho)* 119
Eritrofobia *(corar/ruborizar)* 119
Erotomania *(amor)* 124

Ficofobia *(algas)* 127
Fobia de botões 130
Fobia de caiaque 132
Fobia de pipoca 134
Fobia de urinar em lugares públicos 136
Fobia social 137
Fobias de sangue-injeção-ferimentos 139
Fonofobia *(ruídos)* 142

Gelotofobia *(zombaria)* 144
Gerascofobia *(envelhecer)* 146
Globofobia *(balões/bexigas)* 148
Glossofobia *(falar em público)* 148
Grafomania *(escrever)* 150

Hidrofobia *(água)* 152
Hipnofobia *(sono)* 155

Hipofobia *(ausência de medos)* 156
Hipopotomonstrosesquipedaliofobia
(palavras longas) 157
Homofobia *(homossexualidade)* 158

Lipemania *(tristeza)* 160

Mania de riso 161
Megalomania *(delírios de grandeza)* 164
Micromania *(encolhimento)* 165
Misofobia *(germes)* 166
Mitomania *(mentir)* 172
Monofobia *(solidão)* 176
Monomania *(uma única coisa)* 177
Monomania homicida *(matar)* 179
Musofobia *(ratos e camundongos)* 182

Nictofobia *(noite e escuridão)* 183
Ninfomania *(sexo)* 187
Nomofobia *(telefones celulares)* 191

Odontofobia *(dentistas)* 194
Ofidiofobia *(cobras)* 196
Oneomania *(compras)* 199
Onicotilomania *(cutucar as unhas)* 201
Onomatomania
(uma determinada palavra) 203
Ornitofobia *(pássaros)* 203
Osmofobia *(cheiros)* 205
Ovofobia *(ovos)* 206

Pantofobia *(tudo)* 208
Pediofobia *(bonecos)* 209
Piromania *(fogo)* 213
Plutomania *(riquezas)* 217
Pnigofobia *(engasgar)* 218
Pogonofobia *(barbas)* 220
Presentemania *(generosidade)* 222
Pteronofobia *(penas)* 222

Sedatofobia *(silêncio)* 223
Siderodromofobia *(trens)* 225
Silogomania *(acumulação)* 227

Tafefobia *(ser enterrado vivo)* 234
Talassofobia *(mares)* 237
Telefonofobia *(telefones)* 239
Tetrafobia *(número 4)* 241
Tocofobia *(dar à luz)* 242
Tricomania *(cabelo)* 244
Tricotilomania
(arrancar cabelos ou pelos) 246
Tripofobia *(buracos)* 249
Triscaidecafobia *(número 13)* 251
Tulipamania *(tulipas)* 252

Xenofobia *(estrangeiros)* 255
Xilofobia *(florestas)* 257

Zoofobia *(animais)* 258

FONTES   261

AGRADECIMENTOS   313

FOBIAS   314

MANIAS   315

INTRODUÇÃO

—

Todos nós somos movidos por medos e desejos, e às vezes nos tornamos escravos deles. Foi Benjamin Rush, um dos "pais fundadores" dos Estados Unidos, quem deu início à mania de nomear essas obsessões e ideias fixas, em 1786. Até então, a palavra "fobia" (do grego *phóbos*, derivado de Fobos, o deus grego que personificava o medo, o pânico e o terror) era aplicada apenas a sintomas de doenças físicas, e a palavra "mania" (de *manía*, termo grego para "estado de loucura, demência"), a situações sociais. Rush reformulou os dois conceitos e os definiu como fenômenos psicológicos. "Definirei a fobia como o medo de um mal imaginário", escreveu, "ou o temor desmedido e injustificado de um mal real." Rush enumerou dezoito fobias, entre elas a aversão a sujeira, fantasmas, médicos e ratos, e 26 novas manias, entre elas, "mania de jogos", "mania militar" e "mania de liberdade". Ele adotou um tom levemente cômico — a "fobia doméstica", afirmava, afligia cavalheiros que se sentiam compelidos a dar uma paradinha na taberna após o expediente —, mas, ao longo do século seguinte, os psiquiatras desenvolveram uma noção mais complexa desses traços e passaram a ver as fobias e manias como vestígios sinistros de nossa história evolutiva e pessoal, manifestações tanto de instintos animais perdidos quanto de desejos reprimidos.

No início do século XIX, a lista de Rush foi acrescida de uma série de novas manias, e mais para o fim do século já se falava numa caudalosa enxurrada de fobias e manias. Agora, incluíam-se entre as fobias o medo irracional de grandes espaços públicos e abertos, de espaços fechados, de corar ou enrubescer e de ser enterrado vivo (agorafobia, claustrofobia, eritrofobia e tafefobia, respectivamente). Ao conjunto de manias foram incorporadas a compulsão por dançar (coreomania), o impulso incontrolável de perambular ou viajar (dromomania), a impulsão de contar certas quantidades de coisas (aritmomania) e a compulsão por arrancar os próprios cabelos ou pelos (tricotilomania). E continuamos descobrindo novas ansiedades: nomofobia (pânico de não ter à mão um celular), bambacofobia (pavor de algodão), coulrofobia (horror a palhaços), tripofobia (fobia de agrupamentos de buracos ou saliências). Muitas receberam mais de um nome — o medo de voar, por exemplo, aparece neste livro como aerofobia, mas também é conhecido como aviofobia, pteromeranofobia e, numa nomenclatura mais direta, medo de viajar de avião.

Todas as fobias e manias são criações culturais: o momento em que cada uma foi identificada — ou inventada — marcou uma mudança na forma como pensávamos sobre nós mesmos. Algumas das fobias e manias descritas neste livro de forma alguma são diagnósticos psiquiátricos, mas palavras cunhadas para nomear preconceitos (homofobia, xenofobia), para brincar com modismos, "modinhas" e "febres" (beatlemania, tulipamania) ou para fazer piada (aibofobia, que é o suposto medo de palíndromos, e hipopotomonstrosesquipedaliofobia, que seria um distúrbio caracterizado pelo medo irracional de palavras grandes ou complicadas). Contudo, a maioria dos verbetes compilados nesta obra descreve condições reais e, muitas vezes, angustiantes. Fobias e manias revelam nosso íntimo — coisas que nos fazem recuar de repugnância ou das quais tentamos de tudo para nos aproximarmos, coisas que não conseguimos tirar da cabeça. Coletivamente, são os transtornos de ansiedade mais comuns do nosso tempo.

O acadêmico literário britânico David Trotter observa que "a fobia individualiza a ansiedade, a ponto de poder ser sentida e conhecida *em sua particularidade*, e assim neutralizada ou contornada". Uma mania também pode condensar uma série de medos e desejos. Essas obsessões íntimas são as loucuras dos sãos; talvez as loucuras que nos mantêm sãos, por cristalizar nossos medos e fantasias e nos permitir seguir em frente como se todo o resto em nossa vida fizesse sentido.

Para que o medo de um indivíduo seja diagnosticado como fobia, de acordo com a 5ª edição do *Manual diagnóstico e estatístico de transtornos mentais* (*DSM*, na sigla em inglês), publicado pela Associação Norte-Americana de Psiquiatria (APA, na sigla em inglês), o medo deve ser excessivo, irracional e ter durado seis meses ou mais; além disso, deve ter levado o indivíduo a evitar a situação ou objeto temido a ponto de interferir em seu comportamento racional ou na capacidade de levar uma vida normal. O *DSM-5* faz uma distinção entre as fobias sociais, que são medos avassaladores de situações sociais, e as fobias específicas, que podem ser divididas em cinco tipos: fobias de animais; fobias do ambiente natural (por exemplo, medo de altura ou de água); fobias de sangue-injeção-ferimentos; fobias situacionais (como aprisionamento em espaços fechados); e outros medos extremos, como pavor de vomitar, engasgar ou de barulho.

Embora as fobias específicas tendam a ser mais responsivas a tratamentos do que qualquer outra condição de ansiedade, a maioria das pessoas não procura atendimento, e opta, em vez disso, por evitar os objetos que teme — acredita-se que apenas uma em cada oito pessoas com essas fobias procure ajuda, o que torna difícil medir a prevalência. Contudo, em 2018, o periódico científico *The Lancet Psychiatry* publicou uma revisão da literatura, que reunia 25 pesquisas realizadas entre 1984 e 2014, e constatou que 7,2% das pessoas provavelmente sentem na pele os efeitos de alguma fobia específica em algum momento da vida; em 2017, uma pesquisa realizada pela Organização Mundial da Saúde (OMS) com base em dados de 22 países chegou a conclusões muito semelhantes. Esses estudos também indicaram que fobias específicas são muito mais comuns em crianças do que em adultos, que as taxas caem pela metade entre os idosos e que as mulheres apresentam duas vezes mais casos de fobia do que os homens. Isso significa que se, em média, uma em cada dez mulheres vivencia uma fobia específica, um a cada vinte homens tem experiência igual. Pesquisas nacionais sugerem que 7% dos estadunidenses e 12% dos britânicos têm fobias sociais.

Esses números dizem respeito a transtornos fóbicos, que interferem nas atividades de vida diárias. Muitos mais de nós têm aversões ou pavores mais leves que às vezes chamamos de fobias: uma forte repulsa por falar em público ou ir ao dentista, o horror ao som de trovões ou a aranhas. Nos Estados Unidos, mais de 70% das pessoas dizem sentir algum medo irracional. Quando comecei a fazer pesquisas para escrever este livro, não achava que eu mesma tinha fobias específicas — exceto, talvez, por meu pavor adolescente de enrubescer e uma duradoura ansiedade quanto a viajar de avião —, mas, quando terminei, tinha certeza de que sofria de quase todas. Alguns terrores são mais imaginados do que sentidos.

As causas dessas condições são alvo de inúmeras controvérsias. Fobias de objetos, palavras ou números específicos podem parecer superstições antigas, vestígios de crenças pagãs. O psicólogo estadunidense Granville Stanley Hall, que em um ensaio de 1914 catalogou 132 fobias, observou que algumas crianças desenvolveram um medo obsessivo após tomarem um susto. O choque, ele escreveu, era "uma mãe fértil de fobias".

Sigmund Freud, que analisou sintomas fóbicos em dois estudos famosos de 1909, propôs que uma fobia seria um medo reprimido transferido para um objeto externo: tanto uma expressão de ansiedade quanto uma defesa contra ela. "Fugir de um perigo interno é difícil", explicou. "A pessoa pode se proteger de um perigo externo por meio da fuga."

Psicólogos evolucionistas argumentam que muitas fobias são adaptativas: nossos medos de altura e de cobras estão embutidos em nosso cérebro para nos impedir de cair de lugares muito altos ou de sermos picados por serpentes; nossa aversão a ratos e lesmas nos protege de doenças. Fobias desse tipo podem ser parte de nossa herança evolutiva, medos com fundamento biológico, desenvolvidos com o propósito de nos proteger das ameaças externas. Uma reação fóbica de fato se assemelha a um reflexo instintivo. Ao detectar um objeto ou uma situação ameaçadores, nosso cérebro primitivo libera substâncias químicas para nos ajudar a lutar ou fugir, e nossas reações físicas — um estremecimento ou um recuo de medo, uma onda de calor ou náusea — parecem nos dominar.

A evolução talvez ajude a explicar por que as mulheres são desproporcionalmente fóbicas, sobretudo na idade fértil, anos em que são capazes de ter filhos: a cautela intensificada protege tanto a prole quanto a si mesmas. Mas as fobias também podem parecer mais comuns em mulheres porque o ambiente social é mais hostil a elas — as mulheres têm mais motivos para sentir medo — ou porque, com muita frequência, os temores de que são acometidos são menosprezados e descartados como se fossem sentimentos irracionais. As explicações evolutivas das fobias baseiam-se em falácias lógicas e não são capazes de explicar todas as fobias, tampouco o motivo de alguns indivíduos serem fóbicos e outros, não. Em 1919, os psicólogos comportamentais estadunidenses James Broadus Watson e Rosalie Rayner criaram um experimento para demonstrar que uma fobia poderia ser condicionada por um estímulo.

Na década de 1960, Albert Bandura demonstrou que uma fobia também pode ser aprendida pela exposição direta às ansiedades e aos medos irracionais de outra pessoa — o pai ou a mãe, por exemplo. As famílias transmitem o medo tanto pelo exemplo quanto pelos genes. Mesmo que sejamos predispostos a certas ansiedades, elas precisam ser desencadeadas pela experiência ou pela educação.

Se uma fobia é uma compulsão para evitar algo, uma mania geralmente é uma compulsão para fazer algo. O grande psiquiatra francês Jean-Étienne Esquirol cunhou o conceito de monomania, ou mania específica, no início do século XIX, enquanto seu conterrâneo Pierre Janet escrevia afetuosos e atenciosos estudos de caso sobre as pessoas que ele tratava na virada do século XX e que sofriam do mesmo tipo de obsessão. A maioria das manias presentes neste livro consiste em comportamentos obsessivos, centrados em um objeto, ação ou ideia — arrancar os cabelos, por exemplo, ou acumular coisas. Sua prevalência é difícil de avaliar, em parte porque a medicina moderna incluiu muitas delas em categorias como vício, transtorno obsessivo-compulsivo, transtorno repetitivo focado no corpo, transtorno de controle de impulsos e transtorno de personalidade limítrofe (ou transtorno da personalidade borderline). Assim como as fobias, as manias às vezes são atribuídas a desequilíbrios químicos no cérebro e outras vezes a sentimentos complicados ou proibidos. Quase sempre amplificam desejos comuns — desejo de rir, berrar, comprar, furtar, mentir, atear fogo, fazer sexo, ficar chapado, coçar uma ferida, render-se ao sofrimento, ser adorado.

Além dos impulsos pessoais, este livro inclui várias manias coletivas, nas quais as pessoas dançam, riem, tremem ou gritam juntas. Na década de 1860, por exemplo, um surto de demonomania tomou conta da cidadezinha de Morzine, na França, e na década de 1960 uma explosão de gargalhadas desvairadas ocorreu repentinamente perto de um lago na Tanzânia. Esses surtos compartilhados podem se assemelhar a rebeliões, nas quais sentimentos desconhecidos surgem, e vez ou outra podem nos forçar a reavaliar o que é racional e o que não é. Quando decidimos que determinado comportamento é maníaco ou fóbico, definimos nossos limites culturais e psicológicos: indicamos as crenças que fundamentam nosso mundo social. Essas fronteiras mudam com o tempo e, em um momento de crise coletiva — uma guerra, uma pandemia —, podem sofrer alterações abruptas.

Uma fobia ou uma mania são como um feitiço, dando um significado misterioso a um objeto ou a uma ação e lhe conferindo o poder de nos possuir e transformar. Essas condições podem ser opressivas, mas também encantam o mundo ao nosso redor, tornando-o tão assustador e intenso quanto um conto de fadas. Tal qual a magia, elas exercem um controle físico e, dessa forma, revelam nossa estranheza.

COMO USAR ESTE LIVRO

—

As fobias e manias neste livro estão organizadas em ordem alfabética, mas podem ser agrupadas em temas, da seguinte maneira:

O medo de **ANIMAIS** em geral é conhecido como **zoofobia**, ao passo que nossas aversões a determinados tipos de criatura incluem a **acarofobia** (horror a coceira ou pequenos organismos que causem sarna ou infestação na pele), **ailurofobia** (medo de gatos), **aracnofobia** (medo de aranhas), **batracofobia** (medo de batráquios ou anfíbios, como rãs e sapos), **cinofobia** (aversão a cães), **entomofobia** (medo de insetos), **equinofobia** (medo de cavalos), **musofobia** (aversão a ratos e camundongos), **ofidiofobia** (medo de cobras) e **ornitofobia** (medo de pássaros).

Entre as **TEXTURAS** que nos perturbam estão o algodão (aversão conhecida como **bambacofobia**), pelos de animais (**dorafobia**), penas (**pteronofobia**) e aglomerados de pequenos buracos e saliências (**tripofobia**).

Entre as **MANIAS COLETIVAS** que vêm nos acometendo ao longo dos séculos incluem-se a **bibliomania**, obsessão por livros; a **beatlemania**, paixão pelos Beatles; a **demonomania**, delírio em que o indivíduo se julga possuído por demônios; a **mania de riso**, histeria que eclodiu entre estudantes da Tanzânia na década de 1960; a **plutomania**, que a princípio era o fetiche por dinheiro e riqueza e tempos depois também batizou o entusiasmo por um planeta; e a **silogomania**, obsessão pelo acúmulo insalubre de objetos. O frenesi holandês por tulipas no século XVII ficou conhecido como **tulipamania**, assim como as explosões de dança compulsiva na Europa medieval foram chamadas **coreomania**.

Os **PÂNICOS EM MASSA** que já se apoderaram de nós incluem a **fobia de caiaque**, que acometeu caçadores de focas inuítes na Groenlândia no fim do século XIX, e a **coulrofobia**, medo de palhaços que surgiu nos Estados Unidos cem anos depois.

O nojo ou o medo de nossos **CORPOS** pode se manifestar na forma de terror a sangue ou picadas de agulha (**fobias de sangue-injeção-ferimentos**) ou de dentistas (**odontofobia**), pavor a vômito e de vomitar (**emetofobia**), medo de envelhecer (**gerascofobia**) ou medo da gravidez e do parto (**tocofobia**). Alguns de nós desenvolvem aversão a cheiros (**osmofobia**) e outros não suportam usar banheiros públicos (**fobia de urinar em lugares públicos**).

Os **OBJETOS INANIMADOS** que com mais frequência se tornam objeto de medo incluem balões e bexigas (**globofobia**), botões (**fobia de botões**) e bonecos (**pediofobia**). A acumulação compulsiva de objetos é conhecida como **silogomania**, enquanto a compra compulsiva chama-se **oneomania** e a compulsão por furtar é **cleptomania**.

Ao longo deste livro aparecem ideias sobre o **PROPÓSITO EVOLUTIVO** das fobias e manias. Há o mistério de por que a visão de sangue faz alguns de nós desmaiar (**fobias de sangue-injeção-ferimentos**) e o enigma da **aracnofobia**, o medo de aranhas, que é um dos nossos temores mais comuns e, também, um dos investigados com mais afinco pela medicina. Nosso medo de altura (**acrofobia**) parece uma forma de autoproteção mais óbvia, assim como nossos medos relacionados a água (**aquafobia**, **hidrofobia**, **talassofobia**), nosso pavor de trovões (**brontofobia**), de permanecer em pequenos espaços fechados (**claustrofobia**), de florestas (**xilofobia**), de espaços abertos (**agorafobia**) e da noite e da escuridão (**nictofobia**). Um impulso para nos proteger de ferimentos provavelmente também está por trás de fobias relacionadas ao nojo, como a **pogonofobia** (aversão a barbas), **misofobia** (medo de sujeira e germes), **entomofobia** (medo de insetos) e **tripofobia** (aversão a aglomerados de buracos ou saliências). Os mesmos sentimentos podem embasar comportamentos compulsivos, como o hábito de arrancar continuamente cabelos ou pelos (**tricotilomania**), lesionar e arrancar as unhas (**onicotilomania**), cutucar e machucar a pele (**dermatilomania**) e acumular objetos (**silogomania**). Até mesmo nossos medos de dentista (**odontofobia**) e de corar ou enrubescer (**eritrofobia**) podem remontar aos primórdios de nossa espécie. Psicólogos evolucionistas nos lembram que a ausência de medo (**hipofobia***) pode ser fatal, e alguns argumentam que nosso medo de cobras (**ofidiofobia**) explica como e por que nos tornamos capazes de desenvolver a ansiedade, a linguagem e a imaginação.

A preocupação com as **NOVAS TECNOLOGIAS** deu origem à **aerofobia** (medo de viajar de avião), à **siderodromofobia** (medo de viajar de trem) e à **telefonofobia** (ansiedade para fazer ou receber ligações telefônicas).

---

* Não confundir com o medo irracional e persistente de cavalos, também conhecido como equinofobia. Em inglês, o pânico de cavalos é *hippophobia* e a inexistência de medo é *hypophobia*. Em português, ambos são traduzidos como hipofobia. (N. T.)

Aversões a **COMIDA** e **BEBIDA** podem se manifestar na forma de **ovofobia** (nojo de ovos) e **fobia de pipoca,** ao passo que pessoas com **emetofobia** (pavor de vômito e de vomitar) ou **pnigofobia** (medo de engasgar ou de sufocar) tendem a evitar todo tipo de consumo. Um desejo avassalador de ingerir bebida alcoólica costumava ser conhecido como **dipsomania.**

O desejo compulsivo de **TOCAR** é a **afemania,** enquanto a aversão a ser tocado ou apalpado é a **afefobia.** Uma obsessão por **CABELO** pode assumir a forma de **tricomania** (amor ao cabelo), **pogonofobia** (aversão a barbas) ou **tricotilomania** (arrancar compulsivamente os próprios cabelos e pelos). O medo de tomar banho é conhecido como **ablutofobia,** e geralmente a compulsão por se lavar decorre da **misofobia,** o medo de sujeira ou germes.

Os temores relativos ao **ISOLAMENTO** e ao abandono vêm à tona na **hipnofobia** (medo de dormir), na **lipemania** (tristeza compulsiva), na **monofobia** (medo da solidão), na **nomofobia** (medo de ficar sem telefone celular), na **nictofobia** (medo da noite e da escuridão), na **sedatofobia** (medo do silêncio) e na **tafefobia** (terror de ser enterrado vivo).

Nossas ansiedades a respeito de **OUTRAS PESSOAS,** ou **fobias sociais,** podem assumir a forma de **agorafobia** (medo de estar em espaços abertos), **eritrofobia** (medo de corar ou de enrubescer), **gelotofobia** (medo de ser ridicularizado), **glossofobia** (medo de falar em público) e **fobia de urinar em lugares públicos.** O temor e o ódio referentes a grupos específicos de pessoas são descritos por termos como **homofobia** (rejeição ou aversão a quem é homossexual e à homossexualidade) e **xenofobia** (preconceito contra pessoas de uma nação ou raça diferente).

Entre as muitas **MANIAS COMPULSIVAS** incluem-se a **abulomania** (indecisão compulsiva), a **aritmomania** (compulsão por contar tudo ao redor), a **dromomania** (impulso incontrolável de caminhar, perambular ou viajar), a **grafomania** (tendência compulsiva de registrar tudo graficamente), a **monomania homicida** (distúrbio que torna a pessoa propensa a cometer assassinatos), a **clazomania** (compulsão por gritar), a **cleptomania** (impulso doentio e incontrolável de furtar), a **mitomania** (inclinação compulsiva a mentir), a **ninfomania** (desejo sexual anormalmente exacerbado), a **oneomania** (impulso de comprar coisas) e a **piromania** (distúrbio no qual o indivíduo produz incêndios compulsivamente).

Algumas fobias e manias receberam **NOMES DIVERTIDOS**, como forma de sátira ou de jogos de palavras em vez de descrever condições reais: a **aibofobia** é supostamente o medo de palíndromos; a **ergofobia** é aversão ao trabalho; a **presentemania** é a generosidade excessiva, a mania de dar presentes movida pela obsessão de agradar as pessoas com mimos constantes; e a **hipopotomonstrosesquipedaliofobia** seria o terror por palavras grandes ou complicadas.

Os tratamentos mais comuns para fobias e manias são as **TERAPIAS COGNITIVAS E COMPORTAMENTAIS**, conforme descrito nos verbetes sobre **acrofobia** (medo de altura), **ailurofobia** (medo de gatos), **aracnofobia** (pavor de aranhas), **aerofobia** (medo de voar), **batracofobia** (medo de rãs e sapos), **fobias de sangue-injeção-ferimentos**, **brontofobia** (medo de trovões), **cinofobia** (medo de cães), **glossofobia** (medo de falar em público), **cleptomania** (impulso de furtar), **misofobia** (temor de germes e sujeira), **nictofobia** (medo da noite e da escuridão), **onicotilomania** (ato compulsivo de cutucar e arrancar constantemente as unhas dos pés e das mãos), **pediofobia** (medo de bonecos), **fonofobia** (medo anormal de qualquer ruído ou som) e **pnigofobia** (medo de engasgar). Uma tentativa behaviorista de induzir uma fobia aparece no texto sobre **dorafobia** (medo de pelos de animais).

Nossas obsessões por **NÚMEROS** incluem a **aritmomania** (uma compulsão por contar), a **triscaidecafobia** (medo do número 13) e a **tetrafobia** (aversão ou medo do número 4).

Nossas obsessões por **PALAVRAS** incluem a **onomatomania** (a fixação em uma única palavra), a **hipopotomonstrosesquipedaliofobia** (aversão a palavras longas), a **aibofobia** (aversão a palíndromos), a **bibliomania** (desejo por livros) e a **grafomania** (compulsão por escrever).

IDEIAS PSICANALÍTICAS sobre manias e fobias aparecem nos verbetes sobre **agorafobia** (medo de lugares públicos e grandes espaços abertos), **aracnofobia** (medo de aranhas), **aritmomania** (impulso de contar), **claustrofobia** (medo de estar em lugares fechados ou de tamanho reduzido), **dorafobia** (medo de pelos de animais), **eritrofobia** (medo de corar ou de enrubescer), **ficofobia** (medo de algas), **equinofobia** (medo de cavalos), **cleptomania** (impulso de furtar), **musofobia** (medo de ratos), **misofobia** (medo da sujeira e da contaminação por germes), **mitomania** (hábito de mentir desenfreadamente), **nictofobia** (horror à noite e à escuridão), **oneomania** (compras compulsivas), **ornitofobia** (medo de aves), **pediofobia** (medo de bonecos), **piromania** (tendências incendiárias), **siderodromofobia** (medo de viajar de trem) e **xenofobia** (ódio ou aversão a estrangeiros, pessoas de diferentes nacionalidades, cor ou credo).

Entre nossos medos relacionados a **RUÍDO** estão a **brontofobia** (medo de trovoadas), a **globofobia** (medo de balões e bexigas), a **telefonofobia** (medo e angústia de falar ao telefone) e a **fonofobia** (medo de sons em geral), ao passo que a **sedatofobia** é o medo do silêncio.

Fobias e manias que beiram o **DELÍRIO** incluem a **acarofobia** (medo de ter a pele infestada por insetos), a **demonomania** (quando o indivíduo se julga acometido de possessão demoníaca), a **egomania** (obsessão por si mesmo), a **erotomania** (falsa crença de que se é sexualmente desejado), a **hidrofobia** (pânico de ouvir, ver ou tocar em água), a **megalomania** (delírios de grandeza), a **micromania** (crença de que uma parte do corpo é muito pequena) e a **misofobia** (medo obsessivo de sujeira e germes). A **pantofobia** é o medo de tudo.

A

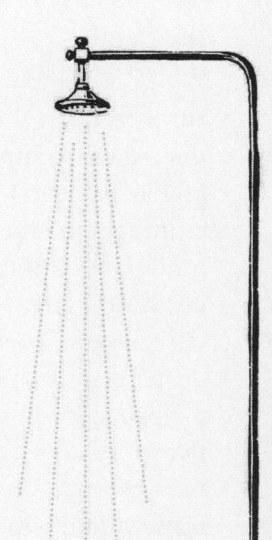

ABLUTOFOBIA

O medo de tomar banho ou de se lavar — ablutofobia, do latim *abluere*, "ablução", "lavagem do corpo", e do grego *fobia* (de *phóbos*), "medo" — afeta especialmente as crianças. Muitas vezes é um terror temporário, vivenciado na infância, embora possa durar anos, em alguns casos. Certa vez, uma menina de dezessete anos disse ao psicólogo estadunidense Granville Stanley Hall que, até os onze anos, ela costumava gritar de horror ao tomar banho. Outro adolescente relatou: "Tomar banho sempre me deixava tenso, com o corpo todo rígido, os olhos esbugalhados, e eu quase tinha convulsões de tanto medo."

O medo de se lavar* era comum na França no início do século XIX, quando muitas pessoas acreditavam que a sujeira era um escudo protetor contra doenças e o cheiro de suor era prova de saúde e vigor sexual. O historiador Steven Zdatny explica que a lavagem completa do corpo era dificultosa em uma sociedade que considerava a nudez uma vergonha. Em um hospital

---

* O contrário da ablutofobia é a ablutomania, o impulso excessivo de tomar banho ou se lavar. (N. T.)

rural francês, uma mulher ficou indignada com a sugestão de que tomasse um banho. "Tenho 68 anos", protestou a enfurecida paciente, "e *nunca* lavei *lá embaixo*!" As classes altas eram igualmente resistentes a se lavar. "Ninguém da minha família jamais tomou banho!", fazia questão de lembrar a condessa de Pange. "A ideia de mergulhar na água até o pescoço parecia uma coisa pagã." Na segunda metade do século, quando os cientistas estabeleceram uma ligação entre a sujeira e a propagação de doenças, os professores tentavam ensinar práticas modernas de higiene a crianças que nunca haviam usado uma esponja ou entrado de corpo inteiro na água. O Exército francês também tentou incutir hábitos de limpeza em seus recrutas, a ponto de, em 1902, publicar um manual de higiene, que instruía os soldados a escovar os dentes, esfregar o corpo para tirar a sujeira e usar roupas íntimas. Em Douai, no norte da França, um comandante militar ordenou que seus homens lavassem à força um jovem artilheiro que dizia ter medo de tomar banho. Os soldados arrastaram o companheiro sujo para a casa de banho e o seguraram debaixo do chuveiro. Segundo Zdatny, a morte do artilheiro, oito dias depois, foi atribuída ao choque e ao horror causados pela sensação de água em sua pele. Aparentemente, o medo matou o homem.

☛ Veja também: *aquafobia, hidrofobia, misofobia, talassofobia*

ABULOMANIA

Em 1916, o psicanalista estadunidense Ralph W. Reed tratou de um bancário de 22 anos, dominado por uma indecisão patológica, que "continuamente duvidava da validade ou certeza de qualquer coisa que fizesse no curso de seus afazeres diários". Cada vez que somava uma coluna de números, o rapaz se sentia compelido a verificá-la, e depois conferia mais uma vez. Ele fazia e refazia qualquer cálculo, por mais trivial que fosse. Reed observou que esse tipo de paralisia mental muitas vezes coincidia com delírios paranoicos: ambos eram dúvidas incapacitantes sobre o que havia acontecido ou o que poderia acontecer. Ele diagnosticou o escriturário como abulomaníaco.

O termo abulomania — do grego *a* ("sem"), *boulē* ("vontade", "determinação") e *manía* ("loucura") — foi cunhado pelo neurologista estadunidense William Alexander Hammond em 1883. A abulomania, explicou Hammond, era "uma forma de insanidade caracterizada pela inércia, por um torpor ou paralisia da vontade". Ele descreveu um paciente, um homem de Massachusetts, que era tomado pela indecisão toda vez que se vestia ou se despia. Assim que começava a tirar um dos sapatos, ele se perguntava se deveria tirar o outro primeiro. Impotente, titubeava entre os sapatos durante vários minutos, antes de decidir andar pela sala a fim de deliberar sobre o assunto. Aí poderia acabar por se ver no espelho e, ao reparar na gravata, pensar: "Ah, mas é claro que é isso que eu devo tirar primeiro." Contudo, quando tentava tirar a gravata, mais uma vez hesitava, incapaz de agir. "E assim continuava, se deixassem", escreveu Hammond, "até que frequentemente acontecia de a luz do dia encontrá-lo ainda com todas as peças de roupa no corpo."

Em 1921, o psiquiatra francês Pierre Janet descreveu a sensação de "incompletude" que afetava esses indivíduos, o que os deixava continuamente insatisfeitos, como se algo lhes faltasse. Eles "prestam atenção a si mesmos", escreveu Janet, "e pela força dessas observações, em decorrência da ansiedade em torno da própria figura, caem em uma espécie de autoanálise perpétua. Eles se tornam psicólogos por excesso de análise sobre si, o que é, à sua maneira, uma doença da mente". A abulomania é uma obsessão que brota da autoconsciência, sugeriu Janet, um distúrbio possibilitado por nossa tendência a refletir sobre nossos pensamentos.

Parece estranho categorizar um estado de incerteza crônica como uma compulsão: a incapacidade de fazer escolhas parece mais um medo do erro do que uma paixão pela indecisão. No entanto, ao apontar a dúvida patológica como uma mania, Hammond nos lembrou de que não se trata apenas de uma ausência de convicção — pelo contrário, é um estado emocional poderoso, uma condição turbulenta e dolorosa na qual todas as possibilidades ainda estão disponíveis; vários futuros se acotovelam na disputa por espaço, e nada foi decidido.*

☞ *Veja também: aritmomania, misofobia, silogomania*

ACAROFOBIA

Identificada pela primeira vez pelo dermatologista francês Georges Thibierge em 1894, a acarofobia (do grego *akari*, "ácaro") é um medo extremo de pequenos insetos, que pode evoluir para uma convicção de que criaturas minúsculas tomaram o corpo da pessoa. A sensação de coceira e "formigamento" pode ser causada apenas pela imaginação, por doenças como herpes-zóster, tuberculose, sífilis e câncer de pele, ou por condições como a menopausa e a desnutrição. Também pode ser provocada por substâncias como pesticidas, metanfetamina e cocaína.

Como a coceira é muito sugestionável, por vezes os delírios acarofóbicos são transmitidos de pessoa para pessoa. O agente de saúde pública William G. Waldron investigou vários relatos de picadas de insetos em locais de trabalho em Los Angeles na década de 1960. Quando visitou um centro de reservas de passagens de avião, notou que todas as funcionárias relataram uma sensação de formigamento e uma leve "picada" nas meias

---

* Vale notar que em português existe o vocábulo "abulia" (ou "disbulia"), no sentido de "irresolução, falta de vontade, incapacidade de tomar decisões voluntárias". (N. T.)

de náilon, logo acima do tornozelo. Waldron não conseguiu encontrar insetos no local, mas especulou que as mulheres poderiam estar captando uma carga de eletricidade estática de um cabo telefônico descoberto que passava por baixo de suas mesas de trabalho. Waldron percebeu também que o moral entre as 150 funcionárias estava baixo. Ele considerou a possibilidade de que as condições de trabalho opressivas estivessem contribuindo para o espinhoso desconforto — as funcionárias ficavam sentadas por horas a fio, fazendo reservas complexas por telefone, sob a constante vigilância de três chefes que as observavam de uma cabine escura numa das pontas da sala. Waldron recomendou que a companhia aérea cobrisse o cabo telefônico e acendesse a luz da cabine de supervisão. Depois disso, as mulheres confirmaram que a coceira havia parado.

Na tentativa de se livrar de insetos, alguns acarofóbicos arrancam nacos de carne do rosto, do pescoço, dos braços, do couro cabeludo, do peito, das axilas ou da virilha. "Eu o encontrei despido até a cintura", escreveu o cineasta espanhol Luis Buñuel depois de visitar o artista Salvador Dalí em um hotel parisiense na década de 1920, "com um enorme curativo nas costas. Aparentemente ele pensou ter sentido uma 'pulga' ou alguma outra fera estranha, e atacou as próprias costas com uma lâmina de barbear. Sangrando muito, conseguiu que o gerente do hotel chamasse um médico, apenas para descobrir que a 'pulga' era, na verdade, uma espinha." Na primeira cena de *Um Cão Andaluz*, filme que Buñuel escreveu em colaboração com Dalí em 1928, um homem munido de uma lâmina de barbear dilacera o globo ocular de uma mulher, liberando um punhado de geleia; mais adiante, mostra-se um monte de formigas fervilhando na palma da mão de um homem, a carne explodindo com os invasores.

☞ *Veja também: aracnofobia, dermatilomania, entomofobia, zoofobia*

ACROFOBIA

Andrea Verga, o médico italiano que em 1887 inventou o termo acrofobia, sofria de um medo mórbido de altura. Um acrófobo ou acrofóbico, explicou ele, "tem palpitações ao subir uma escada, acha desagradável viajar na parte de cima de uma carruagem ou até mesmo olhar pela janela do primeiro andar de um edifício". Verga criou o termo a partir do grego *ákros/ákron*, que significa "pico", "cume", "extremidade", e descreveu como principal sintoma dessa fobia a sensação de tontura, instabilidade e movimento oscilatório conhecida como vertigem.

Quase 20% das pessoas têm algum grau de medo de altura, e aproximadamente 5% sentem absoluto terror. A condição às vezes é atribuída a uma experiência traumática — o detetive do filme *Um Corpo que Cai* (1958), de Alfred Hitchcock, desenvolve um horror a alturas depois de ver um colega policial morrer em uma queda —, mas apenas cerca de um em cada sete acrofóbicos consegue se lembrar de um incidente desse tipo. De fato, em 2002, um estudo com jovens acrofóbicos de onze e dezoito anos constatou que ambos os grupos passavam poucos momentos em lugares altos. Na verdade, a fobia parecia ter sido causada ou exacerbada pela falta de familiaridade com a altura.

Em 1897, Granville Stanley Hall analisou 83 relatos de acrofobia e outros medos "relacionados à gravidade", a partir dos quais deduziu que a fobia tinha raízes em uma ansiedade primordial, um "sentimento instintivo" que era "absurdamente mais antigo do que o intelecto". Muitos dos participantes da pesquisa de Hall disseram que, quando se viam em lugares altos, sentiam "tontura repentina, náusea, tremor, respiração ofegante ou sensação de sufocamento". Em consequência, "ficavam tensos, lívidos, contraíam as mãos e cerravam os dentes". Estranhamente, porém, Hall reparou que muitos acrofóbicos não pareciam temer uma queda acidental, mas o próprio "instinto de pular". Ele escreveu: "É muito comum o impulso, geralmente bastante súbito, de se atirar de torres, janelas, telhados, pontes, galerias altas em igrejas ou teatros, precipícios etc." Para impedirem a si mesmos de mergulhar em um precipício e "acabar com tudo", alguns acrofóbicos se agarravam a parapeitos ou a outras pessoas. Um homem admitiu ter sido tentado pelo "requintado prazer de se deixar cair". Hall escreveu que outros eram atraídos pela "bela sensação" de saltar no ar, imaginando que poderiam ser "suspensos por suas roupas, um guarda-sol, batendo as mãos ou os braços como se fossem asas".

Hall sugeriu que ter medo de altura era ter medo não apenas de um mergulho mortal, mas também dos próprios impulsos primitivos, que podem incluir o desejo de pular ou de voar. "O que o homem mais teme de fato é a si mesmo, porque sua natureza primitiva interior é aquilo que ele menos conhece e o que pode dominar e controlar mais completamente seu corpo e sua alma", escreveu ele. Fascinado tanto por Charles Darwin quanto por Sigmund Freud, Hall abriu caminho para uma nova compreensão das fobias, em que o medo era moldado não apenas pelas adaptações da evolução, como também pelos conflitos na psique do indivíduo. O turbilhão da vertigem pode parecer a tontura do desejo.

"O que é vertigem?", pergunta o romancista Milan Kundera em *A insustentável leveza do ser*. "Medo de cair? Não. A vertigem é outra coisa. É a voz do vazio debaixo de nós, que nos tenta e nos seduz; é o desejo da queda, contra o qual nos defendemos aterrorizados."

Alguns psicólogos acreditam que a acrofobia afeta indivíduos que superestimam e interpretam de maneira errônea suas sensações corporais. Nos tratamentos de exposição, os acrofóbicos são encorajados a subir a determinada altura e esperar até que o terror diminua — a princípio, o coração dessas pessoas dispara, descargas de adrenalina percorrem seu corpo, a respiração acelera, mas, depois de dez a quinze minutos, a frequência cardíaca geralmente diminui, os níveis de adrenalina caem e a respiração fica mais lenta. Ao esperarem que os sintomas do medo passem, eles podem aprender a associar alturas a sentimentos habituais.

Em 2018, cem acrofóbicos foram recrutados pela Universidade de Oxford para um experimento randomizado. Depois de preencherem um questionário para quantificar o medo de altura de cada um, definiu-se que metade deles seria submetida a uma terapia de realidade virtual imersiva e a outra metade formaria um grupo de controle. Em seis sessões de trinta minutos, durante cerca de duas semanas, os integrantes do grupo da realidade virtual usavam óculos que lhes permitiam realizar diferentes atividades enquanto percorriam os andares ascendentes de um recinto que simulava um prédio de escritórios de dez andares: resgatar um gato de uma árvore num andar, tocar um xilofone perto da borda do andar seguinte, jogar bolas pela janela em outro. Dessa forma, iam adquirindo memórias de estarem seguros enquanto se encontravam em um lugar alto.

Quando responderam a um questionário no final do experimento, o grupo da realidade virtual relatou uma redução nos sintomas acrofóbicos da ordem de quase 70%, ao passo que no grupo de controle o medo havia sido reduzido em menos de 4%. Quando preencheram o questionário inicial novamente duas semanas depois, mais de dois terços das pessoas no grupo da realidade virtual ficaram abaixo dos critérios do teste que definiam uma pessoa com medo de altura: não eram mais acrofóbicos. Os autores do estudo concluíram que "os efeitos que o tratamento produziu foram pelo menos tão bons quanto — e provavelmente melhores do que — a melhor intervenção psicológica realizada cara a cara com um terapeuta".

☛ *Veja também: aerofobia, agorafobia*

AEROFOBIA

Originalmente, a palavra aerofobia (do grego *aér*, "ar") descrevia o pavor de correntes de ar, que era comum em vítimas de raiva humana (zoonose também chamada de rábia), mas hoje em dia o vocábulo é empregado com frequência para descrever o medo de voar. Muitos de nós sentem esse medo que, para cerca de 2,5% da população, é uma fobia. Em 1982, a corporação Boeing estimou que a indústria aeronáutica dos Estados Unidos ganharia 1,6 bilhão de dólares a mais por ano se todos superassem o medo de voar; em 2002, ano que se sucedeu aos ataques terroristas do Onze de Setembro, a aerofobia também teve um efeito tangível nos índices de mortalidade: o número de norte-americanos que optaram por viajar de carro em vez de avião aumentou tanto que 1.595 pessoas a mais morreram em acidentes nas estradas.

Os riscos das viagens aéreas são baixíssimos. Um estudo da Universidade de Harvard em 2006 constatou que a probabilidade de um indivíduo morrer em um acidente de avião era de um em onze milhões — em comparação com a probabilidade de morrer em um acidente de trânsito, que é de um em cinco mil. Contudo, pesquisas recentes na área da psicologia mostraram que os acontecimentos raros chamam mais a nossa atenção do que os comuns. E o psiquiatra estadunidense Aaron T. Beck, pioneiro da terapia cognitivo-comportamental na década de 1970, apontou que a ansiedade se baseia não apenas nas probabilidades de um acontecimento temido ocorrer, mas também na percepção acerca de como ele seria devastador e inescapável. No fim das contas, os indivíduos que têm medo de voar não estão alarmados com a possibilidade de o avião cair: o que os aterroriza é o horror quase inimaginável que sentiriam na pele se isso acontecesse.

Um personagem do romance *De frente para o sol*, de Julian Barnes, articula os pensamentos atormentadores que as viagens aéreas podem inspirar. No livro, Gregory pensa que um acidente de avião seria a maneira mais infernal de morrer. Preso ao assento, dentro de uma aeronave em queda livre, rodeado pelos gritos dos demais passageiros, o indivíduo saberia que a morte era iminente, e ela seria ao mesmo tempo violenta e espalhafatosa. "Você morreu com um lugar para apoiar a cabeça forrado com uma sobrecoberta", reflete Gregory. "Você morreu com uma mesinha retrátil de plástico na qual havia uma reentrância circular para firmar seu copo de café. Você morreu com bagageiros acima da cabeça e pequenas cortinas de plástico para fechar as janelinhas medonhas." Quando o avião atingisse o solo, esmagando esses minúsculos símbolos da civilização, a vida perderia sentido. "Você morreu em território doméstico", pensa Gregory, "só que não na sua casa. Na de outra pessoa, alguém que você nunca viu na vida e que tinha convidado um monte de gente que você não conhece para jantar. Nessas circunstâncias, como é que você poderia ver sua extinção como algo trágico, ou mesmo importante, ou mesmo relevante? Essa é uma morte que zomba de você."

Os aerofóbicos odeiam a renúncia da capacidade de ação que o voo implica. Alguns temem que o piloto perca o controle de uma aeronave avariada; já outros temem sentir um ataque de pânico no qual eles próprios percam o controle. A fobia pode ser alimentada pela lembrança de um voo alarmante, por notícias sobre acidentes e sequestros de aeronaves, por filmes de desastres. Alguns aerofóbicos são fisiologicamente vulneráveis aos efeitos das viagens aéreas. Podem, por exemplo, sofrer de uma disfunção no ouvido interno que causa vertigem ou desorientação espacial durante o voo; ou de uma hipóxia (falta de oxigênio) não detectada, que gera uma sensação de pânico. Entre os aerofóbicos que costumam viajar de avião, 20% alegam fazer uso de bebida alcoólica ou sedativos para diminuir a ansiedade.

Como um transtorno que tem componentes comportamentais, fisiológicos e cognitivos, a aerofobia é muitas vezes tratada com terapia cognitivo-comportamental (TCC). Normalmente, o indivíduo com essa fobia é estimulado a analisar as distorções em seus pensamentos automáticos sobre a viagem de avião — por exemplo, uma tendência a "catastrofizar" (um processo de supergeneralização negativa), a polarizar (pensamento do tipo "tudo ou nada") ou a dar atenção excessiva a percepções e sensações interiores angustiantes. O terapeuta fornece informações sobre viagens aéreas: como funciona um avião, as causas da turbulência, as probabilidades de um acidente aéreo e assim por diante. O paciente então elabora uma hierarquia de medos relacionados ao voo, desde fazer as malas, passando pela decolagem e indo até a aterrissagem, e é instruído a usar técnicas de relaxamento enquanto imagina cada situação estressante, uma de cada vez. Geralmente o tratamento culmina com o aerofóbico fazendo um voo, real ou simulado.

Alguns aerofóbicos sentem um apego supersticioso à própria fobia, por julgarem que até então foi o medo que os protegeu do desastre. No início do romance *Medo de voar*, de Erica Jong, no momento em que o avião decola, os dedos das mãos e dos pés de Isadora Wing congelam, os mamilos ficam rígidos, o estômago salta, o coração grita em sincronia com os motores da aeronave. Ela fica profundamente concentrada enquanto o avião ganha altura. "Acontece que eu sei que é apenas a minha concentração que [...] mantém este pássaro no ar", explica. "Parabenizo a mim mesma a cada decolagem que não resulta em desastre, mas não com entusiasmo exagerado, porque isso também faz parte de minha crença pessoal de que, no minuto em que você se torna muito confiante e relaxa com relação ao voo, no mesmo instante o avião cai." No fim do livro, Wing alcança a libertação — criativa, sexual, emocional — e abandona a ilusão de que somente sua ansiedade mantém um avião no ar.

☞ *Veja também: acrofobia, agorafobia, claustrofobia, emetofobia, siderodromofobia*

AFEFOBIA

O termo *haphéphobie* — afefobia* — foi cunhado na França em 1892 por dois médicos, os drs. Maurice Lannois e Edmond Weill, que tinham um paciente que não suportava ser tocado.

"Jean B", de 58 anos, trabalhava em uma lavanderia em Lyon, perto do rio Saône. Um dia, foi levado ao hospital depois de desmaiar no trabalho e perder temporariamente a capacidade de falar, mas os médicos logo perceberam outra peculiaridade: Jean se afastava violentamente quando alguém tentava tocá-lo. Desde sempre, pelo que se lembrava, disse aos médicos, ele reagia com terror à ideia de ter algum contato físico com outra pessoa. Mãos estendidas na direção dele eram assustadoras, um dedo perto de seu rosto era mais pavoroso ainda, e se alguém se aproximasse por trás, um choque percorria seu corpo: Jean quase explodia de medo e pulava para longe.

Certo dia, a trabalho, Jean estava carregando uma trouxa de roupa suja por uma ponte do cais até a lavanderia, quando alguém se aproximou dele por trás. Num sobressalto de pânico, ele jogou a roupa no rio. Todos os amigos e familiares de Jean sabiam de sua fobia. Certa vez, um conhecido quis caçoar dele tocando-o de repente por trás, ao que Jean pulou instantaneamente pela janela e caiu na rua, um andar abaixo.

Na enfermaria do hospital, Jean olhava furtivamente para a esquerda e para a direita, virava-se a fim de verificar se havia alguém atrás dele e vez ou outra ficava encostado na parede atrás da cama para não ser pego de surpresa. Parecia não haver causa física para a fobia — ele não tinha doenças de pele ou problemas de sensibilidade, nem sequer sentia cócegas, mas vivia desconfiado, em constante vigilância, inquieto. E quando tocavam nele, acabava consumido pela angústia.

---

* Também conhecida como hafefobia, afeofobia ou hafeofobia. (N. T.)

Como hipótese provisória, os médicos atribuíram a doença de Jean a uma "degeneração hereditária", ao observar que o pai dele (que se matara aos 56 anos) compartilhava o terror de o tocado, bem como um sobrinho que morrera de intoxicação por absinto depois de retornar da África alguns anos antes. No entanto, muitos familiares de Jean pareciam completamente bem. O próprio Jean não conseguia encontrar nenhuma razão para a fobia. "Tenho medo", dizia ele. "Só isso."

☛ *Veja também: claustrofobia, afemania, misofobia, fobia social*

AFEMANIA

Um desejo avassalador de tocar as coisas — conhecido como afemania, do grego *haphe*, "toque", "ligação", "conexão" — é comum em transtornos obsessivo-compulsivos. Muitas vezes, um afemaníaco segue algum ou alguns rituais: dar uma batidinha no batente da porta, levantar e trocar um objeto de lugar, dar um tapinha de leve no topo da cabeça de uma pessoa, bater em um objeto um determinado número de vezes ou traçar um contorno sobre ele. O intuito do ato de tocar é geralmente evitar danos e, tal qual uma máquina ou um feitiço, sua mágica se dá pela repetição. Às vezes, a necessidade de tocar é tão recorrente que se formam calos na ponta dos dedos do afemaníaco.

☛ *Veja também: aritmomania, dermatilomania, afefobia, misofobia*

AGORAFOBIA

A palavra agorafobia foi cunhada em 1871 por Carl Otto Westphal, psiquiatra de Berlim que percebeu estar tratando de vários homens que relatavam o terror de percorrer a cidade a pé. Um dos pacientes, um caixeiro-viajante de 32 anos, sentia pavor de certos bairros, principalmente se as ruas estivessem desertas e as lojas, fechadas. Nas áreas periféricas do município, com menos casas, ele perdia a coragem por completo. Também ficava incomodado em espaços movimentados e sentia palpitações ao embarcar em um ônibus ou quando entrava em um teatro.

Outro paciente, um engenheiro de 26 anos, declarou que, ao encontrar um espaço aberto, sentia um aperto no coração. "Ele fica vermelho e com o rosto afogueado", escreveu Westphal, "seu medo torna-se mais intenso e pode ganhar os contornos de um pavor efetivo da morte; há nele um sentimento de insegurança, porque não consegue mais andar com convicção, e também lhe parece que os paralelepípedos das ruas estão derretendo." O engenheiro comparou seu medo de atravessar uma praça central da cidade à sensação de sair a nado de um canal estreito para o meio de um lago. Perdia o rumo e, se conseguisse chegar ao outro lado, mal se lembrava de ter feito isso: a travessia era nebulosa, como um sonho.

Os pacientes de Westphal lhe diziam que ficavam menos assustados quando tinham companhia nas caminhadas pela cidade, ou quando podiam ficar perto dos prédios ou seguir uma carruagem pelas ruas. No caminho de volta para casa, a visão das lanternas vermelhas do lado de fora das tabernas era reconfortante. Usar uma bengala poderia aliviar um pouco a ansiedade, assim como tomar cerveja ou vinho. Westphal ouviu falar de um padre na cidadezinha de Bad Driburg que, ao sair de casa, cobria-se com um guarda-chuva, como se quisesse carregar consigo o teto abobadado de sua igreja.

Agorafobia — do grego *ágora*, ou mercado[*] — é um termo abrangente que pode significar medo de contato social, de sair

---

[*] Nas antigas cidades gregas, a ágora era a praça principal, o local em que se instalava o mercado e que, muitas vezes, servia para a realização das assembleias do povo. (N. T.)

de casa, de espaços públicos lotados ou vazios, e até mesmo o medo de sentir medo. De acordo com a explicação de David Trotter em *The Uses of Phobia* [Os usos da fobia], desde o primeiro contato com esse distúrbio, ele foi associado ao estresse da vida moderna. Em 1889, o arquiteto vienense Camillo Sitte atribuiu a agorafobia às rápidas mudanças nas cidades da Europa, nas quais becos sinuosos e prédios tortuosos estavam sendo demolidos para dar lugar a bulevares e quarteirões monumentais e amplos. Uma praça pode parecer um abismo; uma avenida, um precipício.

O psiquiatra francês Henri Legrand du Saulle foi consultado por parisienses cujo *"peur des espaces"* [medo de espaços] os fazia hesitar diante de um limite ou fronteira, fosse a ponta de uma praça, o meio-fio de uma calçada, o parapeito de uma janela ou o início de uma ponte. Uma de suas pacientes, "Madame B", não era capaz de atravessar um bulevar ou uma praça sozinha. Ela sentia pavor de restaurantes vazios e de subir as largas escadarias até o apartamento em que morava. Quando estava em um ambiente fechado, não conseguia olhar pela janela. Outro paciente de Legrand du Saulle era um oficial de infantaria que até dava conta de atravessar espaços abertos trajando seu uniforme, mas não em trajes civis. "Neste caso", escreve Trotter, "não é a companhia, mas a representação que salva um agorafóbico de sua ansiedade. Com essa encenação, o indivíduo acompanha a si mesmo ao longo do espaço vazio." Um terceiro paciente, que tinha que ser escoltado pela esposa por toda parte, parava na entrada de uma praça, paralisado de medo, e murmurava para si mesmo: "Mamãe, *ratan, bibi, bitaquo*, eu vou morrer."

Legrand du Saulle argumentou que as fobias espaciais se multiplicaram em Paris após o cerco alemão à cidade, em 1871. "Nos termos de Legrand", escreveu o historiador da arquitetura britânico Anthony Vidler, "os sucessivos fechamentos e as repentinas aberturas da cidade, sua passagem da claustrofobia à agorafobia, tiveram o efeito de fomentar a verdadeira causa do medo espacial."

Depois que Westphal e Legrand du Saulle publicaram suas descobertas, outros agorafóbicos foram a público para detalhar seus sintomas. Em 1898, o dr. J. Headley Neale escreveu na revista científica *The Lancet*: "Eu paro; a terra parece presa no aperto de um punho de ferro. Sinto como se estivesse descendo às entranhas da terra e ela subisse ao meu encontro. Nesses momentos, não há nenhum traço de vertigem ou fraqueza, é mais uma sensação de colapso, como se alguém estivesse sendo amassado feito um chapéu de palha ou uma lanterna chinesa." Alguns argumentaram que o distúrbio seria um sinal de degeneração hereditária, mas Sigmund Freud discordou: "A causa mais frequente da agorafobia, assim como da maioria das outras fobias, não está na hereditariedade", escreveu ele em 1892, "mas nas anormalidades da vida sexual." Freud propôs que os agorafóbicos, temendo sucumbir às tentações sexuais das ruas, convertem o pavor que sentem em medo da própria rua. "A fobia", afirmou ele, "é lançada diante da ansiedade como uma fortaleza na fronteira."

A agorafobia pode se manifestar como um terror de campo aberto e céus amplos. David Trotter conta que, enquanto caminhava pelos campos do sul da Inglaterra, o romancista inglês Ford Madox Ford controlava o pânico chupando pastilhas para a garganta e escolhendo caminhos em que houvesse bancos. Tal como os moradores da cidade de Westphal, ele enfrentava seu horror ao vazio concentrando-se em pequenos objetos e em ações específicas. Quando sua amiga Olive Garnett saiu para um passeio com ele na planície de Salisbury no verão de 1904, Ford foi tomado pelo medo. "E disse que se eu não segurasse seu braço, ele desabaria", escreveu ela. "Aguentei firme durante toda a crise ao longo do que me pareceram quilômetros, mas chegamos à cidade e ele saiu andando a passos vigorosos para comprar tabaco e foi fazer a barba." Em 1990, o romancista John Lanchester relembrou a ocasião em que escalou uma montanha enevoada na região de Lake District e, ao alcançar o topo e se deparar com o céu subitamente límpido, sentiu-se subjugado pela "terrível extensão" do panorama que se abriu diante de si. Ele sucumbiu a um "ataque de pânico em grande escala — um ataque de pânico ofegante, palpitante e trêmulo", antes de seguir encosta abaixo, de volta à segurança.

A atenção dos outros pode desencadear sintomas idênticos. O ator Macaulay Culkin desenvolveu agorafobia depois de ficar famoso pelo filme *Esqueceram de Mim*, ainda criança. "Sempre havia fotógrafos escondidos nos arbustos ou algo parecido", disse ao apresentador de TV Larry King em 2004, "e diversas coisas no mundo tentavam arrancar um pedaço de mim." A ideia de sair de casa o aterrorizava, porque o mundo inteiro parecia faminto por ele. "Eu tinha a sensação de que os prédios iam me comer." A reclusa poetisa Emily Dickinson usou termos semelhantes para descrever um encontro com um grupo de vizinhos à porta de uma igreja local em um domingo de 1853: "Vários pairaram ao meu redor", escreveu em uma carta à cunhada, "e tentaram me devorar."

Durante grande parte do século XX, a agorafobia foi atribuída a problemas psicológicos, como transtorno de ansiedade por separação, vícios, agressividade e sentimentos sexuais inapropriados, mas, desde a década de 1970, frequentemente tem sido tratada como uma condição fisiológica. O psicólogo britânico David Clark, por exemplo, argumenta que os agorafóbicos podem interpretar mal suas sensações corporais, respondendo com pânico a pequenas mudanças interiores. Segundo Clark, no primeiro estágio desse círculo vicioso, eles prestam uma atenção seletiva às flutuações no próprio corpo e superestimam uma ligeira elevação da frequência cardíaca, uma tontura súbita, crises de falta de ar. Reagem ao medo produzindo adrenalina, o que causa mais mudanças fisiológicas (coração acelerado, respiração rápida e superficial), erroneamente interpretadas pelas pessoas como sinais de que estão prestes a desmaiar, sufocar ou sofrer um ataque cardíaco. No fim das contas, a agorafobia é um transtorno de pânico: um medo do medo.

No entanto, a antropóloga estadunidense Kathryn Milun desaconselha o tratamento da agorafobia como um problema puramente fisiológico. Ela ressalta que essa compreensão da doença beneficiou as empresas farmacêuticas, que conseguem vender benzodiazepínicos e outros medicamentos para um público novo e gigantesco, mas os componentes sociais, históricos e culturais da fobia, além de sua relação com a modernidade, acabam apagados. Milun lamenta o "completo desaparecimento de uma preocupação com o espaço social que a princípio fez surgir o problema psicológico".

O número de mulheres diagnosticadas com agorafobia é até três vezes maior do que o de homens, disparidade que a psicóloga feminista Maureen McHugh atribui, pelo menos em parte, à história social. No passado, esperava-se que as mulheres agissem de maneiras que hoje consideramos patológicas. Eram incentivadas a ficar em casa, dissuadidas de participar da vida pública ou de se aventurar sozinhas. Ainda hoje, algumas culturas se aferram a essas expectativas, e as mulheres podem se sentir vulneráveis quando estão fora do ambiente doméstico. "Só quem julga que as ruas são objetivamente seguras e que os espaços públicos são confortáveis para as mulheres pode considerar a ansiedade da fóbica irrealista", observa McHugh. Em *Women Who Marry Houses* [Mulheres que se casam com casas], Robert Seidenberg e Karen DeCrow descrevem uma mulher agorafóbica como "uma metáfora viva e atuante, que faz uma declaração, um protesto em uma manifestação de desobediência passiva". Ela exagera inconscientemente seus papéis de esposa, mãe e dona de casa, uma pessoa tão definida pelo lar que é incapaz de deixá-lo.

Durante a pandemia de Covid-19, com os governos dizendo às pessoas para ficarem em casa, muitas delas desenvolveram comportamentos agorafóbicos. Temer os espaços públicos tornou-se uma atitude de sensatez, não de fobia, e voltar a eles foi difícil para alguns indivíduos. Como os cidadãos de Paris após o cerco alemão de 1871, nós nos habituamos ao confinamento. Em outubro de 2020, o jornal *The New York Times* informou que os pais estavam preocupados com a "geração agorafobia", as crianças que desenvolveram uma aversão a sair de casa: "Esse fenômeno é incrivelmente generalizado", declara Nina Kaiser, psicóloga infantil em São Francisco, cujo próprio filho de quatro anos passou a ter medo de sair. Já as ansiedades de muitos adolescentes e adultos agorafóbicos foram exacerbadas pelos novos perigos do mundo exterior.

Quando cunhou o termo "agorafobia", em 1871, Carl Westphal identificou o que talvez seja o transtorno de ansiedade por excelência: um medo existencial indeterminado, em um mundo despojado das velhas certezas. Ele fazia parte de uma geração de psiquiatras que, na esteira de *A origem das espécies*, de Charles Darwin, buscavam explicações científicas para experiências emocionais. E essas experiências também pareciam estar mudando. Se as pessoas já não podiam mais confiar em Deus para guiá-las, talvez, ao botar o pé para fora de casa, recorressem com mais urgência ao braço de um companheiro ou companheira ou ao cabo de uma bengala.

☞ *Veja também: acrofobia, claustrofobia, fobia de caiaque, misofobia, pantofobia*

AIBOFOBIA

Esse termo brincalhão para designar um medo excessivo de palíndromos — palavras ou frases que, se lidas de trás para a frente, mantêm a mesma grafia — parece ter sido cunhado pelo cantor folk de Liverpool e cientista da computação Stan Kelly-Bootle em *The Devil's DP Dictionary* [O dicionário de processamento de dados do diabo], de 1981. A aibofobia não é um distúrbio psicológico documentado, mas é um palíndromo.

☞ *Veja também: hipopotomonstrosesquipedaliofobia, onomatomania*

AILUROFOBIA

O medo extremo de gatos foi uma das fobias identificadas pelo médico estadunidense Benjamin Rush em 1786. "Conheço vários cavalheiros de coragem inquestionável", escreveu Rush, "que mil vezes se afastaram ante a visão de um gato; e que até mesmo descobriram sinais de medo e terror ao serem confinados em um quarto com um gato que estava fora de vista."

Em 1905, seu compatriota Silas Weir Mitchell realizou um estudo sobre a ailurofobia,* palavra derivada do grego *aiélouros*, "gato". Mitchell estava especialmente interessado na estranha sensibilidade de alguns ailurofóbicos, e enviou um questionário para um grupo de entrevistados que começava com a pergunta "Você tem alguma antipatia por gatos?". Ele queria saber também se cada entrevistado era capaz de perceber a presença de um gato "quando o felino não estava à vista ou sabidamente por perto".

Muitos dos participantes relataram reações físicas. Frances A. Wakefield escreveu: "Se um gato entra em uma sala em que estou sozinha, sinto como se jogassem água fria em cima da minha cabeça. Meus dentes se cerram com força. Na verdade, não consigo nem gritar, e por um minuto eu mal consigo evitar um colapso total." R. H. Wood, um advogado da Virgínia, disse que o toque dessas criaturas "sorrateiras e furtivas" era como um choque elétrico.

Ao todo, 31 dos 159 entrevistados de Mitchell afirmaram ser capazes de detectar um gato antes mesmo de vê-lo. Mary, da Filadélfia, contou sobre uma prima sensível a gatos com quem ela saiu para jantar em um hotel de Montreal. Enquanto as duas eram conduzidas pelo *maître* à mesa reservada, a prima ficou

---

* Em português, a aversão mórbida a gatos também é chamada de elurofobia, felinofobia, galeofobia ou gatofobia. (N. T.)

pálida e exclamou: "Tem um gato neste restaurante!" Mary disse que o salão era comprido e estava na penumbra: apenas a mesa delas estava iluminada. O garçom lhes assegurou que não havia gato algum, mas a prima de Mary foi empalidecendo cada vez mais. Ela começou a tremer. *"Tem um gato aqui, sim"*, repetia. *"Tem um gato aqui."* O garçom vasculhou o recinto e acabou encontrando o animal num canto distante e escuro do salão.

Em 1914, um colega de Mitchell, o psicólogo Granville Stanley Hall, publicou uma pesquisa sobre crianças com fobia de gatos. Elas lhe disseram que odiavam a maneira como os bichanos podiam "aparecer do lado de fora de qualquer janela", e eram "mais rápidos do que um raio". Com passos tão suaves, como conseguiam pular tão longe? "Um gato pode correr até você, enfiar as garras e arrancar seus olhos, se quiser", afirmou uma das crianças. "Eles têm olhos muito brilhantes, que de noite reluzem tanto que não dá para ver nada além de duas bolas de fogo", declarou outra. Uma das crianças entrevistadas por Hall acreditava que um gato "é capaz de mastigar ossos e cravar os dentes no nosso dedo e nunca mais soltar"; outra assegurou que os gatos estavam repletos de "tudo o que existe de imundo". E esses medos não se limitavam às crianças, constatou Hall. Quando o cáiser alemão visitou seus parentes no Palácio de Buckingham, um funcionário real vasculhou a suíte que lhe fora destinada em busca de possíveis felinos à espreita.

Hall argumentou que nosso terror de gatos domésticos tem raízes em medos primitivos de tigres-dentes-de-sabre. Contudo, mesmo que a aversão tenha um fundamento biológico, ela também é influenciada por componentes culturais. Nas sociedades cristãs, o gato muitas vezes foi tratado com desconfiança — em 1484 o papa Inocêncio VIII declarou que era "o animal favorito do diabo e ídolo de todas as bruxas". Os ailurofóbicos que escreveram a Silas Weir Mitchell sobre misteriosas presenças felinas invisíveis talvez tenham sido influenciados por contos de bruxas e afins.

No hospital psiquiátrico Bethlem Royal, nos subúrbios do sul de Londres, em 1959, os psiquiatras Hugh L. Freeman e Donald C. Kendrick testaram um novo tipo de terapia comportamental, idealizada pelo psiquiatra sul-africano Joseph Wolpe, na paciente "sra. A", uma ailurofóbica de 37 anos. Ela relatou aos médicos que, quando tinha quatro anos, viu o pai afogar um gatinho em um balde. Na infância, sentia tanto medo de ser tocada pelo gato da família que se sentava à mesa da cozinha com as pernas bem esticadas para a frente. A ansiedade piorou quando ela completou catorze anos, ocasião em que os pais — "por algum motivo que não está claro", segundo os médicos — forraram a parte interna da cama dela com uma pele de animal.

A sra. A afirmou que o pai era um homem rigoroso e controlador. Ele a castigava quando ela tirava notas ruins na escola e, para controlar sua vida privada, abria as cartas da filha usando o vapor da chaleira. Tentando escapar do que vivia em casa, ela se alistou no grupamento feminino da Marinha Real do Reino Unido durante a Segunda Guerra Mundial (e quando dormia a bordo de um navio, sempre escolhia o beliche de cima, para evitar os gatos). Ficou noiva de um marinheiro e, embora o pai se opusesse ao matrimônio, ela se casou assim que a guerra terminou. Em 1950, o pai faleceu por conta de um ataque cardíaco.

O marido da sra. A era um homem afável e tranquilo, que depois da guerra se tornou professor. Ele era compreensivo com a ailurofobia da esposa, e os dois filhos do casal eram igualmente solidários. Ao visitar a casa de amigos, a família verificava os quartos em busca de gatos antes de a sra. A entrar.

A fobia havia piorado nos dois anos anteriores, segundo a sra. A, porque os gatos tomaram o jardim da casa abandonada ao lado da deles, com o mato alto. A mulher tinha pavor de pendurar a roupa lavada no varal, temendo que um gato pulasse em cima dela, e essa ansiedade começou a se intensificar. "Ela não suportava tocar em nenhum tecido de pele que se assemelhasse à pelagem de um gato, tampouco usar luvas de pele", escreveu o dr. Freeman em um artigo publicado no periódico *British Medical Journal*, "e, no transporte público, sentia incômodo quando se sentava ao lado de alguém vestido com um casaco de pele. Fotos de gatos nos livros, na TV ou no cinema a deixavam inquieta." Fazia pouco tempo, ela havia percebido que quase não conseguia pensar em outra coisa além de gatos. Tinha sonhos horríveis com os felinos. E bastava ver inesperadamente o coala de brinquedo da filha para ficar angustiada.

Seguindo a terapia de dessensibilização sistemática de Wolpe, os médicos ajudaram a sra. A a elaborar uma hierarquia de seus medos relacionados a gatos, e em seguida começaram a trabalhar nessa lista. Em teoria, a familiarização gradual acabaria lentamente com a fobia, recondicionando a sra. A de modo que ela associasse texturas e imagens de gatos a segurança em vez de perigo. Primeiro ofereceram veludo a ela, depois, peles de animais cada vez mais macias, culminando em pele de coelho. Quando se acostumou a elas, a sra. A foi encorajada a passar para brinquedos de gatos, fotografias de gatos e, após um mês, um gatinho vivo. Quando o filhotinho foi colocado no colo dela, a sra. A riu e depois chorou de alívio. Foi "um dos melhores dias da minha vida", disse posteriormente. Ela levou o gatinho para casa, para aprender a se sentir à vontade com ele à medida que o felino crescesse.

Dez semanas depois de iniciado o tratamento, a sra. A descobriu que era capaz de tocar em um gato adulto, e disse aos psicólogos que os pesadelos com gatos haviam sido substituídos por violentos sonhos com o pai. Em um deles, batia no pai com um atiçador. Ela confessou que muitas vezes tivera sentimentos desse tipo quando o pai ainda era vivo, mas nunca os expressou. A terapia comportamental que havia curado a sra. A de sua fobia pareceu também tê-la liberado para expressar o medo e a raiva que sentira quando vivenciou o gatilho de sua fobia. O sucesso de seu tratamento aparentemente provou o argumento dos behavioristas de que uma fobia pode ser erradicada sem que o paciente obtenha qualquer percepção profunda da origem da sua aversão; no entanto, o procedimento também parecia ter desbloqueado algo na sra. A, ao resgatar uma parte dela que havia sido soterrada muito tempo antes.

Três anos depois, o dr. Kendrick examinou novamente a sra. A e constatou que a ailurofobia dela não havia retornado e não fora substituída por nenhum outro sintoma de ansiedade. Ela ainda tinha o gato — o gatinho da clínica —, e muitas vezes cuidava também de outro felino. A sra. A disse a Kendrick que era como se existissem "duas pessoas": sua versão "de antes, que sentia todo aquele medo, e a de agora".

☞ Veja também: *dorafobia, zoofobia*

AQUAFOBIA

A aquafobia é um medo intenso de água, especialmente de afogamento, que afeta mais de 2% da população global. Os aquafóbicos não são mais propensos do que a maioria das pessoas a terem vivido uma situação assustadora relacionada à água. Pelo contrário, parece que aqueles de nós que não temem a água se livraram do medo natural aprendendo a nadar. O psicólogo sul-africano Stanley J. Rachman propôs que algumas fobias eram espontâneas: "Em vez de pressupor que uma proporção significativa da população *adquire medos idênticos*", escreveu ele em *Fear and Courage* [Medo e coragem], "podemos considerar que a predisposição para desenvolver os medos mais comuns é inata e universal, ou quase isso, e o que fazemos é aprender a superar nossas predisposições existentes." Embora não sejamos aquafóbicos de nascença, o medo geralmente se instala por volta dos seis meses de vida, momento em que começamos a nos movimentar de maneira independente e em que uma consciência do perigo físico acaba se tornando útil.

O medo da água tem variações culturais impressionantes. Em 2011, um artigo no periódico acadêmico *Journal of Black Studies* relatou que apenas um terço das pessoas negras se sentiam confiantes com suas habilidades de natação, em comparação com mais de dois terços dos caucasianos. Segundo argumentaram os autores, isso era em parte consequência de uma percepção da natação como uma atividade cara, elitista — um legado da política racista do início do século XX de banir cidadãos negros das piscinas públicas. A aquafobia é uma ansiedade circular, que acaba se justificando: para uma pessoa que a evita, a água é genuinamente perigosa. De acordo com estimativas dos Centros de Controle e Prevenção de Doenças (CDC, na sigla em inglês), em 2016 as crianças negras nos Estados Unidos tinham de seis a dez vezes mais probabilidades de morrer por afogamento do que crianças brancas.

☞ *Veja também: ablutofobia, hidrofobia, talassofobia*

ARACNOFOBIA

"As damas parecem particularmente sujeitas à aracnofobia", segundo a observação do clérigo e historiador natural inglês John George Wood em 1863. De acordo com relatos do reverendo, se uma aranha aparecesse percorrendo a passos curtos e apressados o tapete da sala de estar, as senhoras da casa "dariam gritos e pulariam para cima das cadeiras", depois "tocariam a sineta chamando o lacaio para que esmagasse a coitada, seguido pela criada, munida de pá e vassoura". Já o próprio Wood era fascinado pelos aracnídeos (do grego *aráchnē*, "aranha"). Adorava observar as aranhas em seu jardim, engordando graças à dieta à base de pernilongos, com os quais ele as alimentava ao entardecer. Segundo Wood, elas desciam das teias para abocanhar de seus dedos os insetos finos e compridos.

Cerca de 4% das pessoas sentem pavor de aranhas — na maioria das pesquisas, as aranhas ficam atrás apenas de cobras como objeto de fobia. Para a escritora inglesa Jenny Diski, o outono era um "festival anual de ansiedade e horror", porque era a estação em que as aranhas entravam em sua casa para fazer ninhos. Ao avistar uma aranha dentro de casa, ela pegava um maçarico e, em estado de "desapego desesperado", lançava chamas na criatura. Diski sabia que corria o risco de causar um incêndio, "mas a morte nunca foi uma alternativa pior do que estar no mesmo quarto que uma aranha. Imagino que isso pareça hipérbole de escritor, mas estou escrevendo com toda a exatidão da qual sou capaz".

Muitos aracnofóbicos têm certeza de que a aversão que sentem é instintiva. O escritor e produtor britânico Charlie Brooker insiste que seu medo dessas "unidades de pesadelo ambulantes" é um reflexo, "um traço evolutivo residual que algumas pessoas têm e outras não, assim como algumas pessoas conseguem dobrar a língua e outras não". Ele diz que, quando vê uma aranha, "num piscar de olhos corro para o outro lado da sala sem nem pensar no que está acontecendo, como se eu fosse um animal fugindo de uma explosão". Pesquisas neurológicas confirmam que uma reação aracnofóbica ignora o pensamento consciente: nosso cérebro emocional primitivo processa instantaneamente a imagem de uma aranha — em milissegundos, o tálamo induz a amígdala cerebelar a liberar epinefrina, insulina e cortisol em nosso organismo, o que aumenta a pulsação, a pressão arterial e a frequência respiratória e nos deixa em prontidão para uma resposta do tipo luta ou fuga —, enquanto o córtex pré-frontal avalia mais lentamente o risco e decide cancelar os preparativos da amígdala ou agir em concordância com eles.

Contudo, um reflexo pode ser aprendido, e não há uma razão evolutiva óbvia para reagir dessa maneira a uma aranha.

De aproximadamente cinquenta mil espécies de aranhas no mundo, apenas cerca de 0,1% é perigosa. Existem criaturas muito mais mortais que despertam menos horror. As aranhas provavelmente até nos protegem, por tecerem teias que capturam pragas em potencial, a exemplo de moscas e outros insetos. Numa tentativa de entender o sentido evolutivo da aracnofobia, o biólogo australiano Tim Flannery especulou que poderia ter existido uma aranha perigosíssima na parte da África em que o *Homo sapiens* surgiu como espécie, e procurou um aracnídeo que se encaixasse nesse perfil. Encontrou um: a aranha-da-areia (*Sicarius hahni*) é uma criatura semelhante a um caranguejo, que se esconde logo abaixo da superfície do deserto da África Austral, embosca suas presas e tem uma picada venenosa capaz de matar crianças.* Nosso medo de aranhas, afirma Flannery, pode ser um vestígio do momento em nossa evolução em que essa criatura representava uma ameaça fatal.

Há mais uma esquisitice em nossa aversão a aranhas. Varreduras da atividade cerebral indicam que, quando um aracnofóbico vê uma aranha, a amígdala cerebelar não é a única a ser ativada, mas também a ínsula, região do cérebro que gera a resposta de nojo. Nossas reações faciais ao ver aranhas confirmam isso: os aracnofóbicos geralmente ficam tensos e levantam o lábio superior em sinal de repulsa, além de erguerem as sobrancelhas em um indicativo de medo. De início, os pesquisadores ficaram surpresos com essas descobertas, pois a reação de asco costuma ser provocada por criaturas e substâncias que podem nos contaminar ou infectar, e a aranha não faz nem uma coisa nem outra.

Uma explicação para essa reação — cultural e biológica — é que adotamos a suspeita de nossos ancestrais medievais de que

---

* O nome científico das aranhas desse gênero vem do latim *sicarĭus*, que significa "assassino". (N. T.)

as aranhas são portadoras de doenças. Ao longo de centenas de anos, segundo o psicólogo britânico Graham Davey, as aranhas levaram a culpa pela disseminação das pragas que assolavam a Europa: somente no século XIX as pulgas transmitidas por ratos foram identificadas como os verdadeiros agentes de infecção. Em um artigo de 1994, Davey argumentou que esse mito de aranhas como portadoras de doenças poderia explicar os sentimentos de nojo que elas suscitam, uma vez que as reações de asco são culturalmente condicionadas e inatas em igual medida. Davey observa que a aracnofobia é comum em países povoados por europeus e seus descendentes, ao passo que em partes da África e do Caribe as aranhas não são consideradas impuras — pelo contrário, são consumidas como iguarias.

Em 1863, quando o reverendo Wood fez apaixonadas observações sobre as criaturas de seu jardim, a imagem da aranha estava passando por uma transformação cultural. No século XVIII, os aracnídeos eram enaltecidos por sua agilidade, destreza e criatividade; suas teias eram saudadas como maravilhas do mundo natural. No entanto, na ficção gótica do fim do século XIX, de acordo com o que Claire Charlotte McKechnie escreve no *Journal of Victorian Culture*, a aranha tornou-se uma alegoria sinistra e, por vezes, racista: o herói de *The Sign of the Spider* [O sinal da aranha], de Bertram Mitford, livro publicado em 1896, luta contra um gigantesco aracnídeo carnívoro africano, com "uma cabeça tão grande quanto a de um homem, negra, peluda, de estranha semelhança com o mais terrível e cruel rosto humano, no qual se estampava a imagem do demônio — cujos olhos opacos e esbugalhados, fixos no horrorizado olhar de seu descobridor, pareciam flamejar e arder com um brilho verdadeiramente diabólico". E em 1897 o naturalista britânico Grant Allen fez a desvairada afirmação de que "em termos de pura ferocidade e desejo de sangue, talvez nenhuma criatura na Terra seja capaz de se igualar a essa estrambótica besta-fera, a aranha-de-jardim. Ela é pequena, mas selvagem". McKechnie argumenta que as aranhas passaram a expressar o "medo de invasão, preocupações com a moralidade do colonialismo e suspeitas sobre o outro, o estrangeiro, nos rincões do império". A aracnofobia fundiu-se com a xenofobia e com a angústia a respeito das repercussões do imperialismo.

Os significados simbólicos da aranha seguiram se transformando. Em 1922, o psicanalista alemão Karl Abraham, seguidor de Freud, propôs que a criatura representava uma mãe voraz, envolvente e castradora — "o pênis implantado nos genitais femininos". Em 2012, o filósofo ambientalista Mick Smith argumentou que tememos as aranhas como emissárias de um mundo natural anárquico — insistentes lembretes da natureza selvagem em uma cultura ocidental que se distinguiu "precisamente por sua capacidade de se separar da natureza e ter um controle sobre ela em termos culturais". Smith afirma que essas criaturas silenciosas deslizam na surdina, em fios invisíveis, por entre nossos espaços domésticos civilizados, encontrando as fissuras nas paredes, adornando suas teias pegajosas com cadáveres de insetos. Ele cita Paul Shepard, ecologista e filósofo estadunidense que sugeriu que as aranhas se tornaram "representantes inconscientes de outra coisa [...] como se tivessem sido inventadas para nos lembrar de algo que queremos esquecer, mas de que tampouco conseguimos nos lembrar". Elas nos incomodam porque estão nas "fendas que são as zonas de separação, ou debaixo das coisas, nas superfícies entre os lugares". Elas nos incomodam porque são criaturas dos limbos.

Em 2006, Jenny Diski tentou acabar com sua aracnofobia ao se inscrever no programa "Aranha Amiga" do zoológico de Londres. Ela e dezessete outros aracnofóbicos discutiram seus sentimentos com relação às aranhas, ouviram uma palestra sobre o tema, passaram por uma sessão de relaxamento e hipnose com vinte minutos de duração ("As aranhas são seguras", garantiu o hipnotizador) e depois seguiram para o "Viveiro dos Invertebrados" do zoológico. Para surpresa dela própria,

Diski conseguiu deixar uma aranha correr pela palma de sua mão e acariciou a pata macia e peluda de outra. Ela foi curada, mas refletiu: "Tenho uma estranhíssima sensação de perda. Uma pessoa que não tem medo de aranhas é quase uma definição de alguém que não sou *eu*. [...] Um traço meu se foi." Ela se indagou se, caso se livrasse de todas as suas ansiedades e de seus hábitos nervosos, restaria alguma coisa de si.

A aracnofobia estimulou o desenvolvimento de muitas terapias. No mesmo ano em que Diski foi curada por uma combinação de hipnose, educação e contato real, um empresário britânico de 44 anos por acaso passou a sentir um alívio da fobia de aranhas depois que se submeteu a uma cirurgia de remoção de amígdala, em um hospital de Brighton. Uma semana após o procedimento, que visava dar fim a seus ataques epilépticos, ele percebeu que não sentia mais medo de aranha. De resto, seu nível de medo não foi afetado: ele relatou que, pelas cobras, sentia a mesma indiferença de antes da cirurgia — e continuava com a ansiedade de sempre em relação a falar em público.

Nos Estados Unidos, em 2017, os psicólogos Paul Siegel e Joel Weinberger realizaram um tratamento de "exposição muito breve" para aracnofobia, em que imagens de tarântulas eram exibidas num piscar de olhos para indivíduos fóbicos (por 0,033 segundo) e imediatamente seguidas de imagens neutras de flores, para mascará-las. Os participantes do experimento não tinham consciência de que viam as aranhas, mas depois relataram menos medo das criaturas e conseguiram chegar mais perto do que antes de uma tarântula viva dentro de um aquário. O efeito manteve-se inalterado mesmo depois de um ano. Os circuitos de medo do cérebro haviam sido dessensibilizados, embora a exposição tenha sido feita de maneira inconsciente. Quando o mesmo procedimento foi realizado com imagens de aranhas registradas de forma consciente, os aracnofóbicos se sentiram angustiados durante o experimento e não mostraram redução do medo de aranhas.

Em 2015, dois pesquisadores da Universidade de Amsterdã testaram outra cura rápida para a aracnofobia. Marieke Soeter e Merel Kindt expuseram 45 aracnofóbicos a uma tarântula durante dois minutos e, em seguida, deram a metade dos participantes do grupo uma dose de quarenta miligramas de propranolol, um betabloqueador que pode ser usado para induzir amnésia. Esperavam que, ao ativar e depois apagar a memória dos fóbicos sobre aranhas, acabassem apagando também o medo. O experimento baseou-se na teoria da reconsolidação da memória, do neurologista Joseph LeDoux, que propôs que as lembranças recuperadas pela amígdala cerebelar são, por um breve período de algumas horas, maleáveis: após ser desencadeada, uma lembrança pode ser imediatamente alterada ou extinta.

O experimento holandês funcionou: os aracnofóbicos que receberam a droga amnésica mostraram-se muito menos fóbicos do que o grupo de controle, mesmo um ano depois. Uma única e breve intervenção, anunciaram os pesquisadores, levou a "uma súbita, substancial e duradoura perda do medo". Eles descreveram seu novo e revolucionário tratamento como "mais uma cirurgia do que uma terapia". Não haviam mitigado a aracnofobia, mas a extirpado do cérebro.

☞ *Veja também: entomofobia, ofidiofobia, zoofobia*

ARITMOMANIA

A aritmomania, condição identificada pela primeira vez na França no fim do século XIX, é um desejo patológico de fazer a contagem de certas quantidades de coisas, ou uma preocupação angustiada e não natural com as propriedades matemáticas de objetos e acontecimentos — em grego, *arithmós* significa "número". Em 1894, o psiquiatra inglês Daniel Hack Tuke descreveu uma paciente aritmomaníaca — encaminhada a ele por um certo dr. Strangman Grubb, de Ealing — que "prefaciava cada ato de sua vida fazendo uma contagem". Ela precisava contar até determinado número antes de se virar na cama, antes de entrar na sala para tomar o café da manhã ou de erguer um bule de chá. Com frequência, se sentia compelida a contar o número de vezes que respirava e cada passo que dava ao longo da rua. De acordo com Tuke, por vezes ela se perguntava se a contagem poderia ser uma maneira de afastar algum pensamento horrível. Em Viena, no mesmo período, Sigmund Freud interpretou a contagem obsessiva que uma jovem fazia de tábuas do assoalho e degraus de escadas como uma tentativa de se distrair dos desejos eróticos. Em Paris, Georges Gilles de la Tourette observou que a aritmomania, assim como outras formas de transtorno obsessivo-compulsivo, era uma característica comum da síndrome dos tiques que ele havia identificado em 1885.

Para um aritmomaníaco obsessivo-compulsivo, conforme Nikki Rayne Craig explicou em um blog em 2016, a preocupação com números se infiltra em tudo. "Não consigo desviar o olhar de um relógio digital até que os números pareçam certos", escreve ela. "O volume do rádio do carro e o da minha TV devem estar sempre em um múltiplo de nove, senão minhas mãos doem. É a quantidade de vezes que eu tenho que lavar as mãos antes de me sentir limpa e de vezes que eu tenho que checar a torneira para saber que está mesmo fechada." Quando se depara com um número perturbador, explica ela, "as articulações nos meus pulsos e dedos doem, a pele parece muito tensa, tenho que morder o lábio ou apertar as unhas para mascarar a sensação por um instante." Embora muitas pessoas tenham uma leve obsessão por números, para o aritmomaníaco a preocupação interfere na vida cotidiana. "Você aumenta o volume da música até ficar mais alto do que é confortável, apenas para satisfazer a um padrão aritmético?", indaga Craig. "Isso é aritmomania."

O engenheiro Nikola Tesla, que inventou o motor de indução de corrente alternada na década de 1880, era tão obcecado pelo número três que contava seus passos para assegurar que chegassem a um valor divisível por ele, bem como dava três voltas ao redor de um edifício antes de entrar. Quando se hospedava em um hotel (sempre em um quarto cujo número pudesse ser dividido por três), exigia dezoito toalhas limpas por dia e dezoito guardanapos na mesa do jantar. Em *Obsession: A History* [Obsessão: Uma história] (2008), Lennard J. Davis especula que rotinas desse tipo podem — assim como outras manias compulsivas — ser fenômenos singularmente modernos, produtos da veneração de nossa época por processos mecânicos. "Quando uma cultura industrial evolui para enfatizar um maior senso de precisão, repetição, padronização e mecanização e depende desse modelo", escreve Davis, "essa mesma sociedade talvez sinta um apreço diferente por tais atributos, e os membros dessa sociedade acabarão por imitar, copiar, incorporar, internalizar e exagerar essas qualidades." Pode ser que as pessoas que realizam rituais obsessivos tenham incorporado os tiques obsessivos de uma máquina.

Em 1972, a série de TV infantil *Vila Sésamo* apresentou a seus espectadores o Conde Contar, personagem aritmomaníaco cujo amor pela contagem às vezes irritava seus amigos. Em um episódio de 1974, o conde sente tanto prazer em enumerar os toques do telefone que se recusa a deixar Ênio atender a uma ligação. Em um episódio da temporada de 1984, dentro do elevador, fica tão obstinado em ir contando os andares na subida até o topo que se esquece de deixar o sapo Caco descer no andar certo. Ao incluir o conde em seu elenco, *Vila Sésamo* tirava sarro de suas próprias repetições compulsivas de letras e números, as cantigas com que educava e entretinha seu público.

O Conde Contar foi inspirado no conde Drácula, porque os vampiros tinham a fama de serem contadores compulsivos. De acordo com a lenda do Leste Europeu, caso se deparasse com um punhado de sementes de papoula, mostarda ou milho, um vampiro seria incapaz de resistir à tentação de parar e contá-las todas. No folclore norte-americano, as bruxas eram igualmente distraíveis: se a pessoa pendurasse uma peneira na porta da frente, a bruxa ficaria tão absorta contando os buracos que nunca conseguiria levar suas maldades para dentro da casa.

☞ Veja também: *abulomania, grafomania, misofobia, tetrafobia, triscaidecafobia*

B

BAMBACOFOBIA

A bambacofobia — termo derivado da palavra grega *bambákion* ("algodão") — é uma aversão ao algodão. Essa fobia desperta um incômodo intenso, do tipo que muitos de nós sentimos ao ouvir o raspar de unhas em uma lousa, diante do guincho estridente de uma faca em um prato, ou da casca levemente aveludada de um pêssego. Algumas pessoas ficam horrorizadas ao ver a maneira como uma bola de algodão fica esponjosa quando espremida, como retorna feito uma mola inchada ao formato original e emite um rangido ao ser desmanchada. Em um artigo no jornal inglês *The Guardian*, Chris Hall relembra como a fobia assombrou sua infância: ele tinha medo das pequenas nuvens fofas de algodão coladas em um cartão de Natal artesanal, do algodãozinho que a enfermeira apertava em seu braço após aplicar uma injeção, dos rolinhos que o dentista pressionava contra sua gengiva. Chris era cauteloso até mesmo com os brinquedos de pelúcia e suas entranhas misteriosas e moles.

Para os bambacofóbicos, o sutil som do algodão pode ser pior do que o arrepio causado pelo guincho de um isopor. "O chiado imaginado é horrível, eu associo à estática", escreveu Laurence Scott. "Consigo sentir sintomas físicos (tremores, um estalo elétrico nos molares posteriores) só de imaginar. E a ideia é tão desagradável que eu nunca mexo em algodão, de modo que nunca aprendo que desmanchar uma bola de algodão pode não ser exatamente como eu me lembro, ou que é possível desfazer o algodão e não sentir esses sintomas."

Outra bambacofóbica, Crystal Ponti, concorda que o barulho produzido por bolas de algodão é "suficiente para desestabilizar meu sistema nervoso; parece com o rangido da pipoca na boca quando escorrega do dente". Ela diz que, em seu primeiro contato com a substância, aos seis anos, "foi como se meu estômago estivesse desmoronando. Na mesma hora, minhas mãos se encharcaram de suor e uma sensação de pavor tomou conta de mim". Tocar em algodão pode causar um arrepio inquietante, uma sensação de que algo está errado — como se tivesse um quê de anormalidade ali, com uma estranha dissociação entre o que se ouve, o que se sente e o que se vê.

☛ *Veja também: fobia de botões, fobia de pipoca, tripofobia*

BATRACOFOBIA

Os batracofóbicos ficam horrorizados com os olhos brilhantes e a pele viscosa de um sapo, o papo pulsante que se forma na garganta do bicho, as patas palmadas e nodosas, a imobilidade, os saltos súbitos que desenham pequenas curvas. A palavra batracofobia* é derivada de *bátrachos*, "sapo" em grego, e é aplicada às pessoas que se alarmam diante de rãs, sapos e outros anfíbios.

Para vencer a batracofobia, o filósofo John Locke recomendava uma forma de terapia de exposição que ainda hoje é considerada o tratamento mais eficaz para fobias de vários tipos. "Se seu filho grita e foge ao ver um sapo", escreveu Locke em seu *Ensaio acerca do entendimento humano* (1690), "permita que uma pessoa pegue o animal e o coloque a uma boa distância. A princípio, acostume a criança a olhar para o sapo; quando ela for capaz de fazer isso, deixe que se aproxime do animal e o veja saltar sem emoção. Em seguida, deixe que o toque de leve, preso com firmeza na mão de outra pessoa, e assim por diante, até que seu filho se sinta confiante para lidar com o sapo da mesma forma como encara uma borboleta ou um pardal." Locke acreditava que era possível superar uma fobia desfazendo sistematicamente os sentimentos negativos que associamos ao objeto de nosso medo.

Em 1983, psicólogos da Universidade de Michigan usaram terapia de exposição para curar uma mulher de 26 anos de sua grave fobia de sapos. A batracofobia havia se desenvolvido enquanto ela cortava a grama, dezoito meses antes. Ao empurrar o cortador de grama pelo espesso gramado nas proximidades da margem de um rio, ela de repente viu nacos ensanguentados

---

* O medo patológico de anfíbios (incluídas as salamandras) também é chamado de batracnofobia, e o medo específico de sapos e rãs pode ser delimitado como bufonofobia ou ranidafobia. (N. T.)

de sapo sendo expelidos pela máquina e sapos vivos saltando para os lados a fim de escapar das lâminas. Desde então, nunca mais conseguiu cortar a grama; tinha pesadelos com sapos, odiava ouvi-los coaxar à beira do rio e não conseguia ficar em casa se um sapo entrasse. Seu horror visceral ao ver a polpa de carne de sapo parecia ter se amalgamado com um pavor culpado de que as criaturas poderiam querer se vingar.

Em 2019, descobriu-se que lojistas da cidade portuguesa do Porto estavam usando o conhecido medo de sapos do povo romani para impedi-los de entrar em seus estabelecimentos. Os comerciantes simplesmente colocavam sapos de cerâmica verde diante das portas das lojas, prática que não infringia as leis de discriminação. Dez lojistas confessaram a um repórter da rede de notícias Al Jazeera que usaram essa técnica, alegando que era especialmente eficaz com membros mais velhos do povo romani, mas apenas uma das comerciantes deu permissão ao jornalista para citar seu nome. "É para espantar os ciganos, porque eles têm medo de sapos", confirmou Helena Conceição, aparentemente sem sentir vergonha de seu comportamento xenófobo. "Ninguém gosta de ter ciganos por perto."

☞ *Veja também: xenofobia, zoofobia*

BEATLEMANIA

No fim de 1963, seiscentas meninas acabaram envolvidas em uma confusão em uma fila para tentar comprar ingressos para uma apresentação dos Beatles em Carlisle, e nove pessoas foram parar no hospital. Cenas semelhantes de violência foram relatadas em Bournemouth, Manchester, Newcastle-upon-Tyne,

Belfast e Dublin. "Esta é a beatlemania", declarou o jornal *Daily Mail*. "Onde tudo isso vai parar?"

A histeria acompanhou os Beatles aos Estados Unidos no ano seguinte. Milhares de meninas e moças aguardavam os quatro rapazes de Liverpool no aeroporto John F. Kennedy e centenas mais no Hotel Plaza, em Manhattan. Todas as noites, ao longo da turnê que percorreu 23 cidades, as músicas dos Beatles eram abafadas pelos gritos da plateia. Em meio aos soluços e ao choro, a banda seguia tocando, aparentemente impassível. Algumas das fãs desmaiavam e perdiam os sentidos, como se estivessem em êxtase sexual ou espiritual. O jornal *The New York Times* as comparou aos entusiastas do *jitterbug*, um estilo de dança da década de 1940, que o sociólogo alemão Theodor Adorno havia descrito como "obedientes rítmicos", movidos por um desejo inato de se fundir como uma única multidão. Outro comentarista sugeriu que as "beatlemaníacas" poderiam estar antecipando a maternidade, ensaiando os gritos com que dariam à luz seus bebês.

Em sua história oral da beatlemania, Garry Berman cita uma jovem que ficou arrebatada ao ver os Beatles no programa *The Ed Sullivan Show*, naquele mesmo ano. "Nós tocávamos e apalpávamos a TV, gritando", disse ela. "Tive que limpar o aparelho depois do programa [...] Lembro que ficamos deitadas no chão dizendo coisas do tipo 'Meu Deus, o que foi isso?'."

"Eu simplesmente gritei", relembrou outra adolescente depois de um show dos Beatles. "Não consegui evitar. Era como se eu não tivesse nenhum controle sobre mim." Uma outra fã tinha a lembrança de "arrancar tufos de cabelo, berrando, gritando sem parar — gritamos tanto que não conseguíamos falar depois do show". Algumas meninas foram tomadas pelo alívio ou pela melancolia. "Eu chorei", disse uma delas a Berman. "Lembro de ficar sentada lá, chorando." No livro *Vocal Tracks* [Faixas vocais] (2008), Jacob Smith compara a gritaria ensurdecedora dos fãs dos Beatles à terapia do grito primal, praticada mais tarde por John Lennon e Yoko Ono: berros e urros como forma de liberar um eu libidinal submerso.

Com menos simpatia, em 1965 o dramaturgo, ator e compositor britânico Noël Coward registrou em seu diário que acabara de assistir à apresentação de "quatro jovens inócuos e de aparência bastante boba" em um estádio em Roma, enquanto o público se entregava a uma "orgia de masturbação em massa". Coward acrescentou: "Eu tive vontade de pegar algumas daquelas garotas maníacas que se esgoelavam sem trégua e rachar a cabeça delas." Paul Johnson, da revista *New Statesman*, também desdenhou daquela reação: "Os jovens que se aglomeram em rebanhos em torno dos Beatles, que berram até entrarem em estado de histeria, cujos rostos vagos tremeluzem na tela da TV, são os menos afortunados de sua geração, os estúpidos, os ociosos, os fracassados."

As histerias coletivas por estrelas da cultura pop se repetem desde a década de 1960. Dentre elas está a "Bieber Fever" [Febre Bieber], mania inspirada no cantor canadense Justin Bieber em 2012. O escritor inglês Dorian Lynskey ressalta que a beatlemania foi prefigurada pela *lisztomania*, termo cunhado pelo poeta alemão Heinrich Heine em 1844 para descrever "a verdadeira loucura, inédita nos anais do furor" que irrompia nos concertos do belo e carismático pianista húngaro Franz Liszt. Em frenesi, suas admiradoras gritavam, batiam os pés ritmicamente e soltavam berros de êxtase involuntários. Elas colecionavam mechas do cabelo de Liszt, as cordas do piano que ele tocava, a ponta dos charutos que ele fumava e a borra do café que ele bebia.

No entanto, a beatlemania, tal qual a "Bieber Fever" e a lisztomania, era, em sua essência, casta: paixões eróticas que não seriam consumadas, obsessões compartilhadas que forjavam laços entre os fãs. E os Beatles eram figuras a serem imitadas e desejadas em igual medida. "Não parecia algo sexual", relembrou uma fã em *The Adoring Audience* [O público adorador] (1992), livro de Lisa Lewis. "Parecia ter mais a ver com o desejo de liberdade. Eu não queria crescer e me tornar uma esposa, e minha impressão era a de que os Beatles tinham o tipo de liberdade que eu queria. Não tinham regras, podiam passar dois dias deitados na cama, andavam de moto, pediam serviço de quarto nos hotéis. [...] Eu não queria dormir com Paul McCartney, era jovem demais para isso. Eu queria ser como eles."

Os sentimentos dos fãs podiam passar rapidamente da adulação para a agressão. "Um beatle que se aventurar sem vigilância nas ruas", advertiu a revista *Life*, "correrá o risco real de ser desmembrado ou de morrer esmagado por suas fãs." Em uma inversão da dinâmica normal, as jovens eram os predadores sexuais e os rapazes de Liverpool, os objetos da perseguição. Quando os Beatles deixaram Nova York após sua segunda turnê norte-americana, em 1965, uma multidão de fãs quebrou as costelas de três policiais e em seguida destruiu uma porta de vidro e 23 janelas do aeroporto. No filme *Os Reis do Iê-Iê-Iê* (1964), os "Fab Four", como eram chamados os integrantes da banda, se escondem em carros e se refugiam em saguões de hotéis, fugindo da perseguição de adolescentes que berram a plenos pulmões. Com esse comportamento enlouquecido, as jovens viraram história.

☛ *Veja também: coreomania, demonomania, mania de riso, tricomania*

BIBLIOMANIA

Giacomo "corria pelos depósitos; percorria as galerias de sua biblioteca, extasiado e maravilhado", escreveu Gustave Flaubert, então com catorze anos, em sua novela *Bibliomania* (1837). "E então se detinha, o cabelo uma bagunça, olhos fixos e brilhantes. Suas mãos, quentes e úmidas, tremiam ao tocar os livros nas estantes." O livreiro de Flaubert era louco de amor por seus livros. Muito em breve ele daria a própria vida por um deles.

O termo francês *bibliomanie*, derivado do grego *biblíon*, "livro", foi registrado pela primeira vez em 1734, mas a mania atingiu seu apogeu no fim do século, quando a "bibliomania" na Grã-Bretanha se tornou um frenesi de especulação tão grande a ponto de rivalizar com a tulipamania holandesa da década de 1630. No poema "The Bibliomania" (1809), o médico de Manchester John Ferrier questionava a obsessão de seus compatriotas por livros:

Que desvairados desejos, em que inquietos tormentos permanece
O homem infeliz que da doença do livro padece.

À medida que as bibliotecas particulares de muitos nobres franceses foram vendidas após a Revolução de 1789, milhares de volumes raros ficaram disponíveis para colecionadores. Enquanto isso, uma proliferação de novos livros — reimpressões, antologias, compêndios — lançava um brilho de raridade sobre os originais antigos. O historiador literário Philip Connell observa: "Os vestígios materiais do passado literário tinham agora uma etiqueta de preço, um prestígio social e — em um período que viu a introdução da prensa a vapor e da tipografia (ou impressão por estereotipia) — a venerável aura de relíquias sagradas." O custo dos livros antigos, segundo uma fonte contemporânea, quadruplicou durante as duas primeiras décadas do século XIX.

Os bibliômanos (ou bibliomaníacos), pessoas que criaram bibliotecas particulares, tendiam a se apresentar como guardiões da herança literária, mas em 1801 Isaac D'Israeli os comparou a "glutões", "desprovidos de digestão ou paladar", que acumulavam mais do que eram capazes de consumir. Suas coleções eram prisões de livros, sugeriu ele, nas quais "os volumes, dispostos com toda a pompa das letras, encadernações, forros de seda, detalhes de ouro triplo e couro tingido, são trancafiados em caixas de arame e protegidos das mãos vulgares do mero leitor, e deslumbram nossos olhos feito beldades orientais que espiam através de suas janelas". Esses livros não estavam ali para serem lidos, mas vistos, itens retirados de circulação, trancafiados como mulheres em um harém. Eram colocados em uma tentadora exposição: exalavam o cheiro de carne, trabalhados com esmero em ouro, sensuais e alvos de desejo, mas fechados e incognoscíveis.

Em *Bibliomania, or Book Madness* [Bibliomania, ou a loucura pelos livros], o clérigo inglês Thomas Frognall Dibdin relatou que aristocratas, antiquários, colecionadores de antiguidades e empresários estavam comprando e vendendo livros de forma irrestrita e irresponsável: em 1812, o leilão da biblioteca de John Ker, terceiro duque de Roxburghe, tornou-se um extravagante espetáculo de 42 dias de duração de "coragem, matança, devastação e frenesi", no qual uma edição de 1471 de *O Decamerão*, de Giovanni Boccaccio, foi vendida por 2.260 libras (o equivalente a mais de duzentas mil libras hoje em dia). Dibdin explicou que bibliômanos valorizavam "primeiras edições, edições legítimas, livros impressos em fonte gótica, exemplares em papel maior, livros não cortados, com bordas que não foram aparadas pelas ferramentas do encadernador, exemplares ilustrados, exemplares únicos com encadernação marroquina ou forro de seda e cópias impressas em velino". Eles adoravam o corpo de um livro.

Em 1836, Dibdin foi apresentado à coleção de 150 mil livros deixados pelo renomado bibliomaníaco Richard Heber. "Olhei ao meu redor, espantado", escreveu Dibdin. "Eu nunca tinha visto quartos, armários, passagens e corredores tão abarrotados, tão sufocados de livros. Havia fileiras triplas e duplas. Centenas de livretos em formato in-quarto — vários em cima uns dos outros — dispostos sobre livros menores finos e mirrados, indo de uma extremidade da prateleira à outra. As pilhas de volumes chegavam até o teto; ao passo que o chão estava repleto deles, em inúmeros montes dispersos." A biblioteca do falecido era um cenário de colapso, em que os livros se asfixiavam e se esmagavam, um cemitério de erudição.

Flaubert criou o personagem de Giacomo, o livreiro bibliomaníaco, em 1836, depois de ler num jornal francês a descrição do julgamento por assassinato de Dom Vicente, monge que se converteu em livreiro. O texto, publicado em *La Gazette des Tribunaux*, parece ter sido uma invenção, porque não se encontrou nenhum outro registro desse julgamento; contudo, de acordo com ele, Dom Vicente incendiou a casa de um colecionador rival para garantir a posse de um livro raro. O concorrente morreu no incêndio, e Dom Vicente foi acusado de assassinato depois que a polícia encontrou na casa dele o livro roubado. No julgamento, o advogado de defesa apresentou um catálogo que anunciava outro exemplar do raro volume. Dom Vicente, argumentou ele, poderia ter comprado seu exemplar em vez de tê-lo roubado do prédio em chamas. O livreiro, contudo, revelou sua culpa quando reagiu com um grito angustiado à revelação do advogado: "Ai de mim! Então quer dizer que meu exemplar não é único?!" Ele foi condenado e sentenciado à morte.

Numa era de publicações em massa, um livro raro tornou-se mais atraente do que nunca. Ter a posse de um exemplar único de uma obra era, de alguma forma, possuí-la espiritual e materialmente, apropriar-se da alma de seu autor. Dom Vicente colocara a própria vida, assim como a do rival, em segundo plano em relação ao desejo dessa posse.

Desde então, em muitas ocasiões a bibliomania levou ao crime. Em 1990, o "bandido dos livros" de Iowa, Stephen Blumberg, foi acusado de furtar mais de 23.600 exemplares, no valor de 5,3 milhões de dólares, de quase trezentas universidades e museus nos

Estados Unidos. Entre seus despojos incluíam-se uma *Crônica de Nuremberg*, de 1493, encadernada em couro de bezerro cor de marfim. De acordo com um psiquiatra que testemunhou em sua defesa, Blumberg não roubava os livros a fim de obter ganhos financeiros — ele tinha um vultoso fundo fiduciário. Era, na realidade, um colecionador compulsivo, cuja carreira criminosa começara quando ele roubou vitrais e maçanetas de uma construção vitoriana de seu bairro que já tinha data marcada para ser demolida.

Em 2009, Farhad Hakimzadeh, escritor e empresário multimilionário nascido no Irã, foi considerado culpado de furtar 150 páginas de obras da Biblioteca Bodleiana em Oxford e da Biblioteca Britânica em Londres. Com um bisturi, Hakimzadeh cortava cuidadosamente as folhas dos livros e as levava para casa em Knightsbridge, com o propósito de substituir as páginas danificadas de sua extensa e valiosíssima coleção. A maioria dos volumes que ele mutilou eram obras sobre a atuação europeia no Oriente Médio e no Extremo Oriente entre os séculos XVI e XVIII; uma das páginas que ele roubou era um mapa do pintor alemão Hans Holbein, o Jovem, que vale trinta mil libras.

O diretor da seção de coleções de livros impressos mais antigos da Biblioteca Britânica declarou à imprensa que ficou "extremamente irritado": Hakimzadeh era "uma pessoa muito abastada, que danificou algo pertencente a todos; numa atitude egoísta, pensando apenas no próprio benefício, destruiu por completo algo em que a nação investiu ao longo de gerações". O juiz do caso pareceu mais compreensivo. "Você tem um profundo amor pelos livros", disse a Hakimzadeh ao sentenciá-lo a dois anos de prisão, "talvez tão profundo que chega ao excesso."

☛ *Veja também: cleptomania, oneomania, silogomania, tulipamania*

BRONTOFOBIA

Em Nova York, na década de 1870, o neurologista e psiquiatra estadunidense George Miller Beard percebeu que estava tratando vários pacientes aterrorizados pelas violentas tempestades de raios e trovões que assolavam a cidade. Em *A Practical Treatise on Nervous Exhaustion* [Um tratado prático sobre o esgotamento nervoso] (1880), ele chamou esse distúrbio de brontofobia (da palavra grega *bronté*, "trovão") e observou que quase sempre vinha acompanhado de astrofobia (de *astrape*, "relâmpago").* Esse medo tinha um longo histórico — ao ouvir o estrondo de um trovão, tanto Augusto César, o primeiro imperador romano, quanto Calígula, o terceiro, fugiam para se esconder debaixo de uma cama ou em um abrigo no subsolo. No clássico estudo de 1897 do psicólogo e educador Granville Stanley Hall, o medo de trovão se revelou uma das fobias mais comuns entre as pessoas. "Talvez em nenhuma outra instância", escreveu ele, "seja tão perceptível o poder de um ruído de controlar sentimentos e estimular imagens."

Os pacientes de Beard relatavam sentir grande medo, seguido de dores de cabeça, dormência, náuseas, vômitos, diarreia e, eventualmente, convulsões. Uma mulher confessou que passava o verão todo observando as nuvens, temendo a chegada de uma tempestade. "Ela sabe, e diz, que isso é absurdo e ridículo", escreveu Beard, "mas declara que não é capaz de evitar." A mulher alegava que a avó havia lhe passado o terror a tempestades acompanhadas de trovões, e sua mãe contava que, ainda no

---

* Ao medo mórbido de trovões, tempestades e relâmpagos dá-se também o nome de tonitrofobia. O sentimento de pavor a raios, relâmpagos e descargas elétricas naturais também é chamado de astrapofobia ou ceraunofobia. De maneira mais geral, o medo do espaço sideral, das estrelas e dos corpos celestes leva o nome de siderofobia, ouranofobia ou uranofobia. (N. T.)

berço, já demonstrava pavor de trovoadas. Um clérigo também levou a esposa para uma consulta com Beard e disse que ela sofria de brontofobia havia seis anos. Toda vez que uma tempestade se aproximava, queixou-se ele, era "obrigado a fechar as portas e as janelas, deixar o quarto às escuras e tornar todo o recinto basicamente inconveniente para ele e a família".

Em 1975, também na cidade de Nova York, o terapeuta comportamental Barry Lubetkin tratou uma mulher brontofóbica de 45 anos. Ela contou que vivia continuamente atenta à iminência de tempestades, e quando ouvia uma trovoada se escondia no porão, encolhida de pânico. O medo se generalizou e começou a contemplar outros ruídos altos e repentinos, como o estampido do escapamento de carros, o estouro de balões e o rugido de aeronaves voando baixo. As tempestades de verão de Nova York a aterrorizavam; como já tinha sido tratada por dois psicoterapeutas que não conseguiram curar sua fobia, ela estava pensando em se mudar da cidade. A mulher disse a Lubetkin que a brontofobia que a acometia remontava à infância na Europa no tempo da guerra, quando se assustava com os estrondos das detonações de granadas e bombas.

Depois de ensinar técnicas de relaxamento à paciente, Lubetkin a levou a um planetário local e pediu que um projecionista exibisse um filme de três minutos que mostrava uma tempestade. A paciente conseguiu relaxar antes de assistir ao filme e o reviu no mesmo dia, oito vezes no total. Ela repetiu o procedimento em mais sete visitas ao planetário. Posteriormente, a mulher disse a Lubetkin que os sintomas fóbicos haviam se atenuado. Agora, passava menos tempo preocupada com trovões, e durante uma trovoada foi capaz até de permanecer no último andar de uma casa que estava visitando. Tampouco ficava tão nervosa com os sons de estouros ou de aviões.

Em 1978, os psicólogos Andrée Liddell e Maureen Lyons analisaram as anotações referentes a casos de dez mulheres brontofóbicas e astrofóbicas, com idades entre 23 e 66 anos, que haviam sido tratadas no Hospital de Middlesex, em Londres, nos quinze anos anteriores. As mulheres encaminhadas para o tratamento apresentavam constante preocupação com as tempestades: verificavam o céu de forma obsessiva, em busca de nuvens escuras, sintonizavam os boletins meteorológicos no rádio, liam as previsões nos jornais e ligavam para o Departamento de Meteorologia a fim de obter informações atualizadas. A cada estrondo de trovão, levavam as mãos aos ouvidos, jogavam-se debaixo de cobertores e travesseiros ou corriam para cantos seguros da casa. Duas preferiam se deitar no chão, ao pé da escada, e duas se refugiavam em vãos sob a escadaria. Elas tremiam, se sacudiam, gritavam, choravam, ficavam atordoadas.

Os pesquisadores observaram que, em vários casos, a fobia era desencadeada por algum fato adverso — um aborto espontâneo, um segundo casamento infeliz, a morte do pai, da mãe ou do marido — e que três das pacientes descreveram episódios de grandes sustos com bombas durante a Segunda Guerra Mundial. Uma mulher contou que desenvolveu a fobia ao se mudar do Vietnã, onde os bombardeios lhe causavam terror, para a Inglaterra. No entanto, os pesquisadores relataram que a maioria das pacientes não conseguia se lembrar de um incidente traumático associado ao trovão, e concluíram que a fobia era provavelmente um dos medos com fundamento biológico identificados pelo psicólogo experimental Martin Seligman em 1971. Em seu influente ensaio "Phobias and Preparedness" [Fobias e precaução], Seligman argumentou que a evolução nos levou a aprender e reter algumas associações com muito mais facilidade do que outras. Ele sugeriu que o medo de trovão, assim como o medo de altura e da escuridão, era uma propensão adaptativa e evolutiva que foi útil para a espécie humana no passado e permanecia latente em muitos de nós.

No entanto, Seligman acreditava que, para se tornar uma fobia, até mesmo um medo com fundamento biológico precisava ser ativado pela experiência. E embora os pesquisadores do

Hospital de Middlesex alegassem ter encontrado poucas evidências de trauma nos casos estudados, quatro das dez pacientes mencionaram episódios assustadores de bombardeio — uma delas empregou a palavra "petrificada" para descrever o estado em que ficava diante de um ataque de bombas. A maioria dos londrinos adultos nas décadas de 1960 e 1970 se lembraria da Blitz de 1940 e dos ataques da bomba aérea V-1 na cidade em 1944 e 1945, que mataram mais de quarenta mil pessoas. Talvez os pesquisadores do Middlesex considerassem que as experiências de bombardeio eram comuns demais para serem traumáticas. Todavia, para algumas dessas mulheres brontofóbicas, a exemplo da emigrante europeia de Lubetkin, o estrondo de um trovão poderia muito bem ter acionado lembranças de momentos em que explosões rasgavam o ar da cidade, sacudiam as paredes das casas, quebravam janelas, abriam crateras nas ruas e mutilavam ou matavam pessoas pegas de surpresa.

☞ *Veja também: globofobia, fonofobia*

CINOFOBIA

Entre as pessoas que procuram tratamento para uma fobia específica nos Estados Unidos, mais de um terço tem terror de gatos (ailurofobia) ou de cães (cinofobia, do grego *kýōn*, "cachorro"). Como há mais de um cachorro para cada nove pessoas no mundo, a fobia a esses animais pode ser um sério obstáculo à vida cotidiana.

A cinofobia é frequentemente diagnosticada em crianças, que são mais propensas do que os adultos a serem perseguidas ou mordidas por cachorros. Em 1975, a psicóloga clínica norte-americana Marian L. MacDonald relatou o caso de um menino cinofóbico de onze anos levado pelos pais ao centro de aconselhamento psicológico da Universidade de Illinois. Os professores descreviam o menino como extremamente retraído. Ele não participava de atividades ao ar livre porque tinha medo de se deparar com um cachorro, a mãe o levava e o buscava na escola para evitar que ele esbarrasse sozinho com algum cachorro no caminho, e o pai havia desistido dos esportes porque o menino não o acompanhava aos jogos. O garoto passava a maior parte do tempo sozinho no quarto, lendo quadrinhos e desenhando super-heróis.

De acordo com os pais, ele havia começado a apresentar o comportamento fóbico depois de três encontros perturbadores com cães. Aos três anos, foi surpreendido por um cachorro de rua que corria pelo quintal da família. Menos de um ano depois, ele e o pai estavam sentados na varanda dos fundos quando um cão passou. O pai chamou o cachorrinho, acariciou-o e incentivou o filho a tocá-lo também. Infelizmente, quando o menino estendeu a mão, o cachorro se virou num piscar de olhos e mordeu seu braço. Depois disso, o garoto ficou duplamente assustado, e seus medos passaram a se estender a outras criaturas (gatos, sapos, gafanhotos, abelhas) e a sons relacionados a cães, como latidos e o tilintar de coleiras com guizo.

Um ano depois, o menino estava jogando bola no jardim quando um cachorro irrompeu por entre uma fresta nos arbustos e o derrubou. Desde então, ele passou a ter fobia de cães.

O caso do menino parecia ilustrar o modelo de dois fatores de condicionamento do medo, formulado pelo psicólogo estadunidense Orval Hobart Mowrer em 1947, o qual propunha que uma fobia era desenvolvida a partir de uma combinação de condicionamento e evitação. Mowrer explicou que um indivíduo fóbico passava primeiro por uma experiência aversiva, na qual acabava por associar um "estímulo incondicionado" (como a dor) a um "estímulo condicionado" (por exemplo, um cachorro), e depois reforçava a associação evitando o objeto de seu temor. Mesmo que esse comportamento evasivo reduzisse a ansiedade no curto prazo, ele acabava impedindo o indivíduo de desvincular gradualmente o objeto de suas associações assustadoras. Mowrer apontou que seria ainda mais difícil se livrar da fobia se ela tivesse começado com várias experiências que vinculavam os estímulos incondicionados e condicionados — como no caso dos três assustadores encontros do menino de Illinois com cachorros. O psicólogo também descreveu o "condicionamento de segunda ordem", o qual explica que uma fobia pode ser estendida a outros objetos — no caso dessa criança, a gatos, sapos e outros bichos.

No centro de aconselhamento psicológico em Illinois, MacDonald elaborou um curso de terapia de dessensibilização para o menino cinofóbico. A psicóloga o ensinou a imaginar situações que envolvessem cachorros, a começar por cenários hipotéticos levemente alarmantes e progredindo para o contato íntimo. "Tudo bem", dizia ela, "eu gostaria que você se imaginasse sentado no seu quintal, sozinho, brincando com um boneco; você levanta os olhos e vê um collie desconhecido correndo na sua direção e passando pela garagem." Nas semanas que se sucederam, MacDonald ensinou técnicas de relaxamento ao menino e lhe deu fotos de cães, para que colocasse em seu quarto, além de uma gravação de latidos para tocar no aparelho de som. Ela pediu ao garoto que escrevesse uma história feliz sobre ele e um cachorro. Os dois discutiram a linguagem corporal de um cachorro — o que significava o pelo do pescoço do animal se eriçar ou o rabo abanar. Ela o incentivou a ler um manual de treinamento de cães e praticar o hábito de afagar e fazer cócegas em um cachorro de brinquedo. Depois, lhe deu tarefas da vida real: ir a pé sozinho para a escola, aprender a andar de bicicleta, ir ao parque para assistir a uma partida de beisebol.

Com delicadeza, a psicóloga indicou para os pais do menino que talvez eles estivessem estimulando e reforçando a fobia do filho, pelo excesso de zelo e por anteciparem sua ansiedade. MacDonald sugeriu que eles ignorassem as hesitações e preocupações do menino no que dizia respeito a cães, elogiassem suas respostas positivas aos animais e, de maneira geral, lhe dessem mais responsabilidade e autonomia. "Eles foram fortemente incentivados a permitir que a criança realizasse certas tarefas básicas sem ajuda", escreveu ela, "como assoar o próprio nariz e abrir a janela do quarto." Ao que tudo indicava, a fobia havia criado uma expectativa de desamparo e carência na família em relação ao menino. Depois de algumas sessões com o pai e a mãe, MacDonald afirmou que "eles se mostraram mais receptivos a tratá-lo como alguém competente".

A intervenção foi um sucesso. Dois anos depois, em uma consulta de acompanhamento, MacDonald relatou que "o menino brincava regularmente ao ar livre, sozinho ou com amigos, não evitava o encontro com cães e não havia sido tachado por nenhum professor como uma criança socialmente isolada ou retraída". O caso mostrou quão complexa e incapacitante uma fobia pode se tornar, pois afeta todos os aspectos da vida de uma criança e dos pais. A cinofobia tinha sido, ao mesmo tempo, um veículo para as ansiedades compartilhadas da família e a causa dessas aflições.

As respostas fóbicas podem ser condicionadas por associações culturais e pessoais. Muitos muçulmanos sunitas e xiitas são ensinados a pensar que cães são impuros e incentivados a passar por um ritual de purificação após tocar a boca ou o focinho de um cachorro. Na China, na década de 1960, Mao Tsé-Tung proibiu os cidadãos de ter cachorros como animais de estimação, alegando que a posse de cães era um costume burguês e decadente: somente em 2020 os cães passaram a ser oficialmente classificados pelo Ministério da Agricultura chinês como "animais de companhia especiais" em vez de "gado".

Um estudo da Universidade de Louisville divulgado em 2008 encontrou uma maior incidência de cinofobia em afro-americanos do que em brancos não hispânicos. Os pesquisadores sugeriram que a causa dessa disparidade era o histórico das pessoas negras estadunidense com cães. No sul do país, no século XIX, alguns proprietários de fazendas incutiam em seus cães o ódio aos negros, ao amarrar os animais e instruir os escravizados a espancá-los violentamente; em seguida, atiçavam os cachorros contra seus agressores. Esses cães eram empregados para perseguir homens e mulheres que fugiam das fazendas, como Solomon Northup descreveu em 1853 em seu livro de memórias, *Doze anos de escravidão*: "Eles estavam se aproximando. Cada latido parecia mais e mais perto. A cada momento, eu esperava que fossem pular sobre minhas costas — esperava sentir seus longos dentes afundando em minha carne. Havia tantos deles que eu sabia que iam me perseguir e me estraçalhar até a morte."

Os cachorros continuaram a ser utilizados como armas de violência racial nos Estados Unidos. A polícia lançou cães contra manifestantes negros nas marchas pelos direitos civis da década de 1960, e um estudo de 2015 constatou que pessoas negras eram duas vezes mais propensas a sofrer ataques da "força canina" policial do que pessoas brancas.

☞ *Veja também: dorafobia, hidrofobia, zoofobia*

CLAUSTROFOBIA

De 5% a 10% da população mundial sente pânico diante de uma sala pequena, um armário, uma caverna, um elevador, um porão, um avião, um túnel, uma máscara, um aparelho de ressonância magnética, até mesmo uma camisa apertada. A fobia de permanecer em espaços confinados foi identificada na década de 1870 pelo médico italiano Antigono Raggi, que citou o exemplo de um ilustre pintor acometido por um intenso ataque de pavor numa galeria estreita na qual seu trabalho estava em exposição. Ele correu para a porta e, ao descobrir que não conseguia abri-la, pulou pela janela e saltou de telhado em telhado até chegar ao chão. Raggi chamou o distúrbio de "clitrofobia",* do grego *kleithron*, "ferrolho", mas em 1879 o médico francês nascido na Inglaterra Benjamin Ball o rebatizou de "claustrofobia", do latim *claustru*, "claustro", um espaço de confinamento.

Um dos pacientes claustrofóbicos de Ball era um jovem soldado que, quando se viu sozinho em um túnel, começou a imaginar que as paredes estavam cada vez mais próximas; com medo de ficar preso, saiu correndo para os campos do lado de fora. Outro paciente entrou em pânico ao subir as sinuosas escadas da Torre Saint-Jacques, em Paris. Ball relatou que, em casa, os dois homens insistiam em manter as portas do apartamento abertas, para que pudessem fugir rapidamente caso o medo os acometesse. A claustrofobia, segundo o médico, era "aparentemente diferente, mas, na realidade, semelhante à agorafobia, o pavor de espaços abertos". Ambas estavam "intimamente associadas à depressão sem causa da melancolia ou à furiosa agitação da mania". O dr. Frederick Alexander, médico das Forças Armadas no leste de Londres na década de 1920, observou que a claustrofobia era uma "condição de introspecção, ou seja, um olhar para dentro, em que se contemplam os próprios processos mentais", como se a sensação de aprisionamento fosse um estado mental antes de se tornar um pavor físico.

Como o distúrbio é muito difundido e adquirido já em tenra idade, muitos psicólogos consideram que se trata do vestígio

---

* Clitrofobia ou cleitrofobia também nomeiam o receio mórbido de ficar preso, fechado, trancado, enclausurado, incapaz de sair de um espaço pequeno. (N. T.)

de um mecanismo evolutivo de sobrevivência. No Canadá, em 1993, o psicólogo Stanley Rachman e o psiquiatra Steven Taylor estabeleceram que o principal componente da claustrofobia era o medo de sufocamento, seguido de perto pelo medo da restrição física. Os pesquisadores constataram que a claustrofobia predominava entre os indivíduos com uma reação exacerbada à ansiedade, e muitas vezes era desencadeada por alguma experiência assustadora. Em 1963, na então Alemanha Ocidental, o psicólogo Andreas Ploeger decidiu acompanhar a vida de dez homens que ficaram presos durante catorze dias em uma mina que desmoronou em Lengede; em 1974, Ploeger relatou que seis dos dez haviam desenvolvido fobia de espaços confinados.

Durante a Primeira Guerra Mundial, no Hospital Craiglockhart, perto de Edimburgo, o psiquiatra William H. R. Rivers, um dos pioneiros em sua área, assumiu o caso de um jovem médico do Exército que sofria de claustrofobia. Antes da guerra, um psicanalista dissera ao jovem que a raiz de sua gagueira e de seu terror a espaços confinados devia estar em uma memória reprimida de algum trauma sexual que ele sofrera, mas o jovem não conseguia se lembrar desse incidente, e quando a guerra eclodiu ele abandonou o tratamento para se juntar ao Corpo Médico do Exército Real.

Rivers soube que a claustrofobia do homem se intensificou durante o conflito. "Quando chegou ao front", escreveu Rivers, "ele teve que viver e trabalhar em abrigos subterrâneos e imediatamente ficou perturbado pelo medo do espaço confinado, sobretudo pelo temor de não conseguir escapar se alguma coisa acontecesse. Seu pavor foi em grande medida estimulado no seu primeiro dia numa trincheira, quando, ao perguntar sobre a utilidade das pás, foi informado de que deveriam ser usadas caso ele ficasse soterrado. "Em vez de dormir no abrigo subterrâneo, ele costumava andar de um lado para outro a noite toda. Em poucos dias, desmaiou de exaustão, foi diagnosticado com neurose de guerra e mandado de volta para casa.

Rivers se ofereceu para analisar os sonhos aterrorizantes do homem sobre a guerra nas trincheiras, explicando-lhe que achava que Sigmund Freud e seus seguidores estavam certos quanto aos efeitos da repressão, mas errados em buscar explicações exclusivamente sexuais. Ele acreditava que a causa do problema do jovem médico poderia estar em outras memórias. Em poucos dias, o homem se lembrou de um episódio de sua infância, na Escócia. Certa vez, quando ainda tinha três ou quatro anos, visitara um velho sucateiro para vender alguma quinquilharia por meio centavo; ao sair da habitação do homem, ele se viu preso em um corredor escuro e estreito, com um cachorro marrom rosnando e bloqueando seu caminho. Rivers disse que ele era pequeno demais para alcançar a maçaneta da porta e voltar para a casa, e ficou com muito medo. Ele achava que o nome do velho era "McCann".

Rivers conferiu os fatos com os pais do homem e eles confirmaram que, realmente, um velho maltrapilho chamado McCann morava perto da casa da família, embora não soubessem que o filho o visitara na infância.

Ao que parece, a recuperação dessa memória curou a claustrofobia do jovem médico. De acordo com Rivers, ele tinha tanta certeza de que estava melhor "que me pediu que o trancasse em alguma câmara subterrânea do hospital, mas nem preciso dizer que me recusei a submetê-lo a um teste tão heroico assim". Em Londres, o homem descobriu que podia se sentar no meio da plateia de um cinema lotado, experiência que até pouco tempo antes o teria enchido de horror, e era capaz de andar de metrô sem qualquer incômodo. Em 1917, Rivers relatou que o homem ainda sofria de gagueira e de pesadelos violentos, mas o fim da claustrofobia parecia provar que esse aspecto de sua ansiedade provinha da experiência no corredor do vendedor de bugigangas.

Para o psiquiatra, o caso confirmou que memórias reprimidas podem causar problemas nervosos. No período inicial da guerra, ele observou que os médicos procuravam as causas físicas da neurose, "mas, à medida que o conflito avançava, a concepção física desmoronou diante da noção de que a explosão de um projétil ou outra catástrofe da guerra é — na maioria dos casos — apenas a faísca que libera forças psíquicas há muito reprimidas". Rivers acreditava que vivenciar um choque no campo de batalha trazia à tona conflitos que já estavam alojados no inconsciente de um soldado. Mais tarde naquele ano, ele usou essas mesmas ideias para tratar o poeta inglês Siegfried Sassoon.

Em seu poema "Counter-Attack" [Contra-ataque], publicado em 1918, Sassoon descreveu o pânico sufocado de um soldado na Frente Ocidental:

> *Ele se agachou e se encolheu, tonto de medo galopante,*
> *Ávido para escapar — execrando o horror estrangulado*
> *E os gestos frenéticos e massacrados dos mortos.*

O homem está preso com seus companheiros mortos, capturado, como eles, pelas garras asfixiantes da trincheira.

☞ *Veja também: aerofobia, agorafobia, nictofobia, siderodromofobia, tafefobia*

CLAZOMANIA

A palavra clazomania — do grego *klázō*, "gritar" — foi cunhada pelo psiquiatra húngaro L. Benedek em 1925 para descrever a compulsão por gritar. Benedek tinha um paciente que sucumbia a paroxismos de berros estridentes e aparentemente incontroláveis: vogais simples, sílabas, ruídos de animais. Em 1927, dois colegas de Benedek relataram outros casos, ao notar como os pacientes pareciam irritados durante os ataques (extremamente inquietos, o rosto afogueado) e como depois se arrependiam e se desculpavam. Pareciam ter permanecido conscientes durante o acesso de gritaria.

Características semelhantes foram observadas em 1996 pelo psiquiatra britânico G. D. L. Bates, quando tratou um homem de 63 anos propenso a ataques de gritos. O paciente relatou que, havia dois anos, vinha sofrendo dessas explosões de berros uma ou duas vezes por mês. O próprio Bates testemunhou os ataques. O paciente ficava agitado, gritava a plenos pulmões, emitia brados de angústia como "Aah!" e "Socorro!". Quando a gritaria terminava, ele dava um solavanco para a frente, como se estivesse surpreso. O padre Jack Hackett, idoso sacerdote irlandês da comédia britânica *Father Ted*, exibida nos anos 1990, tem acessos de gritos semelhantes, embora suas exclamações favoritas sejam "Cacete!", "Cuzão!", "Bebe!" e "Garotas!".

Embora se assemelhe à síndrome de Tourette, a clazomania não é considerada uma condição clínica hereditária ou genética, mas um sintoma de lesão no cérebro. Bates especulava que a doença de seu paciente tinha sido causada pelo consumo excessivo de álcool, e acreditava que a síndrome também poderia ser sintoma de envenenamento por monóxido de carbono. Os clazomaníacos descritos por Benedek e seus colegas na década de 1920 eram sobreviventes de encefalite letárgica, a misteriosa "doença do sono" que matou meio milhão de pessoas entre 1915 e 1927 e deixou muitas outras com mal de Parkinson e outras doenças neurológicas.

☛ *Veja também: grafomania, onomatomania*

CLEPTOMANIA

O médico suíço André Matthey identificou pela primeira vez a compulsão por furtar como *klopémanie*, em 1816 — "uma loucura singular caracterizada pela tendência a praticar furto sem motivo e sem necessidade" —, e em 1830 a palavra entrou para a língua inglesa como *kleptomania* (*klépto* é "furtar", em grego). Um cleptomaníaco internado em um hospício britânico foi autorizado a satisfazer sua loucura, segundo relatou o *Journal of Psychological Medicine* em 1852. Ele escondia os artigos que furtava da instituição no meio das próprias roupas: garfos, colheres, toucas, lenços, trapos, cachimbos, pedaços de queijo. Antes dessa farra de roubalheira, os médicos notaram, "ele era um homem magro, uma figura esguia, mas logo suas roupas começaram a se expandir, e ele foi aumentando de tamanho até que se tornou necessário descosturar o forro de seu casaco, colete e calça para aliviá-lo de seus ganhos imaginários".

A cleptomania* logo seria associada a mulheres ricas, não a pobres lunáticos. A revista científica *The Lancet* publicou, em 1861, que a síndrome era mencionada nos tribunais quase exclusivamente em nome das classes mais abastadas: "Nos casos em que pessoas ditas respeitáveis cometem furtos sem motivo suficientemente óbvio para o ato, têm o crime atenuado sob a alegação de cleptomania." Por definição, a cleptomania exigia que o ladrão não precisasse dos objetos que havia surrupiado.

Em um caso notório ocorrido em 1896, Ella Castle, de 37 anos, esposa de um comerciante de chá de São Francisco, foi acusada de furtar peles de seis lojas de Londres. Ela estava hospedada com o filho e o marido no Cecil in the Strand, o maior e mais suntuoso hotel da Europa, e quando os policiais fizeram uma busca no quarto dos Castle, encontraram peles de zibelina e chinchila, gravatas e boás de arminho, relógios de ouro, binóculos de teatro, espelhos de mão, relógios, leques e pentes, alguns itens inclusive com etiquetas de preço — tudo furtado. Dentro de baús também foram encontrados alguns

---

* Também conhecida como clopemania. (N. T.)

porta-torradas folheados a prata, com a insígnia do hotel Cecil gravada em relevo.

Marido e esposa foram presos, considerando-se que parecia impossível que Walter Castle não soubesse dos furtos, pois muitos dos artigos haviam sido subtraídos na presença dele e guardados entre seus pertences, mas as acusações contra ele foram descartadas quando vários médicos testemunharam que Ella Castle sofria de cleptomania. Foi um escândalo noticiado com avidez e sensacionalismo dos dois lados do Atlântico. Até mesmo Arthur Conan Doyle deu sua opinião: "Se houver alguma dúvida sobre responsabilidade moral", escreveu ao jornal *The Times*, "o benefício da dúvida certamente deve ser dado a alguém cujo *sexo* e *posição* [...] dão a ela um duplo direito à nossa reflexão. É para um consultório, e não para uma cela de prisão, que a mulher deve ser enviada."

Os magistrados condenaram a sra. Castle a três meses de prisão, mas o ministro do Interior ordenou que fosse libertada discretamente depois de cumprir somente uma semana da pena. Ella e a família embarcaram para os Estados Unidos, onde a sra. Castle se submeteu a duas operações para corrigir a "loucura ovariana". Como argumentou a estudiosa feminista Elaine S. Abelson em 1989, ao atribuir a causa da cleptomania ao sistema reprodutor feminino, os médicos confundiam a sexualidade das mulheres com doenças e estranheza. "Mesmo quando se tornou um diagnóstico confiável nos âmbitos social e médico", observou Abelson, "a cleptomania reforçou as crenças sobre a fraqueza feminina." À medida que os ladrões alegavam insanidade temporária, a figura da mulher cleptomaníaca se tornou uma piada, um estereótipo.

Com o surgimento das lojas de departamentos no fim do século XIX, o furto impulsivo tornou-se mais fácil do que nunca. Nesses centros de fartura, mulheres endinheiradas podiam circular livremente por conta própria, manuseando — e às vezes embolsando — as deslumbrantes tentações dispostas à sua frente.

"A tentação era aguda", observou Émile Zola em *O paraíso das damas* (1883). "Isso deu origem a uma insana onda de desejo que tirou todas as mulheres dos eixos." Zola retrata a loja de departamentos parisiense como um País das Maravilhas erótico, uma linda fusão de tecido, carne e dinheiro. Em uma cena de seu romance, as vendedoras revistam a condessa de Boves em busca de itens roubados, "e até mesmo lhe despiram o vestido para inspecionar seu colo e quadris. Além dos babados de Alençon, doze metros a mil francos o metro, escondidos nas profundezas de uma manga, encontraram um lenço, um leque e uma echarpe, amassados e quentes no seio, perfazendo um total de cerca de catorze mil francos. Assolada por um desejo furioso e irresistível, Madame de Boves roubava assim havia um ano".

Após o caso Castle, a editora de jornal, correspondente internacional e ativista dos direitos das mulheres Clara Bewick Colby sugeriu em *The Woman's Signal* [O sinal da mulher] que o problema de algumas ladras compulsivas era que recebiam dos maridos pouquíssima independência financeira. Os artigos que se qualificavam como produtos de furtos cleptomaníacos eram em geral luxos, bugigangas e quinquilharias desnecessárias — bem os objetos que uma mulher, por mais rica que fosse, poderia sentir vergonha de querer, ou despesas que ela poderia se sentir incapaz de justificar. A solução, afirmou Colby, era conceder maior autonomia às esposas: a mulher casada "deve ter liberdade para controlar o que é legitimamente seu". Caso contrário, poderia acabar como Madame G, uma das mulheres entrevistadas por Paul Dubuisson em *Les Voleuses de Grands Magasins* [As ladras das grandes magazines] (1902), cujo primeiro furto marcou o início de uma nova existência. Segundo Dubuisson, Madame G se transformou. A casa e o marido não eram mais suas prioridades; tinha apenas um pensamento dominante: voltar à loja de departamentos para furtar. A cleptomania havia se tornado uma forma de rebelião contra o lar.

Os seguidores de Sigmund Freud vinculavam firmemente a cleptomania à sexualidade feminina. Em 1924, o psiquiatra austríaco Wilhelm Stekel argumentou que a condição sempre teve raízes sexuais: o cleptomaníaco quer "fazer algo proibido", escreveu ele, "apoderar-se secretamente de algo". Ou como o psicanalista austríaco e biógrafo de Freud Fritz Wittels afirmou em 1942: "Na verdade, furtar é a vida sexual dos cleptomaníacos." Desde sempre, os psicólogos notaram que os cleptomaníacos encontravam alívio no furto em lojas. Em 1840, o alienista francês Charles Chrétien Henri Marc observou que o ato poderia trazer alegria e alívio da ansiedade. Em 2000, a 4ª edição do *Manual diagnóstico e estatístico de transtornos mentais* (*DSM-4*) da Associação Norte-Americana de Psiquiatria descreveu a "sensação subjetiva crescente de tensão do cleptomaníaco antes do furto" e o "prazer, a gratificação ou o alívio ao cometer o furto". Hoje a cleptomania é considerada um distúrbio de controle de impulsos, e é tratada com remédios que atenuam a emoção do furto ou reduzem a ansiedade que é apaziguada pelo ato de furtar. Alguns cleptomaníacos tentam curar sua compulsão com terapia de aversão — por exemplo, são ensinados a prender a respiração a ponto de sentir dor quando imaginam um ato de furto, ou a associar furtos a imagens de detenção e encarceramento em uma prisão. Nos tratamentos cognitivo-comportamentais, aprendem a interromper os padrões de furtos em lojas e a banir pensamentos recorrentes como "Eles merecem", ou "Quero ver se consigo me safar", ou "Minha família merece coisas melhores".

No conto "Alma de criança" (1919), de Hermann Hesse,* citado por Stekel, um menino de onze anos é tomado por um desejo cleptomaníaco. Um dia a criança volta da escola para

---

* No Brasil, incluído no volume *O último verão de Klingsor*. Tradução de Pinheiro de Lemos. Rio de Janeiro: Record, 2003. (N. T.)

casa em estado de inquietação, como se fosse culpada de alguma coisa. "Começou por uma pressão no abdome e subiu até a garganta, então transformou-se em uma sensação de sufocação e de náusea." Tomado de um mau pressentimento, o garoto entra no corredor de casa e pensa: "O diabo está solto hoje e tudo pode acontecer." Ele se vê entrando no escritório do pai. "Desejava que meu pai estivesse no quarto vizinho e entrasse ali de repente e destroçasse o sombrio encantamento que me dominava e acorrentava." Contudo, ninguém aparece, e o menino começa a abrir as gavetas do pai, uma a uma. "A sensação de ser um criminoso me apertava a barriga e me gelava a ponta dos dedos, enquanto o coração batia desesperadamente. Ainda não sabia o que ia fazer." Numa gaveta, ele encontra uma guirlanda de figos brancos cristalizados e — como se quisesse quebrar a tensão — puxa alguns figos do fio, empurra-os para dentro do bolso, fecha a gaveta e foge do quarto, sentindo medo e vergonha.

☞ *Veja também: presentemania, monomania, oneomania, silogomania*

COREOMANIA

Em meados do verão de 1374, uma epidemia de danças maníacas se espalhou ao longo do rio Reno e tomou conta da área rural ao redor. De acordo com o relato do monge Pedro de Herental, "tanto homens quanto mulheres dançavam dentro das casas, nas igrejas e nas ruas, segurando as mãos uns dos outros e saltando no ar". Dançavam compulsivamente, por horas e dias, até caírem no chão, exaustos. Quando paravam, ainda segundo Pedro, "sentiam tantas dores no peito que, se os amigos não lhes amarrassem com firmeza peças de linho na cintura, anunciavam aos berros que estavam morrendo, feito alucinados".

De fato, alguns morreram. "Os que foram curados alegaram ter a sensação de que estavam dançando em um rio de sangue, por isso pulavam." A "loucura dançante", mais tarde apelidada de coreomania (do grego *choreía*, "dança", e *chorós*, "dança em conjunto"), continuou até o fim de outubro.

Outro surto de coreomania eclodiu em 14 de julho de 1518, quando uma mulher chamada *Frau* Troffea começou a dançar nas ruas de Estrasburgo. No fim da semana, 34 pessoas dançavam ao lado dela, e ao fim do mês já eram quatrocentas pessoas dançando. Os governantes da cidade tentaram controlar a desordem abrindo salões e montando um palco no mercado para os dançarinos, além de providenciarem um grupo de músicos para acompanhá-los, mas essas medidas pareciam apenas agravar a situação. Quando o surto de dança parou, em 10 de agosto, dezenas de pessoas desmaiaram e morreram em decorrência de ataques cardíacos e acidentes vasculares cerebrais (AVCs).

Essas ondas de dança intrigam os historiadores. Em 1832, o médico alemão Justus Friedrich Hecker as descreveu como uma espécie de contágio emocional, uma "solidariedade mórbida", em que as pessoas eram inspiradas a dançar pela visão de outras dançando. Ele sugeriu que a causa original fora a peste bubônica, que dizimou metade da população da Europa entre 1347 e 1351 e deixou muitos sobreviventes atolados em desespero: alguns extravasavam na dança o pânico ou a tristeza que sentiam. O historiador médico britânico John Waller, retomando a interpretação de Hecker, argumenta que as epidemias de dança eram doenças psicogênicas em massa, geradas pelo medo e espalhadas pela imitação, e observa que os surtos mais intensos e impactantes ocorriam em períodos de dificuldades renovadas — o rio Reno inundou em 1373 e 1374, alagando ruas e casas, enquanto em 1518 Estrasburgo havia passado por uma década de fome, doença e frio inclemente. A acadêmica e pesquisadora inglesa Kélina Gotman descreve as epidemias como sintomas de convulsão social, surtos de primitivismo e excesso. Os dançarinos desenfreados aparecem, escreve ela, "onde há uma falha na civilização, uma ruptura e uma abertura, de onde eles parecem transbordar".

Alguns sugeriram que a dança frenética que acompanhou o curso do Reno foi, na verdade, um surto de convulsões delirantes causadas pelo esporão-do-centeio, fungo parasita psicotrópico que pode se formar no centeio úmido, e que a inundação dos campos ao redor do rio envenenou o pão do povo. No entanto, o sociólogo estadunidense Robert Bartholomew argumenta que o mais provável é que a mania tenha sido desencadeada por peregrinos da Hungria, da Polônia e da Boêmia que dançavam como uma forma de culto e acabavam sendo acompanhados por moradores das cidades por onde passavam. Ele cita o cronista francês Jean d'Outremeuse, que em 11 de setembro de 1374 escreveu: "Veio do norte para Liège [...] uma companhia de pessoas que dançavam incessantemente. Amarradas umas às outras por peças de roupa, pulavam e giravam [...] Aos gritos, chamavam São João Batista e batiam palmas ferozmente."

Bartholomew aponta que na Idade Média a dança podia ser um ato de expiação. No verão de 1188, o secretário real Gerald de Barri descreveu um ritual em uma igreja no País de Gales no qual homens e mulheres dançavam no santuário de Santa Almedha, depois dançavam "em volta do pátio da igreja ao som de música, subitamente desabando no chão, como se estivessem em transe, e então saltavam como que em frenesi". Enquanto dançavam, encenavam seus delitos e imitavam a maneira como haviam arado ilegalmente alguma terra ou remendado um par de sapatos num feriado santo. Em seguida eram levados de volta ao altar, onde "repentinamente despertavam e voltavam a si". Essa dança dissociada era entendida como um estado espiritual, por meio do qual as pessoas aludiam a suas transgressões e buscavam a absolvição.

☞ *Veja também: beatlemania, demonomania, mania de riso*

COULROFOBIA

A origem do termo coulrofobia, que significa medo mórbido de palhaços, é obscura. Acredita-se que a palavra tenha sido inventada em algum momento da década de 1990 ou talvez 1980. "Coulro" pode ser derivado de *kōlobathristés*, palavra em grego bizantino para "homem da perna de pau", ou pode ser um desmembramento do grego moderno "*klóoun*", ou palhaço, que é de onde vem o termo inglês "*clown*". Porém, ao contrário da etimologia do termo, a necessidade de usá-lo foi criada por uma sequência surpreendentemente clara de acontecimentos.

Os palhaços eram figuras muito amadas nos Estados Unidos nos anos 1960 e 1970. Os mais famosos eram o astro da TV infantil Bozo, com seus cabelos ruivos espetados nas laterais, nariz redondo e vermelho, sorriso extravagante pintado e sobrancelhas permanentemente levantadas, e o também ruivo de rosto branco Ronald McDonald, garoto-propaganda da cadeia de lanchonetes McDonald's. Era fácil trabalhar com personagens palhaços em franquias, pois qualquer um poderia colocar uma peruca e aplicar maquiagem pesada para se tornar Bozo em um programa de TV local ou, no papel de Ronald, dar as boas-vindas a crianças em uma lanchonete.

Entretanto, no fim da década de 1970 a reputação dos palhaços havia sido prejudicada devido à condenação de John Wayne Gacy pelo assassinato de 33 rapazes e meninos. Gacy, um empresário do subúrbio de Chicago, Illinois, se apresentava em festinhas infantis e eventos beneficentes locais como um palhaço chamado Pogo. Uma foto de Gacy fantasiado foi divulgada pela imprensa: um homem gorducho de macacão listrado vermelho e branco e gola rufo, acenando para a câmera com uma das mãos enluvadas e segurando um buquê de balões com a outra. No rosto branco feito giz, um enorme sorriso vermelho pintado.

"Ninguém nunca questiona o que os palhaços fazem", teria dito Gacy após ser detido. "Palhaços podem abordar mulheres na calçada e apertar os peitos delas, e tudo o que as mulheres fazem é rir. Sabe, palhaços podem matar pessoas e escapar impunes." Gacy recebeu a pena de morte em 1980, e, de repente, o rosto pintado de branco e o sorriso escancarado de um palhaço se tornaram sinistros, uma máscara de desenho animado capaz de esconder um louco sequestrador de crianças, um assassino ou um predador sexual. O sorriso apatetado ganhou o contorno de um olhar lascivo, uma zombaria da inocência.

Em 1981, havia tantos relatos de palhaços assediando crianças em Boston, Massachusetts, que o secretário estadual de Educação deu as seguintes instruções a todos os professores: "Chegou ao conhecimento do departamento de polícia e do Ministério Público que adultos fantasiados de palhaços estão incomodando crianças no caminho de ida e volta da escola. Por favor, digam às crianças que elas devem ficar longe de pessoas desconhecidas, sobretudo as que se fantasiam de palhaços." Assim que essa notícia chegou à imprensa, *"stalkers* palhaços" foram avistados nas proximidades de Brookline, depois em Providence, e então em Kansas City e Omaha. O medo de palhaços havia se tornado uma fobia em massa, especialmente entre as crianças, uma espécie de histeria coletiva.

A figura do palhaço predador ganhou ainda mais força em 1986 com o assustador e sobrenatural Pennywise, personagem do romance best-seller *It: A coisa*, de Stephen King. No livro, o palhaço é uma potência malévola que assume a forma daquilo que a criança mais teme. Seu sorriso fixo esconde uma alma repleta de horrores. Quando o romance de King foi adaptado para minissérie de TV em 1990, os avistamentos de palhaços imaginários se multiplicaram. Em 1991, circulavam rumores de que um palhaço viajava pela Escócia em um trailer de sorvete, atraindo crianças para dentro do veículo e esquartejando-as. Uma menina ouviu dizer que, para se livrar das provas dos assassinatos, o palhaço assassino jogava o sangue das vítimas no sorvete, no lugar de calda de framboesa.

Em 1999, o ator Johnny Depp confessou um medo de longa data de palhaços. "Sempre parecia haver algo sombrio à espreita por trás da fachada", disse ao jornal *San Francisco Examiner*, "um potencial para o verdadeiro mal. Acho que tenho medo deles porque — por causa do sorriso pintado — é impossível distinguir se estão felizes ou se estão prestes a arrancar seu rosto com uma mordida."

Quando 250 crianças de um hospital da cidade inglesa de Sheffield foram consultadas sobre a nova decoração das paredes da enfermaria em 2008, nenhuma quis imagens de palhaços. "Descobrimos que os palhaços são universalmente odiados pelas crianças", declarou um pesquisador da Universidade de Sheffield. A Associação dos Palhaços de Hospital discordou dessa conclusão geral, e a queixa foi parcialmente justificada por uma análise de 124 estudos hospitalares norte-americanos, publicados no *British Medical Journal* em 2020, que concluíram que as intervenções dos "médicos palhaços" reduziam a fadiga, a dor e o sofrimento em crianças internadas. "Algumas crianças hospitalizadas podem se encantar ao ver um palhaço na enfermaria", observou uma porta-voz do Royal College of Pediatrics and Child Health, mas reconheceu que "outras podem ficar alarmadas".

Palhaços e bobos da corte nos inquietam há séculos. Eles são sujeitos com autorização para aprontar, "espíritos de porco" preparados para subverter as normas sociais, e suas máscaras e fantasias brilhantes muitas vezes são encaradas como uma cobertura ou disfarce para ocultar seu lado sombrio. Em 1837, após a morte de Joseph Grimaldi, talvez o palhaço mais famoso de todos os tempos, revelou-se que ele era um homem profundamente perturbado. Nas memórias editadas por Charles Dickens, as sublimes estripulias de Grimaldi nos palcos contrastavam com seus tormentos privados: alcoolismo, dor crônica, luto pela morte do filho. O análogo francês de Grimaldi, Jean-Gaspard Deburau — o criador do Pierrô —, tinha o pavio tão curto que, em 1836, num acesso de fúria, atacou e matou um menino que zombou dele numa rua parisiense.

Em 1876, o escritor francês Edmond de Goncourt observou que a atuação de palhaços "hoje em dia é bastante aterrorizante e repleta de ansiedade e apreensão": os gestos violentos e desesperados dos palhaços, disse ele, remetiam ao "pátio de um manicômio". Na ópera *I Pagliacci* (1892), de Ruggero Leoncavallo, o palhaço Canio, num surto de fúria ciumenta, assassina a esposa infiel.

No século XX, o palhaço sofredor se metamorfoseou no palhaço cruel. O mais influente deles foi o arqui-inimigo de Batman, Coringa, que apareceu na edição original da história em quadrinhos da DC Comics em 1940. Embora fosse representado como um vilão galhofeiro em séries de TV dos anos 1960, Jack Nicholson fez dele um psicopata niilista no filme *Batman* (1989); Heath Ledger, em *O Cavaleiro das Trevas* (2008), e Joaquin Phoenix, em *Coringa* (2019), seguiram na mesma direção. Hoje em dia, as figuras que nos perturbam parecem definidas menos pela dor que carregam e mais pela própria incapacidade de ter sentimentos.

☞ *Veja também: pediofobia*

D

DEMONOMANIA

"Há um milhão de anos sou a esposa do diabo", declarou uma lavadeira francesa ao psiquiatra Jean-Étienne Esquirol no início do século XIX. Desde que um dos filhos morrera nos braços dela, a mulher passou a dizer que estava possuída por Satanás. O diabo "habita em mim", explicou ela, "e não se cansa de me dizer que é o pai dos meus filhos. Eu sofro de dores uterinas. Meu corpo é um saco feito da pele do diabo e está repleto de sapos, serpentes e outras feras impuras, originárias de demônios." Ela alegou que o diabo a incitava a atacar estranhos e a estrangular os próprios filhos.

Outra mulher sob os cuidados de Esquirol disse que dois demônios haviam se instalado em suas ancas e saíam das orelhas dela sob a forma de gatos: um, amarelo e branco, o outro, preto. Ela colocava graxa nos ouvidos para tentar bloquear a passagem deles.

Esquirol não interpretou esses casos como possessão de espíritos, mas como exemplos de um distúrbio psiquiátrico: a demonomania,* palavra derivada do grego *daimónion*. Ele explicou que já houvera surtos no passado — na Holanda, na Bélgica e na Alemanha, no século XIV, e em Roma em meados

---

* O estado mórbido mental em que o doente se julga possuído ou influenciado por demônios também é chamado de demoniomania e demonopatia. (N. T.)

do século XVI —, mas nos tempos modernos a condição era rara. Em *Mental Maladies* [Moléstias mentais] (1838), Esquirol escreveu que entre os muitos milhares de pacientes psiquiátricos tratados por ele, menos de vinte sofriam de demonomania. Alguém que no passado "teria ficado delirante acerca de magia, feitiçaria e regiões infernais", afirmou ele, "agora está delirando, julgando-se ameaçado, perseguido e prestes a ser encarcerado por agentes da polícia". Os enviados do inferno foram substituídos pelos enviados do Estado.

Esquirol, contudo, fez essas observações cedo demais. Duas décadas após a publicação de seu livro seminal sobre distúrbios mentais, uma epidemia de demonomania eclodiu na região montanhosa de Haute-Savoie, nas fronteiras entre França, Suíça e Itália. Entre 1857 e meados da década de 1860, metade das mulheres e muitos dos homens e crianças da cidadezinha alpina de Morzine relataram estar possuídos por Satã.

A primeira vítima foi Péronne Tavernier, menina de dez anos que, ao sair da igreja numa manhã de primavera de 1857, viu uma criança sendo retirada do rio, quase morta. Algum tempo depois, no mesmo dia, Péronne desmaiou e permaneceu inconsciente por várias horas. Nas semanas que se seguiram, ela foi assolada por novos surtos e transes, até que um dia, enquanto cuidava das cabras, sua amiga Marie Plagnat desmaiou ao lado dela. Logo depois, as duas meninas começaram a ter alucinações. Marie previu que o pai de Péronne adoeceria e morreria — pouco depois, ele sucumbiu a doenças misteriosas, e em seguida morreram suas cabeças de gado. Os irmãos de Marie também começaram a se comportar de modo estranho: os olhos da irmã caçula giravam; a irmã mais velha reclamou de demônios no corpo; testemunhas viram o irmão dela subindo em uma árvore com uma agilidade sobrenatural.

Em poucos meses, uma centena de moradores da cidade passou a ter convulsões e alucinações, a externalizar visões e profecias, espumando pela boca, falando em línguas estranhas e realizando proezas acrobáticas. Em 1858, a pedido das famílias das vítimas, o padre da cidade realizou um exorcismo público, mas o caos eclodiu no interior da igreja: a congregação se contorceu, blasfemou, quebrou os móveis e urrou insultos. O padre concordou em realizar alguns exorcismos particulares — durante os quais os espíritos aparentemente usavam os aflitos para falar, confessando ter pecado durante a vida —, mas em 1860 anunciou que não achava que o povo de Morzine estivesse possuído, mas doente. Com isso, foi atacado por vários dos paroquianos, e a polícia teve que intervir. No ano seguinte, o inspetor-geral das associações psiquiátricas da França foi enviado para o local com a missão de restaurar a ordem, e contou com a ajuda de uma tropa de soldados. Ele despachou os moradores afetados para os hospitais e tomou providências para que fossem segregados e mantidos separados uns dos outros.

Durante algum tempo a paz reinou em Morzine, mas em 1864 muitos dos que haviam sido enviados aos hospitais voltaram para a cidade, e a epidemia voltou a irromper. Um bispo visitou a cidade em maio e encontrou o cemitério e o chão da igreja tomados de dezenas de mulheres se contorcendo e berrando. Quando o bispo se aproximou do altar, várias se atiraram nele, blasfemando, rasgando as próprias roupas, cuspindo em seu rosto e tentando mordê-lo.

Depois disso, as autoridades seculares novamente entraram em cena para intervir. Tentaram acalmar e distrair a população com a organização de eventos como shows e danças, montaram uma biblioteca, mandaram novamente para o hospital os acometidos pela enfermidade e reduziram ao máximo as atividades religiosas. Essas medidas foram bem-sucedidas. Em 1868, apenas algumas mulheres "endemoniadas" mostravam sinais de possessão, e seus vizinhos as consideravam doentes, desonestas ou imbecis. O sociólogo Robert Bartholomew escreve: "Talvez reclassificá-las dessa maneira, de acordo com o novo enfoque dos cientistas, não segundo a velha tradição da Igreja e da feitiçaria, tenha sido o fator salvador. A doença acabou se tornando uma aflição individual, não mais uma manifestação coletiva." Os acontecimentos em Morzine representaram a mudança de uma compreensão espiritual do mundo para uma compreensão científica e do colapso comunitário para o pessoal. A definição de Esquirol de demonomania como um transtorno mental havia sido estabelecida.

Catherine-Laurence Maire, historiadora francesa que foi a primeira a detalhar o episódio em Morzine, sugere que a demonomania tomou conta dessa cidadezinha porque ela foi subitamente exposta à sociedade moderna e secular. Durante séculos, aquele povo viveu isolado de outras comunidades, cercado por montanhas, seguindo antigas superstições e crenças em magia e no diabo, bem como nos princípios da Igreja Católica Romana. A população local pouco conhecia do mundo além das montanhas — apenas 10% dos dois mil cidadãos da cidade sabiam ler. Entretanto, na década de 1850, o transporte e as comunicações começaram a propiciar o acesso à região, e mais da metade dos homens de Morzine viajava para Genebra e Lausanne a trabalho, retornando apenas no Natal. Na maioria das vezes, as esposas, mães e filhas eram deixadas para trás, incumbidas de cuidar do gado e da terra.

Foi nesse momento de convulsão social e demográfica que as mulheres de Morzine sucumbiram à demonomania. Para o escritor estadunidense Allen S. Weiss, elas empregaram "as possibilidades mais extremas de linguagem e gestual de modo a expressar as dores e os desejos inerentes a uma cultura a caminho da dissolução definitiva". Os ataques demoníacos em Morzine foram os espasmos moribundos do mundo medieval.

☞ *Veja também: beatlemania, coreomania, fobia de caiaque, mania de riso*

DERMATILOMANIA

A palavra dermatilomania* foi usada pela primeira vez em 1889 pelo dermatologista francês Louis-Anne-Jean Brocq para descrever o comportamento de uma adolescente que cutucava compulsivamente a própria acne. Em grego antigo, *dérma* significa "pele" e *tillō/tillein* é "puxar", "arrancar". A condição também é conhecida como transtorno de escoriação. "O hábito não é controlável", escreveu o dermatologista norte-americano George Miller MacKee em 1920, "e a pessoa acha difícil, se não impossível, evitar a necessidade quase irreprimível de cutucar pequenas ilhas de detritos epiteliais, tampões foliculares, cravos, pelos encravados, lesões de acne, brotoejas, crostas etc."

A dermatilomania foi reconhecida como problema psiquiátrico na 5ª edição do *Manual diagnóstico e estatístico de transtornos mentais* (DSM-5), publicada em 2013, e — tal qual a tricotilomania, ou o hábito de arrancar continuamente os cabelos ou pelos, e a onicotilomania, ou a automutilação das unhas — é classificada de várias maneiras, como transtorno do comportamento repetitivo focado no corpo, transtorno obsessivo-compulsivo e transtorno de controle de impulsos.

A maioria dos dermatilomaníacos costuma usar as unhas como ferramentas, embora por vezes acabem utilizando dentes, pinças, alfinetes e facas. É uma condição relativamente comum que afeta cerca de 3% da população, mas apenas 20% de quem apresenta essa conduta procura tratamento. Via de regra o comportamento começa na adolescência, e em geral o objetivo é alisar a pele, seja coçando, cavucando, esfolando, arranhando, espremendo ou esfregando. Os dermatilomaníacos preocupam-se com manchas, pápulas, acne, cicatrizes e picadas de insetos. Muitos concentram-se no rosto, embora

---

* Esse transtorno também é conhecido como dermatotilexomania. (N. T.)

outros escolham qualquer lugar que consigam alcançar — a zona entre as escápulas às vezes é a única área que permanece intocada.

A dermatilomania pode resultar de algum problema de pele, a exemplo da psoríase ou sarna, ou de uma enfermidade que causa sensações estranhas na carne, como diabetes ou doença hepática, mas geralmente é de origem psicológica e pode ser tratada com medicamentos ou por meio de terapia cognitivo-comportamental. Vez ou outra, torna-se perigosa. Um estudo de 1999 descreveu o caso de uma mulher que cutucava o pescoço com tanta força que expôs a artéria carótida, e outra que cutucava as mãos de tal forma que os médicos cogitaram amputação.

Mexer insistentemente na pele, sobretudo quando isso é feito de modo concentrado e deliberado, pode ser um comportamento de autopunição, mas também pode ser uma atividade prazerosa, automática e de distração. Os dedos do dermatilomaníaco manipulam a própria carne como se esfregassem uma coceira, puxando, beliscando, apertando, espremendo, inflamando e massageando, criando um ciclo autônomo no qual o corpo entra numa conversa íntima consigo mesmo, irrequieto e confuso, e a mente consciente e o mundo como um todo desaparecem.

"Bom, doutor, o senhor sabe que eu gosto de cutucar. Minha mãe gostava de cutucar, eu gosto de cutucar e minha filha gosta de cutucar", disse uma paciente ao dermatologista Michael Brodin. O médico compartilhou esse comentário com o *Journal of the American Academy of Dermatology* em 2010 e acrescentou que "ela disse isso com um tom de voz, uma postura e convicção parecidos com o de alguém que declara que seus familiares são todos republicanos e têm orgulho disso".

☛ *Veja também: acarofobia, afemania, onicotilomania, tricotilomania*

DIPSOMANIA

O termo dipsomania (do grego *dipsa*, "sede"), cunhado em 1819 pelo médico alemão Christoph Wilhelm Hufeland, foi usado no século XIX para se referir tanto ao desejo mórbido pelo álcool quanto ao estado de insanidade que o consumo de álcool poderia induzir.

De todas as palavras vitorianas para o consumo excessivo de bebida alcoólica (entre elas ebriedade, intemperança, embriaguez habitual, bebedeira, crapulência), dipsomania era o termo preferido pelos médicos britânicos. Conferia um verniz científico ao comportamento, ao apresentá-lo como uma patologia em vez de um defeito moral. Assim que o termo "alcoolismo" começou a fazer parte do discurso médico, em 1882, a dipsomania passou a significar, mais especificamente, uma forma intermitente, contínua e episódica de embriaguez. O dipsomaníaco era um bebedor compulsivo, com períodos de abstinência entre as bebedeiras aleatórias. Em 1892, o alienista inglês Daniel Hack Tuke caracterizou a mania como "uma irresistível obsessão e impulso para beber, que surge na forma de ataques, durante os quais os pacientes ficam em estado de impotência diante da vontade e manifestam grande angústia".

Na virada do século XIX para o XX, o psiquiatra Pierre Janet descreveu uma mulher de família nobre e boa educação de trinta anos que, desde os dezenove, sentia desejos periódicos de beber uísque. Janet afirmou que ela apresentava "a forma clássica de dipsomania". Começava tomando apenas um pequeno gole, ciente de como a bebida era perigosa para ela, mas antes que se desse conta já tinha tomado um gole generoso, e depois, outra dose, e dali continuava, segundo Janet, "envergonhada e infeliz, bebendo em segredo quantidades cada vez maiores". A mulher tomava meia garrafa de uísque por dia, caindo em estupores dos quais saía com um sentimento de profundo desespero: "Ela fala em se matar e só se consola com muita dificuldade, fazendo as promessas mais solenes."

Janet relatou que, depois de uma bebedeira prolongada, a mulher bebia apenas água por algumas semanas ou meses, mas logo seu humor mudava, primeiro, gradualmente, e depois, num átimo, até que "um véu de tristeza cobria todas as coisas, um desânimo geral, um desgosto por toda forma de ação, um profundo tédio". Quando entrava nesse estado, ela dizia: "Estou cansada de tudo. Nada vale o mínimo esforço. Já não consigo nem ficar com raiva, porque não vale a pena ficar zangada com o que quer que seja, e fico espantada quando vejo pessoas que têm a coragem de se zangar." Ela não se sentia nem feliz nem infeliz; não desejava nada. "Você não consegue imaginar essa sensação de sombra que, pouco a pouco, invade a vida por inteiro, como um eclipse solar."

A paciente de Janet se sentia tão desolada, tão vazia de amor até mesmo pelo marido e pelos filhos ("Que horror é perder todos os sentimentos de afeição!"), que não conseguia ver motivos para não se matar. Ela recorria ao uísque. "Depois de tomar um gole, tudo muda de cor e fica interessante de novo", alegava. "Já não me sinto estúpida; consigo ver, ler, falar e agir. Beber faz a vida valer a pena; dá um valor fictício a tudo." A mulher sabia que a inspiração do álcool era falsa e sabia que os efeitos colaterais eram terríveis, mas às vezes era a única coisa que ela era capaz de desejar.

☞ *Veja também: cleptomania, lipemania, ninfomania, piromania*

DORAFOBIA

Em 1897, o psicólogo Granville Stanley Hall documentou 111 casos de "aversão a pelo", transtorno que ele chamou de dorafobia — do grego *dora*, que significa "couro ou pele de animal". A maioria de seus pacientes dorafóbicos odiava a sensação do pelo, fosse macio como o visom, eriçado como a pelagem de um terrier, ou grosso e seboso como pelo de rato. Uma menina de catorze anos tinha um horror especial a pelos que, quando separados ou soprados, revelavam a carne por debaixo.

Em um famoso experimento nos Estados Unidos em 1919, os psicólogos comportamentais John Broadus Watson e Rosalie Rayner tentaram estabelecer que era possível induzir uma fobia. A dupla se inspirou no trabalho do fisiologista russo Ivan Pavlov, que na década de 1890 descobriu que os animais podiam ser condicionados a responder fisicamente a estímulos específicos — os cães, por exemplo, salivavam quando escutavam o clique de um metrônomo, que haviam sido ensinados a associar à chegada de alimentos.

Watson e Rayner esperavam fazer um bebê ter medo de ratos-brancos. A cobaia do experimento foi "Albert B", o filho "impassível e desprovido de emoção" de uma ama de leite no Hospital Universitário Johns Hopkins, em Baltimore, Maryland. Quando Albert tinha nove meses, foi levado ao laboratório e submetido a alguns testes. Na primeira sessão, lhe mostraram um rato-branco, depois um coelho, um cachorro, um macaco, máscaras e um chumaço de algodão. Ele não demonstrou medo de nada. No entanto, reagiu de forma aterradora ao som de um martelo atingindo uma barra de aço bem atrás de sua cabeça. Com o barulho, o bebê não apenas se assustou e ficou paralisado, mas também desatou a chorar.

Na sessão seguinte, dois meses depois, os pesquisadores tentaram ensinar Albert a associar o barulho alto ao rato-branco. Cada vez que o bebê esticava o braço e tocava o rato, eles batiam na barra de aço com o martelo. Uma semana depois, mostraram o rato a Albert novamente. Dessa vez ele hesitou. Embora tentasse alcançar a criatura esticando o dedo indicador esquerdo, parava antes de tocá-la. Várias vezes ao longo do dia, os psicólogos mostravam o rato ao menino e, ao mesmo tempo, golpeavam a barra de aço. No final da sessão, Albert estava reagindo com terror à mera visão do rato.

"No instante em que mostrávamos o rato, o bebê começava a chorar", observaram Watson e Rayner. "Quase que de imediato ele se virava bruscamente para a esquerda, caía para o lado esquerdo, erguia o corpo com as mãos e os joelhos no chão e começava a rastejar para longe com toda a rapidez, mas a duras penas, até chegar à beirada da mesa." A experiência foi bem-sucedida. "Trata-se de um caso de resposta ao medo completamente condicionada cujos resultados foram tão convincentes quanto o esperado com base na teoria", escreveram os pesquisadores.

Uma semana depois, Albert reagiu com medo a um coelho, um cachorro e um casaco de pele de foca. Tudo indicava que o terror ao rato havia se espalhado, por associação, a outras coisas peludas. Os experimentos terminaram logo depois, porque a mãe do bebê deixou o emprego no hospital.

Watson afirmou que medos não são inatos, mas aprendidos, e a mesma coisa se aplicaria à maioria das características humanas. "Dê-me uma dúzia de bebês saudáveis e bem formados e meu próprio mundo específico em que criá-los", proclamou ele em 1930, "e garanto que pegarei qualquer um ao acaso e o treinarei para se tornar o especialista que eu decidir — médico, advogado, artista, comerciante, delegado e, sim, até mesmo mendigo e ladrão, independentemente de seus talentos, inclinações, tendências, habilidades, vocações e etnia de seus ancestrais." A teoria behaviorista que Watson desenvolveu era uma alternativa tanto à eugenia, que enfatizava o papel da hereditariedade na psicologia humana, quanto ao freudismo, que enfatizava o papel do desejo sexual reprimido. Watson brincou, dizendo que se anos mais tarde Albert B fosse submetido à psicanálise, os terapeutas, intrigados com o medo que ele sentia de casacos de pele de foca, "talvez o aborrecessem com a narrativa de um sonho que, segundo a abordagem psicanalítica, mostraria que aos três anos Albert tentou brincar com os pelos pubianos da mãe e foi violentamente repreendido por isso".

Watson e Rayner alegaram que suas intervenções com Albert B não fariam mal ao menino: de acordo com eles, os sustos aos quais o expuseram eram semelhantes aos que qualquer criança poderia enfrentar. Contudo, afirmaram que, se tivessem oportunidade, tentariam acabar com os medos de Albert. Para recondicionar as respostas do menino, o plano seria dar-lhe doces quando lhe mostrassem o rato, ou estimular suas zonas erógenas: "Tentaríamos primeiro os lábios, depois, os mamilos e, como último recurso, os órgãos sexuais." Pode-se dizer que o bebê Albert parece ter sido poupado de um futuro ainda pior: os cientistas conseguiram torturá-lo, mas pelo menos não tiveram a oportunidade de abusar sexualmente dele.

Em 2014, Albert B foi identificado de forma plausível como Albert Barger, filho ilegítimo de uma jovem que havia trabalhado no Johns Hopkins. Uma sobrinha contou aos jornalistas que Albert havia morrido em 2007 sem nada saber acerca dos experimentos realizados com ele quando bebê. Ela disse que ele parece ter levado uma vida feliz, mas não gostava de animais. Quando o tio aparecia para visitá-la, ela costumava deixar os cachorros presos durante todo o tempo que ele permanecia na casa.

☞ *Veja também: ailurofobia, cinofobia, musofobia, fonofobia, pteronofobia, zoofobia*

DROMOMANIA

Foi o médico francês Emmanuel Régis que em 1894 deu o nome de dromomania* à compulsão por perambular — do grego *drómos*, "corrida". Também conhecida como turismo

---

* Também chamada de dromopatia. (N. T.)

patológico, sede de viagens e vida errante, a mania parece ter proliferado na França nas últimas décadas do século XIX. Às vezes se manifestava em estados inconscientes e automáticos, como amnésia ambulatória e fuga dissociativa, e às vezes — em sua forma mais benigna — no comportamento do *flâneur*, ou flanador, uma pessoa que percorria sem rumo as ruas da cidade.

Durante a maior parte dos séculos XVIII e XIX, a caminhada prolongada era vista como uma realização — em 1809, na Grã-Bretanha, o "célebre pedestre" capitão Robert Barclay ganhou mil libras por caminhar mil milhas (1.600 quilômetros) durante mil horas consecutivas —, e a ideia de perambular deixava muitos artistas e filósofos exultantes. "A marcha tem qualquer coisa que anima e aviva as ideias", declarou Jean-Jacques Rousseau em *As confissões* (1789). "Quase não consigo pensar quando fico parado; é preciso que meu corpo esteja em movimento para que a minha mente também se movimente." Friedrich Nietzsche caminhava oito horas por dia enquanto escrevia *O andarilho e sua sombra** (1880). "Sentem-se o menos possível", aconselhou ele a seus leitores. "Não acreditem em nenhuma ideia que não tenha nascido ao ar livre e de livre movimento — na qual os músculos também não se deleitem. Todos os preconceitos emanam das entranhas." Mas esses autores optaram por caminhar como forma de comungar com a natureza e consigo mesmos. Na década de 1890, parecia haver uma epidemia de pessoas que não conseguiam parar de andar.

Jean-Albert Dadas, um instalador de gás de Bordeaux, foi o primeiro dromomaníaco famoso. No livro *Mad Travelers* [Viajantes loucos] (1998), Ian Hacking relata que, em 1868, aos meros oito anos, Dadas sofreu um ferimento na cabeça depois de cair de uma árvore; quatro anos depois, teve seu primeiro

---

* Em algumas traduções, *O viajante e sua sombra*. (N. T.)

episódio de peregrinação, quando desapareceu da fábrica de gás na qual era aprendiz. Foi encontrado numa cidadezinha próxima trabalhando como assistente de um caixeiro-viajante que vendia guarda-chuvas, aparentemente sem saber como havia chegado lá. Ao longo da vida, afirmou Dadas, sucumbiria a recorrentes estados de fuga e, quando voltava a si, constatava, perplexo, que estava em locais distantes — um banco de praça em Paris, esfregando panelas na Argélia, em um descampado na Provença. Em 1881, Dadas fugiu do Exército francês em Mons e caminhou até Berlim e depois até Moscou, onde foi preso e deportado para Constantinopla. Após retornar a Bordeaux, em 1886, foi tratado pelo jovem neuropsiquiatra Philippe Tissié, cujo relato das aventuras de Dadas popularizou a mania. Nas duas décadas seguintes, identificaram-se muitos casos de dromomania, alguns deles por médicos militares que tentavam salvar desertores da pena de morte.

Em 1906, o psiquiatra Pierre Janet descreveu um dromomaníaco de 51 anos, o "sr. H", cujas compulsivas perambulações incluíam uma caminhada de 225 quilômetros de Paris a Lille. Antes de embarcar em uma de suas jornadas épicas, H explicou: "Sinto uma tristeza escondida, um tédio mortal, um pavor desconhecido [...] tudo me oprime, tudo me deixa desassossegado, tudo parece enfadonho, o mundo inteiro não parece valer nada, e eu, menos ainda. Então, sinto a necessidade de me mexer, de despertar." Na tentativa de evitar o impulso de sair para caminhar, H trancava a casa por dentro e jogava a chave pela janela. No entanto, mais cedo ou mais tarde o desejo o dominava. "Eu arrombo a porta e saio correndo sem nem me dar conta", disse. "Sei apenas que quando percebo já estou com o pé na estrada."

Janet conheceu uma jovem que sofria de uma inquietação semelhante e fugia repetidamente dos hospitais psiquiátricos em que era confinada. "Ela sente que precisa se exercitar", escreveu ele, "e é absolutamente necessário que caminhe todos os dias, sem exceção, quarenta ou cinquenta quilômetros em uma via pública." A moça não conseguia relaxar enquanto não contasse 46 placas de quilometragem da rodovia. "Às vezes ela é acompanhada por uma carruagem", escreveu Janet, "mas nunca entra; corre ao lado do veículo enquanto o cavalo vai trotando." Para Janet, essa "mania de andar parece muito estranha; é, no entanto, mais comum do que se supõe. Há em Paris pessoas infelizes que mandam construir no quintal de casa uma pista de cimento na qual caminham quando não podem percorrer quilômetros nas estradas".

A vontade intensa de caminhar foi interpretada por alguns como um ressurgimento de impulsos ancestrais, um retorno ao passado nômade e pré-agrário do homem. As andarilhas eram especialmente perturbadoras, pois pareciam renegar a suposta vocação doméstica das mulheres. A narradora do romance *Jane Eyre* (1847), de Charlotte Brontë, declara: "Eu não podia evitar: a inquietação estava na minha natureza e às vezes arrastava-me ao sofrimento."

Talvez apenas uma sociedade que idealizava a vida doméstica e familiar classificasse o desejo de perambular como uma doença. Durante a Primeira Guerra Mundial, quando as mulheres foram convocadas para trabalhar nas fábricas enquanto os homens lutavam por seus países, os diagnósticos de dromomania diminuíram. Hoje em dia, voltamos a admirar a caminhada — em 2020, durante a crise da pandemia de Covid-19, o capitão Tom Moore, veterano de guerra de 99 anos, arrecadou mais de trinta milhões de libras em uma campanha para o Serviço Nacional de Saúde Pública britânico ao dar cem voltas em seu jardim — com a ajuda de um andador — antes de completar o centésimo aniversário, e foi nomeado cavaleiro por essa façanha.

☞ *Veja também: monomania*

EGOMANIA

O crítico inglês William Sidney Walker usou a palavra egomania pela primeira vez para definir "egocentrismo obsessivo" em uma carta de 1825: em latim e grego antigo, *ego* significa "eu". O termo entrou em uso corrente na Grã-Bretanha em 1895, com a publicação de *Degeneration* [Degeneração], do médico, crítico e sionista húngaro Max Nordau. O autor censurou os artistas e escritores de vanguarda de sua geração por considerá-los egomaníacos, homens que, de tão obcecados por si mesmos, chegavam ao ponto do delírio. Nordau apontou que o egomaníaco não acredita ser melhor do que os outros; em vez disso, "não vê o mundo de forma alguma. As outras pessoas simplesmente não existem para ele [...] o sujeito está sozinho no mundo; mais do que isso, ele — e somente ele — é o mundo".

☞ *Veja também: grafomania, megalomania*

EMETOFOBIA

A emetofobia é um medo intenso e persistente de vômito e de vomitar (*emeo* significa "vômito", em grego). Os indivíduos que sofrem dessa fobia temem a perda de controle que o vômito acarreta e o nojo que desperta em si mesmos e nos outros. Eles evitam todos os tipos de situações que possam expô-los a vomitar ou a ver outras pessoas vomitando: estar perto de crianças pequenas, de bêbados e de doentes; ir a festas ou a hospitais; engravidar; visitar países estrangeiros; consumir álcool ou drogas; subir a bordo de barcos, aviões e trens ou andar de montanha-russa.

Essa condição é muito mais comum em mulheres do que em homens — a proporção é de quase cinco para um —, e muitas vezes não é diagnosticada porque é parte de um transtorno alimentar, um transtorno obsessivo-compulsivo ou algum problema de ansiedade geral. Os emetófobos (ou emetofóbicos) podem sentir mal-estar de tanto se preocupar com o vômito. Desesperados para não vomitar, temem que, se o fizerem, vão se sentir humilhados, terão nojo de si mesmos, deixarão a própria repugnância se revelar. Um violento ataque de vômito pode dar a sensação de que a pessoa foi revirada do avesso, esvaziada e exposta.

Em 2018, uma síntese das escassas pesquisas sobre o distúrbio constatou que 80% dos emetofóbicos relataram imagens invasivas de vômito, incluindo 31% que tiveram flashbacks de experiências anteriores de vômito. Quando indagados sobre que características do vômito temiam, 80% dos emetofóbicos citaram engasgos; mais da metade alegou temer contaminação e doenças; 33% temiam um ataque cardíaco, um ataque de pânico, sufocamento ou vergonha; mais de 66% temiam a visão, o som e o cheiro de vômito; e 0,2% temia o gosto.

Os emetófobos tendem a ser mais sensíveis ao nojo do que outras pessoas. Isso os torna hipervigilantes a alterações gastrointestinais e talvez propensos a interpretar de maneira errônea as sensações internas como sinais de perigo. Muitos sentem náuseas quase todos os dias. Eles evitam comer fora (sobretudo em bufês) e são cautelosos com relação a certos alimentos (como mariscos, ovos e pratos estrangeiros). Para evitar vômitos, podem verificar repetidamente datas de validade, lavar os alimentos várias vezes e seguir dietas rigorosas.

Uma pesquisa realizada na Grã-Bretanha em 2013 pediu a pessoas acometidas dessa fobia que relatassem memórias específicas de vômito. Várias relembraram as reações negativas dos outros, fosse de raiva, zombaria ou nojo: "Meu pai ficou bravo e começou a gritar"; "Minha irmã e um garoto riram de mim"; "Um parente ficou horrorizado". Algumas ficaram bastante assustadas: "Eu desmaiei depois"; "Senti que ia morrer". Outras associaram o vômito a algum outro acontecimento angustiante: "Fiquei mal porque soube que meu irmão adolescente tinha câncer"; "Minha avó me levou à loja do meu pai, e tinha uma janela quebrada, porque na noite anterior o lugar havia sido alvo de um ataque com coquetel-molotov que tinha dado errado". A maioria também tinha lembranças de outras pessoas vomitando — 87% dos emetofóbicos conseguiam se lembrar de ver outra pessoa vomitando, em comparação com 23% de um grupo de controle. Não ficou claro, porém, se essas recordações eram causa ou consequência da fobia.

A emetofobia é difícil de tratar. A exposição gradual a imagens e situações temidas pode ser eficaz, mas um estudo de 2001 descobriu que apenas 6% dos emetofóbicos estavam dispostos a se envolver nesse processo. Em 2012, o psicólogo clínico Ad de Jongh, da Universidade de Amsterdã, escreveu sobre uma mulher emetofóbica, Debbie, a quem tratou com quatro sessões de terapia de Dessensibilização e Reprocessamento por meio de Movimento dos Olhos (EMDR, na sigla em inglês), técnica usada desde 1987 para transtorno de estresse pós-traumático. Nesse tipo de intervenção, o paciente é estimulado a invocar uma memória angustiante enquanto se concentra em um som ou visão bilateral externa — por exemplo, os movimentos de vai e vem dos dedos do terapeuta. A ideia é que, concentrando-se em um estímulo de distração, os pacientes sobrecarreguem a capacidade cognitiva e, assim, reduzam a intensidade e a força emocional das memórias perturbadoras. Quando as memórias traumáticas forem reconsolidadas, não serão mais tão potentes, e podem até ter sido modificadas.

Debbie era holandesa, tinha 46 anos, trabalhava em um escritório e sofria de emetofobia desde a infância. Tinha tanto medo de vomitar que evitava hospitais, séries de TV dramáticas, viagens e diversas outras coisas. "O mundo dela encolheu consideravelmente", escreveu De Jongh.

Quando De Jongh conversou com a mulher sobre suas primeiras lembranças de vômito, ela evocou a memória da ocasião em que uma criança de sua turma do jardim de infância vomitou sobre uma mesa. O psicólogo pediu que ela pensasse sobre isso enquanto realizava um exercício de EMDR. Debbie colocou um par de fones de ouvido e se concentrou nos cliques que se alternavam de um ouvido para o outro enquanto descrevia a horrível bagunça na mesa de sua sala de aula do jardim de infância. "No mesmo instante, um intenso fluxo de pensamentos começou a jorrar na mente de Debbie", escreveu De Jongh. "Ela caiu no choro ao perceber quanta diversão havia perdido na vida porque sentira tanto medo quando criança."

Durante a sequência seguinte de cliques, Debbie disse que a lembrança da mesa cheia de vômito estava se alterando, "mudando de algo muito pequeno e detalhado para algo muito mais amplo". Depois de mais uma série de cliques, ela parecia mais calma e disse: "A imagem que sempre tive na minha mente parece estar simplesmente desaparecendo." Ela recordou outros aspectos da sala de aula, como se estivesse afastando o foco da cena de sua aflição: um conjunto de potes que gostava de encher com cola; o sorriso meigo da professora. E então veio à tona uma nova lembrança: a da noite em que seu irmãozinho vomitou na cozinha enquanto Debbie tomava conta dele. O pai chegou em casa e limpou, mas saiu de novo logo em seguida. Debbie se sentiu abandonada: "Ninguém nem sequer viu meu medo", disse ela. "Ninguém nem ouviu, viu. Era como se eu não estivesse ali."

Nas três sessões seguintes, Debbie se lembrou de outros contatos perturbadores com vômito. Graças às técnicas de EMDR, cada memória parecia tornar-se menos potente. Na última sessão, Debbie contou a De Jongh que sua fobia estava minguando:

ela já se sentia capaz de tolerar o som do marido vomitando, e logo começou a planejar uma viagem de ônibus, perspectiva que até pouco tempo antes a teria enchido de pavor. Também passou a defender com mais ênfase as próprias opiniões no trabalho. Lidar com as memórias amedrontadoras parecia ter aumentado sua confiança. E o tratamento chegou ao fim.

Três anos depois, De Jongh enviou um e-mail a Debbie para perguntar como ela estava. "Ainda não fico totalmente feliz quando vejo alguém vomitar", respondeu a mulher, "mas a reação de pânico extremo não acontece." Ela disse que havia mudado de emprego e estava trabalhando em uma agência funerária, e volta e meia precisava limpar cadáveres. "Eles nem sempre estão frescos, e muitas vezes acontece de alguma coisa sair pela boca." Ela não teve coragem de usar a palavra "vômito", mas era bastante evidente que conseguia lidar com qualquer fluido que escapasse pelos lábios do cadáver. "Estou orgulhosa de mim mesma por conseguir fazer isso, de verdade!", disse, evidentemente impressionada, e com razão, diante do imenso progresso.

☞ *Veja também: aerofobia, agorafobia, misofobia, osmofobia, pnigofobia, tocofobia*

ENTOMOFOBIA

Salvador Dalí sofria de uma forma tão severa de entomofobia — termo derivado do grego *éntomon*, "inseto" — que afirmava considerar alguns insetos mais aterrorizantes do que a morte. "Se eu estivesse à beira de um precipício", declarou ele em 1942, "e um gafanhoto enorme pulasse em cima de mim e se agarrasse ao meu rosto, eu preferiria me jogar no abismo do que suportar essa 'coisa' pavorosa." Em 2008, a estrela de cinema Scarlett Johansson disse a um jornalista que tinha pavor de barata desde que era criança, quando acordou um dia e encontrou uma andando pelo seu rosto. Dalí também atribuía seu horror a uma lembrança da infância: quando era pequeno, certa vez uma prima esmagou um gafanhoto grande sob a gola da camisa dele: "Embora eviscerada e extremamente pegajosa com um fluido repugnante, a coisa ainda se estrebuchava, meio destruída, entre a gola da minha camisa e a minha pele, e as patas amassadas grudaram no meu pescoço."

O médico inglês Millais Culpin acreditava que a aversão a insetos era um medo condicionado, incutido por uma experiência perturbadora. Em 1922, na revista científica *The Lancet*, ele descreveu seu trabalho com um veterano de guerra, ganhador da Medalha por Conduta Honrosa, que durante a Primeira Guerra Mundial desenvolveu uma fobia de mosca e abelha. Culpin disse que, quando o ex-soldado visitou seu consultório, "eu fechei propositalmente a janela e aprisionei uma abelha perdida. Enquanto o inseto batia contra a vidraça, o paciente, que outrora tivera coragem suficiente para ganhar uma medalha por bravura, encolheu-se de pavor na cadeira, suando de terror; o estado dele era tão lastimável que imediatamente abri a janela, e só recuperei sua confiança quando lhe assegurei, com sinceridade, que não havia percebido a gravidade do medo que ele sentia". Culpin atribuiu o pânico do homem à memória reprimida do zumbido dos aviões alemães que sobrevoavam as trincheiras da Frente Ocidental.

A entomofobia também pode ser entendida em termos evolutivos: larvas são associadas a putrefação; baratas e carrapatos transmitem doenças; lesmas e vermes assemelham-se a resíduos viscosos como muco e fezes. Nós nos esquivamos dessas criaturas para nos proteger contra infecções, toxinas e putrefação. Quando nos afastamos por conta da aversão, geralmente curvamos o lábio superior, franzimos as sobrancelhas e o nariz e colocamos a língua para fora — essa é uma clássica reação de nojo, uma função do "sistema imunológico comportamental" que ajuda a impedir que patógenos entrem em nosso corpo. Para aqueles de nós com especial propensão ao asco, até mesmo os insetos que não são obviamente associados a ameaças à saúde, a exemplo de besouros e grilos, podem despertar ansiedade relativa a infestações.

O filósofo húngaro Aurel Kolnai propôs que, em parte, a entomofobia tinha raízes no medo existencial. Em *On Disgust* [Sobre o asco] (1929), ele escreveu que nuvens de insetos exalam uma "vitalidade inquieta, nervosa, que se contorce", um "crescente sem sentido e sem forma", "brotamento e reprodução intermináveis e sem rumo". Sentimos nojo da fecundidade irracional dos insetos, disse Kolnai: eles parecem "transbordar morte", pulsando regeneração e decadência. Tememos que eles não apenas invadam nosso corpo, como abram uma brecha nos nossos limites simbólicos com o mundo natural, nos lembrando da nossa própria tosquice e finitude. Na mesma linha de raciocínio, em 2006 os estudiosos ambientais Mick Smith e Joyce Davidson argumentaram que é possível que nos sintamos ameaçados pelos insetos "não porque representem um perigo físico (naturalismo evolutivo), nem porque estejam associados aos efeitos poluentes dos resíduos corporais humanos (naturalismo psicanalítico), mas porque são indicativos da própria natureza transgredindo a base da ordem simbólica sobre a qual a sociedade moderna e a autoidentidade foram fundadas".

Smith e Davidson sugerem que as escolhas de objetos fóbicos revelam as necessidades e os pesadelos coletivos de uma sociedade. Eles afirmam que talvez tenhamos fobias de criaturas que ameaçam nossa suposição de que somos capazes de controlar e transformar a natureza em mercadoria: "Essas fobias podem, de fato, cristalizar algo de muito errado com a lógica cultural da modernidade, com suas relações com uma natureza que ela acredita ter suprimido e superado, mas que ameaça retornar em uma miríade de maneiras incontroláveis." Nessa análise, a entomofobia é uma expressão de nossa inquietude sobre como tratamos o mundo natural.

Vários autores sugeriram que somos secretamente atraídos por criaturas que nos causam repulsa. Kolnai disse que nossa aversão a um objeto repugnante está "na sombra de um desejo de união com o objeto". Culpin observou que "medo e desejo, fobia e obsessão são como os dois lados de uma moeda". O entomologista Jeffrey A. Lockwood observa que os efeitos fisiológicos do horror — respiração pesada, pulso acelerado — podem ser semelhantes aos da excitação sexual, e que algumas pessoas acham empolgante usar formigas ou aranhas em preliminares eróticas.

William Ian Miller, em *The Anatomy of Disgust* [A anatomia do asco] (1997), afirma que o nojo é uma pista para nossos "desejos inconscientes, fascínios admitidos a duras penas ou curiosidades furtivas". Ele aponta que a repugnância está intimamente ligada aos sentidos: "Tem relação com tocar, ver, saborear, cheirar e, às vezes, até mesmo ouvir certas coisas." É provocada pelo barulho de uma barata, o arrastar gosmento de uma lesma, as cócegas leves das patas das formigas ou o roçar empoeirado da asa de uma mariposa.

Em 2002, o Departamento de Justiça dos Estados Unidos autorizou a Agência Central de Inteligência (CIA) a usar insetos no interrogatório de Abu Zubaydah, prisioneiro palestino nascido na Arábia Saudita e entomofóbico, que se recusava a responder a perguntas sobre suas associações com a Al-Qaeda. Em locais secretos na Tailândia, na Polônia e na Lituânia, a CIA submeteu Zubaydah a "técnicas de interrogatório aprimoradas", as quais incluíam tortura por afogamento simulado, privação de sono, espancamentos, estrondos, temperaturas extremas e proximidade de insetos. Dentro da estreita "caixa de confinamento" — semelhante a um caixão — do prisioneiro, colocaram uma lagarta e depois um monte de baratas, na expectativa de que a presença das criaturas o deixasse tão desesperado que ele acabasse revelando seus segredos. Há testemunhos conflitantes a respeito do sucesso desses métodos, uma vez que em 2005 a CIA destruiu as fitas de vídeo relevantes. Embora Zubaydah não tenha sido oficialmente acusado de nenhum crime, foi transferido para a prisão da base militar da baía de Guantánamo em 2006, onde permanece detido.

☞ *Veja também: acarofobia, aracnofobia, tripofobia, zoofobia*

EQUINOFOBIA

Em 1909, Sigmund Freud publicou uma prestigiosa análise de um menino vienense de cinco anos, o "Pequeno Hans", que em 1908 havia desenvolvido um severo medo de cavalos (equinofobia ou hipofobia; em grego, *hippo* é "cavalo"). Cavalos eram uma presença comum nas ruas de Viena, e Hans tinha tanto medo deles que muitas vezes se recusava a sair de casa. "O medo de cavalos era duplo", escreveu Freud. "O medo de um cavalo cair e o medo de que o cavalo pudesse mordê-lo."

O pai de Hans, amigo e admirador de Freud, disse que a fobia tomara conta da criança depois que ela viu um pesado cavalo de tração cair na rua e estrebuchar as pernas em pânico. Freud acreditava que a visão do cavalo caído, vulnerável e violento, havia fixado uma fantasia psicossexual preexistente na mente do menino. Hans já havia demonstrado curiosidade quanto aos "pipis" dos animais, e fazia pouco tempo havia sido repreendido pela mãe por se masturbar. Ele também fez comentários sobre o "pipizinho" da irmã mais nova.

Nos quatro meses seguintes, sob a supervisão de Freud, o pai de Hans conduziu uma psicanálise do filho. Anotava o que o menino dizia e fazia e depois discutia o caso com Freud antes de falar com o garoto sobre os desejos e comportamentos que ele apresentava. Freud acreditava que o caso confirmava suas teorias da sexualidade infantil espontânea e do complexo de Édipo.

Ele especulou que Hans, como outros meninos de sua idade, queria secretamente substituir o pai para assumir o papel de amante da mãe, e que temia tanto o mal que isso poderia causar ao pai (fazendo o cavalo cair) quanto a vingança que seu pai poderia executar (a mordida do cavalo representando a castração).

Freud se encontrou pessoalmente com Hans apenas duas vezes. Na segunda dessas ocasiões, a criança disse que agora estava menos assustada com os cavalos, mas ainda temia as coisas pretas em volta dos olhos e na região da boca do animal: os antolhos e as rédeas. Freud perguntou se esses adornos o lembravam dos óculos e do bigode escuro do pai.

Freud estava convencido de que o "Pequeno Hans", de modo a lidar com seus sentimentos ambíguos em relação ao pai, havia deslocado para os cavalos seu medo e agressividade. A fobia era um meio-termo, que ao mesmo tempo reprimia e expressava aqueles sentimentos. Ao evitar os animais na rua, ele podia repudiar os próprios pensamentos ruins que nutria em relação ao progenitor.

A análise terminou logo. Aparentemente, o "Pequeno Hans" havia superado a fobia — o pai pensou que talvez tivesse sido sublimada no crescente interesse do menino pela música. Em maio de 1908, Freud fez uma visita ao apartamento da família em Viena com um presente de aniversário atrasado para a criança: um cavalo de balanço.

A publicação do caso do "Pequeno Hans" no ano seguinte foi bastante controversa, tendo sido o primeiro relato de psicanálise de uma criança. Foi também a mais clara elucidação da teoria freudiana do conflito edipiano e um protótipo para a análise das fobias. Freud descreveu as fobias — ou "histerias de ansiedade" — como "neuroses da infância, por excelência". Freud afirmou que a maioria dessas neuroses era abandonada conforme a criança crescia, mas traços geralmente permaneciam. "Pode ser que Hans agora tenha uma vantagem sobre as outras crianças", escreveu Freud, "considerando que não carrega mais dentro de si aquela semente na forma de complexos reprimidos."

Por volta de 1920, Herbert Graf, o filho do musicólogo austríaco Max Graf, leu o estudo de caso de Freud sobre o "Pequeno Hans" e se reconheceu — na ocasião, estava com dezessete anos. Ele foi falar com o pai, que se divorciara fazia pouco tempo.
— O que é *isto*? — perguntou. — É óbvio que é sobre *mim*! O pai admitiu que ele era o "Pequeno Hans".
— Sim, é isso mesmo.
Em 1922, Herbert Graf apareceu no estúdio de Freud e relatou: "Ele olhou para mim e, claro, não me reconheceu. Eu disse 'Eu sou o Pequeno Hans', e foi muito tocante. Ele veio até mim, me abraçou e pediu que eu me sentasse! E então tivemos uma longa conversa, em que ele me perguntou o que eu estava fazendo, o que planejava fazer, e assim por diante, e por fim me disse que achava que o tratamento deve ter feito algum bem, porque eu falei ou agi — pelo menos na presença dele — com bastante normalidade."

Freud redigiu um pós-escrito para seu estudo, no qual afirmou que o "Pequeno Hans" havia se tornado um "jovem robusto", que não sofria de problemas ou inibições óbvias. O rapaz lidou bem com o divórcio e os novos casamentos dos pais e mantinha boas relações com ambos. A análise não o prejudicou, ao contrário do que os críticos previram.

Aos vinte e poucos anos, Herbert Graf tornou-se um célebre diretor de ópera em Salzburgo e Zurique, depois passou a dirigir a Ópera Metropolitana, em Nova York. Em entrevista à revista *Opera News* em 1972, um ano antes de sua morte, ele revelou sua identidade como "Pequeno Hans". Aludiu a si mesmo como um "homem invisível", uma figura nos bastidores tanto das produções operísticas quanto da evolução da psicanálise. Desde então, descobriu-se que ele havia passado por tragédias na vida adulta. Sua irmã mais nova se matou, assim como a primeira esposa dele.

Também veio à tona, em entrevistas com Herbert Graf e os pais disponibilizadas pelo arquivo de Freud apenas no ano de

2000, que Freud suprimiu muitos fatos em seu estudo. Não mencionou, por exemplo, que havia tratado a mãe do menino, Olga, na década de 1890, que incentivou Max Graf a se casar com ela e que sabia, desde 1908, que o casamento era extremamente infeliz. Freud estava ansioso para usar o caso do "Pequeno Hans" a fim de fundamentar suas teorias sobre a sexualidade infantil. Pode ser que tenha optado por não descrever a desordem emocional dessa família em particular — tampouco seu envolvimento com ela — para não desvirtuar a análise sobre o estudo. Em 1953, Olga Graf declarou que Freud os "deixou devastados".

Vários comentaristas questionaram as conclusões de Freud sobre o "Pequeno Hans". Alguns sugeriram que tanto Freud quanto Max Graf haviam colocado ideias na cabeça do menino, suscitando elementos que corroboravam as novas teorias de Freud. O próprio Freud reconheceu que "Hans teve que ouvir muitas coisas que ele mesmo não era capaz de dizer" e "teve que ser apresentado a pensamentos que ele até então não dava sinais de ter". Na década de 1950, o psicanalista britânico John Bowlby argumentou que o menino sofria de transtorno de ansiedade por separação: no estudo de caso, ele encontrou evidências da insegura ligação de Hans com a mãe e seu medo de que ela o abandonasse. A crítica francesa Julia Kristeva também achava que Freud subestimava a importância da mãe de Hans: em 1982, ela defendeu a ideia de que o cavalo simbolizava o medo do menino pelo corpo da mãe, bem como as ansiedades acerca do pai. "A fobia de cavalos torna-se um hieróglifo que condensa todos os medos", escreveu.

Com o caso do "Pequeno Hans", Freud colocou a fobia no centro da teoria psicanalítica. Para ele, a fixação de Herbert Graf era uma demonstração de como todos nós, inconscientemente, renegamos e deslocamos nossos sentimentos, transformando nossos desejos em símbolos e, às vezes, nossos medos em arte.

☞ *Veja também: musofobia, zoofobia*

ERGOFOBIA

A ergofobia, ou a aversão ao trabalho (*érgon*, em grego), foi identificada como transtorno por William Dunnett Spanton — cirurgião de Staffordshire — no *British Medical Journal* em 1905. Spanton atribuiu a culpa pela rápida disseminação da doença ao Workmen's Compensation Act (Lei de Compensação aos Trabalhadores) de 1897, que exigia que os empregadores pagassem salários aos funcionários obrigados a se afastarem após sofrerem ferimentos no trabalho. Um ergofóbico, escreveu Spanton, era um sujeito que não gostava de nada além de fumar cigarro, ver partidas de futebol e ficar na rua até tarde; o indivíduo avesso ao trabalho passava semanas fora do emprego por conta de uma lesão simples — um dedo esmagado, por exemplo. A imprensa entendeu aonde Spanton queria chegar: o jornal *Baltimore Sun* declarou que a ergofobia era um "novo nome para a preguiça". Ou, nas palavras do tabloide londrino *The Bystander*, em um poema publicado em junho do mesmo ano:

Você se sente cansado assim que o dia amanhece,
tem aversão a se levantar da cama,
e quando batem na sua porta, quem se importa,
pois você realmente não consegue abrir as pestanas...

Você sente que nada serve à sua presença
a não ser ficar deitadinho de costas, é lógico;
se são esses seus sintomas, então você tem uma doença:
você é um ergofóbico.

☞ *Veja também: presentemania, siderodromofobia*

ERITROFOBIA

A palavra eritrofobia foi cunhada no fim do século XIX para descrever uma intolerância mórbida a coisas vermelhas (*erythrós* significa "vermelho", em grego). Os médicos perceberam uma aversão a essa cor em pacientes cujas cataratas haviam sido curadas por cirurgia. Entretanto, no início do século XX, a palavra foi adotada para descrever um medo patológico de corar ou enrubescer, o pavor de ficar vermelho.

A eritrofobia é uma síndrome autorrealizável, que provoca a mudança fisiológica que o sofredor teme. A sensação de que alguém está prestes a corar invoca um rubor; à medida que a pele fica quente, o constrangimento ganha intensidade e o calor parece se intensificar e se espalhar. O distúrbio pode ser muito debilitante. Em 1846, o médico alemão Johann Ludwig Casper descreveu um jovem paciente que começou a corar aos treze anos e, quando completou 21, estava tão atormentado pelo medo de enrubescer que evitava até mesmo o melhor amigo. Meses depois, tirou a própria vida.

As pessoas coram quando acreditam ser o centro das atenções, seja como objeto de admiração, ridicularização ou censura. Se outros dizem que elas estão corando, sentem a pele queimar de maneira ainda mais intensa. A vermelhidão se estende por toda a área em que as veias estão próximas à superfície da pele — as bochechas e a testa, as orelhas, o pescoço e a parte superior do tórax. Portanto, o fenômeno é mais visível e mais propenso a se tornar uma fobia entre pessoas de pele clara.

Charles Darwin escreveu em 1872 que o rubor é "a mais peculiar e mais humana de todas as expressões"; é induzido por "timidez, vergonha e modéstia, sendo o elemento essencial a todos os casos a preocupação consigo mesmo [...] Não é o simples fato de refletir sobre a própria aparência que provoca o rubor, mas pensar sobre o que os outros pensam de nós". Na ficção, o vermelho do rosto no rubor pode revelar os sentimentos ocultos de um personagem. O ensaísta literário Mark Axelrod contou 66 episódios de rubor em *Anna Kariênina*, romance de Liev Tolstói publicado em 1878. Anna cora repetidamente ao ouvir o nome de seu amado Vrónski. Quando conversa com sua amiga Kitty, ambas se revezam entre um rubor e outro, como se revelassem lampejos de submissão, acanhamento, modéstia, pudor, prazer. O rico latifundiário Konstantin Liévin cora quando é elogiado por sua indumentária nova e chique, "porém não como se ruborizam as pessoas adultas — de leve, sem que elas mesmas percebam —, mas como os meninos, que se sentem ridículos por demonstrar acanhamento e, em consequência, envergonham-se e ruborizam-se ainda mais, quase até as lágrimas". Ele ruboriza por ruborizar.

Em 1921, o psiquiatra Pierre Janet afirmou que "o medo de corar, tal qual o medo de exibir uma deformidade ou um aspecto ridículo de si mesmo, é uma variedade da timidez patológica, do temor de ser obrigado a se mostrar, a falar com os outros, expor-se a julgamentos sociais". No entanto, às vezes enrubescemos quando estamos sozinhos, e às vezes quando uma preocupação privada vem à tona numa conversa, como o nome de uma pessoa por quem nos sentimos secretamente atraídos. Aqui também o rubor pode indicar medo de exposição; ou, como propõem os teóricos freudianos, um desejo por essa exposição. "Ao corar", escreveu o psicanalista austro-americano Edmund Bergler em 1944, "o eritrofóbico chama atenção para si." O desejo de ser notado é reprimido com tamanha força, sugeriu Bergler, que emerge no exibicionismo inconsciente do rubor.

Os biólogos sempre se intrigaram com o propósito evolutivo do rubor. Alguns especulam que, como uma resposta involuntária que não pode ser fingida, serve a um propósito social: ao mostrar que uma pessoa é capaz de se envergonhar e deseja a aprovação do grupo, o enrubescimento funciona como um mecanismo para evitar enganos e estabelecer confiança. Em 1914, Granville Stanley Hall argumentou que todo rubor tem origem no medo. "Sua causa mais genérica", teorizou, "parece ser uma mudança repentina, real ou imaginária, na maneira como os outros nos veem. Um elogio muito franco, a sensação de que revelamos algo que queremos esconder e de que nossa revelação causaria censura ou crítica." Hall observou que as mulheres coram muito mais do que os homens, e a atenção masculina pode desencadear nelas uma "tempestade de rubor". "Para as mulheres, ser alvo do olhar fixo de homens há muito tem sido o prelúdio de agressão", acrescentou ele. "Até mesmo o rubor do elogio pode ter como causa o fato de que um dia a sensação de ser admirada estava associada a um perigo maior."

Muitos eritrofóbicos padecem de fobia social: ou coram porque são patologicamente tímidos, ou temem a interação social porque coram. O psiquiatra chileno Enrique Jadresic acreditava firmemente que seu rubor tinha uma causa fisiológica: afirmou que um envergonhado crônico, que enrubesce sempre, teria um sistema nervoso simpático hiperativo, o que faria com que o rosto e o peito ficassem logo afogueados. Professor universitário, ele se sentia extremamente constrangido pela tendência que tinha a corar toda vez que encontrava um colega ou um aluno inesperadamente. "Está ficando vermelho que nem tomate de novo, doutor!", costumava provocá-lo uma mulher em seu departamento.

Jadresic ficou exausto pela necessidade de sempre se proteger de situações em que pudesse enrubescer. Depois de tentar várias curas, inclusive psicoterapia e medicamentos, decidiu se submeter a um procedimento para cortar o nervo causador do rubor e da sudorese, que vai do umbigo ao pescoço e pode ser acessado pela axila. Muitas pessoas que se submetem a essa operação sofrem de sequelas como dores no peito e na parte superior das costas e sudorese compensatória em outras partes do corpo. Mesmo enfrentando a aflição de alguns desses efeitos adversos, Jadresic estava encantado ter conseguido se livrar dos rubores.

No entanto, um experimento descrito no *Journal of Abnormal Psychology* em 2001 sugeriu que, no fim das contas, as pessoas que temem corar talvez não ruborizem mais do que outras.

Os pesquisadores recrutaram quinze pessoas com fobia social que padeciam de ansiedade relativa à possibilidade de corar em situação social, quinze pessoas com fobia social que não sentiam essa ansiedade e catorze pessoas sem fobia social. Entre os eritrofóbicos havia uma advogada que tinha largado o emprego porque corava demais no tribunal. Os pesquisadores pediram a cada um dos participantes que assistisse a um vídeo embaraçoso (a própria pessoa cantando uma canção de ninar), mantivesse uma conversa de cinco minutos com um desconhecido e fizesse um breve discurso. Durante essas tarefas, uma sonda infravermelha media a intensidade do rubor e um eletrocardiograma registrava os batimentos cardíacos de cada um.

Para surpresa dos pesquisadores, os eritrofóbicos não enrubesceram com mais intensidade do que as outras pessoas com fobias sociais ou o grupo de controle não fóbico. Durante a tarefa da conversa, por exemplo, os participantes não fóbicos coraram tanto quanto os demais, mas não relataram isso: não perceberam que sua pele ficara avermelhada. O grupo eritrofóbico, no entanto, teve frequências cardíacas mais elevadas do que os outros durante cada uma das tarefas. Os pesquisadores imaginavam que talvez uma pessoa com fobia social que detectasse um aumento na própria frequência cardíaca pudesse acabar tendo uma consciência instantânea e vívida de outros processos corporais, sobretudo os que a seu ver poderiam ser percebidos por outras pessoas — rubor ou suor, por exemplo. Esses indivíduos estavam tão preocupados com a possibilidade de que outros vissem sua ansiedade que sentiam a aceleração dos batimentos cardíacos na forma de um rápido aquecimento da pele.

☞ *Veja também: agorafobia, gelotofobia, glossofobia, fobia de urinar em lugares públicos, fobia social*

EROTOMANIA

A erotomania (do grego *éros*, "amor intenso") era originalmente um termo para descrever o desespero perturbador do amor não correspondido; no século XVIII, passou a significar excesso de desejo sexual; e agora descreve a convicção delirante da pessoa de que é secretamente amada e adorada por outrem, transtorno também conhecido como síndrome de Clérambault. Em 1921, o psiquiatra francês Gatian de Clérambault descreveu o caso de Léa-Anna B, chapeleira parisiense de 53 anos que se convenceu de que o rei Jorge V estava apaixonado por ela. Em suas muitas viagens a Londres, a mulher passava horas plantada junto aos portões do Palácio de Buckingham, esperando que o rei lhe enviasse mensagens cifradas nos movimentos das cortinas reais.

De acordo com a explicação formulada por De Clérambault, os primeiros dias inebriantes de uma obsessão erotomaníaca muitas vezes dão lugar a períodos de frustração e ressentimento. Os três estágios da síndrome são esperança, irritação e rancor. Supõe-se que a doença seja mais comum em mulheres, mas em homens é mais provável que termine em violência, seja contra o amante imaginado ou contra alguém que pareça estar obstruindo a fruição do caso amoroso. Como resultado, os homens erotomaníacos são mais propensos a chamar a atenção dos psiquiatras e da polícia, e suas histórias tendem a ser registradas.

Em 1838, Jean-Étienne Esquirol descreveu um paciente do sul da França que sofria dessa "doença da imaginação", um escriturário de 36 anos, baixinho e de cabelo preto, que em uma visita a Paris concebeu uma avassaladora paixão por uma atriz. Fizesse chuva ou sol, frio ou calor, ele esperava do lado de fora da casa dela, fazia plantão à porta do teatro, seguia a mulher a pé quando ela andava de coche e certa vez subiu no teto de um cabriolé na esperança de vê-la pela janela. O marido e os amigos da atriz fizeram todo o possível para desencorajá-lo: "Eles insultam esse homem digno de pena, eles o repudiam, o ofendem e o maltratam", escreveu Esquirol. Apesar disso, o escriturário insistiu, convencido de que a atriz estava sendo impedida de expressar seus verdadeiros sentimentos por ele. "Sempre que o objeto de sua paixão está em cartaz com uma peça", relatou Esquirol, "ele vai ao teatro, coloca-se na quarta fileira de assentos em frente ao palco e, quando a atriz surge em cena, agita um lenço branco para atrair a atenção dela." E ela olhava para ele, afirmou o escriturário, com as bochechas ruborizadas e os olhos brilhando.

Após uma violenta altercação física com o marido da atriz, o escriturário foi encaminhado a um hospital psiquiátrico, onde foi entrevistado por Esquirol. Ao constatar que o homem era completamente racional quanto à maioria dos assuntos, Esquirol tentou argumentar com ele acerca da atriz: "Como você pode acreditar que ela te ama? Você não tem nada de atraente, sobretudo para uma atriz. Não é bonito, não ocupa posição social elevada, tampouco tem fortuna."

"Tudo isso é verdade", respondeu o escriturário, "mas o amor não tem lógica, e já vi coisas demais para duvidar de que sou amado."

Em Londres, na década de 1850, apelou-se para uma acusação de erotomania feminina no novo tribunal de divórcios. No verão de 1858, um próspero engenheiro chamado Henry Robinson pediu a dissolução de seu casamento apresentando os diários da esposa, Isabella, como prova de que ela teria cometido adultério com um destacado médico, o dr. Edward Lane. Os advogados da sra. Robinson responderam que a cliente deles sofria de erotomania: alegaram que as anotações no diário eram fantasias, baseadas na ilusão de que o dr. Lane estava apaixonado por ela. Isabella Robinson conseguiu vencer o marido na Justiça, mas sua correspondência privada sugere que ela fez isso apenas para salvar a reputação do jovem médico. Ela fingiu sofrer de erotomania para poupar o amante.

Em alguns casos de erotomania, as fixações se multiplicam. Em 2020, uma equipe de psiquiatras portugueses descreveu o caso do sr. X, um desempregado de 51 anos que vivia com a mãe viúva em um pequeno vilarejo no sul de Portugal. O sr. X se convenceu de que a sra. A, uma mulher casada que frequentava o café local ao qual costumava ir, havia se apaixonado por ele: no delírio do sr. X, a mulher lhe enviava sinais e o fitava com ávido desejo. Ele começou a segui-la, e no fim das contas a incomodou tanto que ela o agrediu fisicamente. Com isso, o sr. X se convenceu de que a dona do café, a sra. B, também estava apaixonada por ele e, por ciúmes, inventou calúnias a respeito dele para a sra. A. Ele se zangou com a sra. A por acreditar nas fofocas e por não ser suficientemente corajosa para abandonar o casamento e ficar com ele.

Logo depois, quando a mãe do sr. X adoeceu e foi transferida para uma casa de repouso, ele desenvolveu a inabalável convicção de que a sra. C, outra frequentadora do café, se apaixonara por ele. Quando a convidou para um encontro, ela rejeitou a oferta, mas o sr. X chegou à conclusão de que, por ser casada, a mulher tinha vergonha de admitir seus sentimentos por ele. O sr. X começou a perseguir a sra. C, e a certa altura a acusou de usar feitiçaria para impedi-lo de dormir e para encolher seus órgãos genitais. Munido de uma faca, exigiu que a sra. C desfizesse o feitiço que ela havia lançado. A sra. C prestou queixa do incidente, e o sr. X foi internado em uma clínica psiquiátrica, na qual lhe foram prescritos medicamentos antipsicóticos. Os delírios persecutórios diminuíram, mas o sr. X permaneceu convencido de que as três mulheres estavam apaixonadas por ele, e declarou que ainda amava intensamente a sra. A.

Os erotomaníacos vivem em um mundo criado por eles mesmos. No romance *Amor sem fim* (1997), de Ian McEwan, o anti-herói erotomaníaco se convence de que outro homem está secretamente apaixonado por ele. Para onde quer que olhe, vê mensagens ocultas de desejo.

McEwan escreve: "O mundo dele era construído de dentro para fora e movido por uma necessidade íntima [...] Ele iluminava o mundo com seus sentimentos, e o mundo lhe oferecia uma confirmação, onde quer que tais sentimentos o levassem."

☞ *Veja também: egomania, megalomania, monomania, ninfomania*

F

FICOFOBIA

Em 1970, o psiquiatra estadunidense Charles A. Sarnoff relatou o caso de uma menina de dois anos chamada Jan, a quem ele havia tratado de uma fobia de algas, uma aversão ocasionalmente chamada de ficofobia, do grego *phykos*, "alga".

Pouco antes de desenvolver a fobia, Jan demonstrava angústia toda vez que se separava da mãe: acordava chorando à noite e entrava em pânico quando era deixada com uma babá. Uma tarde, enquanto a família estava hospedada na casa de praia de sua avó, Jan ficou incomodada com as "coisas verdes" que via na areia e pediu ao pai que a carregasse no colo.

No dia seguinte, na beira da água, a menina novamente se assustou com um pedaço de alga e se virou para a mãe.

— O que é isso? — perguntou ela, apontando para as gavinhas escorregadias e emaranhadas.

— Só algas — respondeu a mãe, estendendo um pedaço na direção dela. — É tipo espinafre, alface, grama.

A menina se encolheu de horror e implorou para ser levada embora da praia. No fim do dia, passou algum tempo brincando numa piscina infantil no jardim da avó, mas quando viu um pouco de grama na água, começou a gritar pedindo socorro. Naquela noite, o pai e a mãe de Jan saíram para jantar e ela acordou várias vezes, chorando muito e dando chutes na cama. Quando a avó tentou acalmá-la, Jan disse que estava tentando tirar os pés da água, se afastar da coisa verde.

No dia seguinte, os pais levaram a menina para uma consulta com Sarnoff. Enquanto falava com o médico, ela soluçava e tremia.

— Tenho medo de alga — contou.
— O que você acha que elas vão fazer com você? — perguntou Sarnoff. — Você tem medo de que acabem te machucando?
— Não — respondeu. — Tenho medo que machuquem a mamãe.

Ocorreu a Sarnoff que, embora as algas não pudessem realmente atacar a mãe de Jan, a própria Jan poderia fantasiar sobre machucá-la. Ele perguntou à menina se as algas eram ela mesma.

— Sim — respondeu Jan.
— Você fica com raiva da mamãe?
— Fico. Quando ela vai embora.

Sarnoff garantiu à criança que aquilo era normal e que a mãe não ficaria brava se ela lhe contasse sobre seus sentimentos. Ele incentivou a mãe a conversar com Jan sobre as preocupações da menina. Logo depois, os pais da garotinha disseram ao médico que ela não estava mais com medo de algas.

Na infância, fobias são muito comuns e, geralmente, passageiras. O terror de algas de Jan provavelmente não teria durado, de toda forma. Sarnoff, porém, usou a ficofobia de dois dias da menina para descobrir o que a estava incomodando e também refletir sobre o papel dos símbolos e fobias no desenvolvimento infantil. Sarnoff percebeu que Jan projetou a própria hostilidade em relação à mãe na aversão que sentiu às algas. A seu ver, a fobia não indicava necessariamente que a ansiedade da menina se intensificara. Era, na verdade, um indício de que ela havia alcançado um estágio de desenvolvimento no qual era capaz de expressar, em termos simbólicos, a angústia que sentia. Jan aprendeu a deslocar a raiva para um objeto exterior em vez de vivenciá-la fisicamente. Essa capacidade é parte intrínseca do desenvolvimento humano, ressaltou Sarnoff: "Os símbolos, assim como os sintomas neuróticos, são a base da cultura e da civilização."

Sarnoff observou que o psicólogo suíço Jean Piaget identificou que a capacidade de uma criança para o jogo simbólico começa mais ou menos a partir dos quinze meses de vida: nessa idade, o bebê já consegue usar um objeto para representar algo ou outra pessoa — por exemplo, castigando uma boneca por ser travessa. Entre os dois e os quatro anos, Piaget descobriu, a criança desenvolve uma capacidade de simbolização secundária, na qual pensamentos e sentimentos ameaçadores são deslocados de forma inconsciente para objetos exteriores, e a ligação com a fonte original de ansiedade é reprimida. Essa repressão é bastante superficial em uma criança, razão pela qual Jan foi capaz de reconhecer e aceitar com tanta facilidade a interpretação de Sarnoff de sua fobia. Destrinçar a fonte da fobia de um adulto é muito mais difícil.

Em 1972, o analista Otto Renik discordou da leitura do seu colega Sarnoff sobre a ficofobia de Jan. Renik apontou que foi a menina quem fugiu da alga, como se aquele medo representasse um perigo para si mesma, não para a mãe. Jan não apenas se identificara com a alga, dotando-a de sua raiva, como também se separou dela a fim de se livrar do sentimento ruim. Isso mostrava como um objeto fóbico continha dois impulsos contrários: identificação e rejeição, uma afirmação e uma negação, uma incorporação de sentimentos proibidos e o medo de ser punido por eles. Renik, contudo, elogiou Sarnoff por manter as coisas simples: às vezes, uma interpretação inexata ou incompleta é extremamente eficaz para resolver o problema de um paciente.

☞ *Veja também: pediofobia, talassofobia*

FOBIA DE BOTÕES

Steve Jobs, o cofundador da Apple, tinha a fama de usar suéteres de gola alta porque sofria de fobia de botões — em inglês, *koumpounophobia* (*koumpouno* é a palavra em grego moderno para "botão"). O engenheiro de design Abraham Faraq relata que a fobia de Jobs se estendia aos botões das máquinas. Segundo Faraq, na década de 1990, Jobs passou por um protótipo de mouse no qual os botões ainda não haviam sido instalados. "Isso é genial", comentou ele. "Não queremos ter botões." Ao ouvir isso, os engenheiros fizeram das tripas coração para projetar uma versão sem botões. Dizia-se às vezes que a tela do iPhone, sensível ao toque, também foi inspirada pela antipatia de Jobs por teclados com botões de apertar.

Quem sofre dessa fobia odeia a ideia de que pode acabar tocando um botão. Lisa Cross, microbiologista de Devon, declarou ao jornal *The Guardian* que era avessa a botões desde criança. Sentia especial repulsa por botões de plástico escorregadios e pelos que se soltavam: "Um botão em um casaco de lã é bom; com os de metal no jeans não há problema algum, mas qualquer outro em uma camisa ou algo similar é horrível. Pior do que isso é um botão caído no chão, sem estar preso à roupa — pior ainda se tiver um pouco de algodão preso a ele."

Alguns desses fóbicos são capazes de identificar as circunstâncias específicas que desencadearam sua fobia. Uma mulher recebia da mãe, que era costureira, repetidas advertências sobre botões — ela temia que a criança pudesse colocar um na boca e engasgar. Um homem com fobia de botões relembrou que, quando menino, certa vez ficou olhando para os botões do jaleco de seu dentista enquanto passava por um doloroso tratamento dentário — talvez os botões o fizessem se lembrar de dentes, pendurados na gengiva em fios fibrosos ou tilintando contra a bandejinha de metal no consultório. Os botões estão para as roupas como os dentes estão para os corpos: são pedaços que podem se soltar e cair. E talvez um botão pendurado ou solto implique não apenas a perda, mas também a exposição, uma abertura inadvertida de si.

Um menino hispano-americano de nove anos, morador de Miami, identificou como a origem de sua fobia a situação em que acidentalmente derrubou sobre si mesmo uma gigantesca tigela de botões durante uma aula de artes no jardim de infância. Depois disso, passou a odiar a obrigação de usar uma camisa abotoada para ir à escola e a temer qualquer objeto que um botão tocasse. Os botões eram a lembrança de um espalhamento terrível, de uma perda de controle, e eram também agentes de constrangimento: estar preso à camisa abotoada do uniforme da escola era ser remetido à sala de aula, palco de seu horror. A sensação de que os botões são tóxicos ou contaminantes é comum entre quem tem essa fobia. Gillian Linkins, jovem de 22 anos de Hampshire, declarou ao jornal *Metro* de Londres em 2008: "Para mim, tocar em um botão seria como tocar em uma barata. Uma sensação de que estou em contato com algo sujo, desagradável e errado."

Psicólogos começaram a investigar a ligação entre fobia de botões e nojo. Em 2020, pesquisadores da Universidade de Stanford estudaram uma mulher asiático-americana de 29 anos avessa a botões, principalmente aqueles que via pendurados em uma peça de roupa ou perdidos no chão. Ela relatou que nessas circunstâncias tinha sentimentos de asco e de medo e sua reação era de "elevada atenção precoce" a botões, uma intensificação da percepção que em geral é desencadeada apenas por objetos "biologicamente relevantes", como baratas ou sangue. A equipe de Stanford se perguntou se a fobia de botões era uma forma de tripofobia, aversão relacionada a aglomerados de buracos e saliências, mas descobriram que a paciente se mostrava mais perturbada com botões de plástico "canônicos" de quatro furos do que com botões de vinte furos bem compactados. A fobia tinha a ver com o botão como um todo, não com as perfurações.

"Essa é a primeira demonstração", escreveram os autores do estudo, "de que as mesmas propriedades das fobias com fundamento biológico podem estar presentes na fobia por um objeto não ameaçador, que não oferece risco de contaminação e não tem fundamento biológico." O indivíduo com essa fobia se encolhe de medo e se afasta dos botões como se fossem uma doença.

☞ *Veja também: bambacofobia, pnigofobia, odontofobia, tripofobia*

FOBIA DE CAIAQUE

Quando Alfred Bertelsen, um oficial médico dinamarquês, foi enviado para ocupar um posto na costa oeste da Groenlândia em 1902, soube que, depois de terem ficado paralisados de medo enquanto estavam em alto-mar, vários homens do povo inuíte haviam abandonado os caiaques em que tradicionalmente caçavam focas. Em alguns distritos costeiros, ele descobriu, mais de um em cada dez homens adultos estava com "fobia de caiaque". Tratava-se de um problema sério naquela colônia dinamarquesa, que desde o declínio da indústria baleeira, no fim do século XVIII, havia se tornado dependente da caça às focas.

Caçadores e pescadores inuítes enfrentavam muitos perigos — icebergs, tempestades, ataques de animais feridos —, mas o pânico dos caiaques geralmente acontecia enquanto o mar estava tranquilo como um espelho. O caiaquista se convencia de que sua embarcação estava se estreitando ou se fechando em cima dele; vez ou outra, sentia o barco ficar mais pesado e o remo, mais leve. Não era raro ter dificuldade para avaliar distâncias, ficava desnorteado e tonto, certo de que o caiaque estava se enchendo de água gelada. Bertelsen disse que muitas vezes os caiaquistas com fobia sentiam que "algo viria do oceano para lhes fazer mal, algo que ninguém ousava ou conseguia encarar". De tão perturbados, alguns abandonavam suas comunidades ou tiravam a própria vida.

Um caçador de focas de 37 anos contou a Bertelsen sobre um dia de julho na década de 1890 em que estava pescando bacalhau em seu caiaque, ao meio-dia. Fazia calor, o céu estava claro e o sol reluzia em seus olhos. Ele já havia feito uma boa pescaria, quando sentiu uma violenta fisgada na linha. Ao puxá-la, ficou nervoso ao ver que uma lesma-do-mar havia mordido a isca. Então largou a linha e começou a tremer e a suar; sua cabeça doía, manchas bruxuleavam diante de seus olhos, a proa do caiaque parecia se esticar e se inclinar. Ele foi tomado pela absoluta certeza de que algo estava vindo atacá-lo por trás, mas se sentiu incapaz de se mover. Por fim, conseguiu se levantar e remar em direção à terra. Ele disse a Bertelsen que desde então não ia mais para o mar.

A fobia de caiaque entre os inuítes da Groenlândia era observada por médicos dinamarqueses desde meados do século XIX. A princípio, o fenômeno foi atribuído à intoxicação por tabaco ou por café — na verdade, eles culpavam os estimulantes que a Dinamarca havia introduzido na colônia —, mas em 1892 o psiquiatra Knut Pontoppidan sugeriu que era uma forma de agorafobia. Bertelsen também a classificou como fobia e, em 1940, introduziu um elemento étnico em sua análise. A angústia do caiaque, disse ele, parecia "apontar para certo primitivismo do cérebro inuíte" — entre os caucasianos, acrescentou, apenas mulheres e crianças eram suscetíveis ao medo patológico.

De qualquer forma, as autoridades dinamarquesas estavam ficando menos preocupadas com relação à fobia de caiaque, pois a pesca foi substituindo a caça às focas na Groenlândia e os barcos pesqueiros tomavam o lugar dos caiaques. Alguns estudiosos, entretanto, voltaram ao assunto. Na década de 1960, o psiquiatra estadunidense Zachary Gussow especulou que a fobia de caiaque se originava da privação sensorial, uma perda de orientação provocada pela paisagem imóvel e monótona do Atlântico Norte. Em 1996, o etnógrafo dinamarquês Klaus Georg Hansen sinalizou que os inuítes tinham uma explicação própria para o fenômeno. Segundo o folclore groenlandês, a fobia era causada por um *tupilak*, monstro enviado por um rival enciumado para matar um caçador. Às vezes, o monstro tomava a forma de uma foca, que, quando arpoada, arrastava o caçador para o mar, e às vezes era uma força malévola invisível que induzia a vítima a um transe. Se um caiaquista sobrevivesse a um encontro com um *tupilak*, poderia organizar uma sessão espiritual na qual um *angakok*, ou xamã, tentaria destruir a criatura. Se os ataques continuassem, porém, seria melhor o caiaquista desistir de caçar. Enquanto os médicos ocidentais interpretavam a fobia de caiaque como uma patologia individual, escreveu Hansen, os groenlandeses acreditavam que o problema se originava de tensões sociais. Para eles, o problema que uma fobia expressava não era de ordem pessoal, mas comunitária.

☛ Veja também: *agorafobia, demonomania, mania de riso, talassofobia*

FOBIA DE PIPOCA

Em 2016, o músico e designer de jogos Fisher Wagg contou ao podcast *Pantophobia* que tinha fobia de pipoca. Ver os grãos de milho estourados lhe causava "angústia". Ele contou que, certa vez, assistiu a um desenho animado em que larvas "dançavam dentro de um cadáver", imagem que não despertou nele nenhuma reação emocional até que a perspectiva mudou e as larvas de repente lhe pareceram uma gigantesca pipoca viva, inchada e espiralada. Para Wagg, esse petisco leve e rangente era mais assustador do que vermes se banqueteando em um corpo aberto.

A reação de Wagg parece quase uma piada, mas fornece uma pista acerca dos mecanismos de funcionamento da fobia. Quando um grão de milho estoura, incha a partir da casca rompida, se expande para fora e aumenta de tamanho: a parte interna sai, o interior engole o exterior, as entranhas e a pele trocam de lugar. No livro *Pureza e perigo* (1966), a antropóloga britânica Mary Douglas argumenta que a repugnância é provocada por "matéria fora do lugar". Para a maioria das pessoas, vermes se contorcendo em um mar de carne humana provocam essa reação. Para Wagg, um grão de milho estourado era uma transgressão semelhante e pior: não apenas infringia, como também destruía e obliterava seus limites.

Para demonstrar a própria fobia, Wagg gravou seus pensamentos enquanto assistia a imagens em câmera lenta de pipocas estourando. "Eu odeio o fato de elas serem úmidas", disse ele. "Explode como uma coisa grande e branca, que nem a carapaça de um grilo ou algo assim [...] dá pra ver o milho virado do avesso." Ele ficou em silêncio enquanto observava a coisa branca que continuava a se envolver em si mesma. "É, não dá, isso é péssimo", disse baixinho, desligando o vídeo.

☞ *Veja também: bambacofobia, entomofobia, fobia de botões, pnigofobia*

FOBIA DE URINAR EM LUGARES PÚBLICOS

Algumas pessoas constatam que seus esfíncteres uretrais se contraem tanto em banheiros públicos que chegam ao ponto de não conseguirem urinar, condição psicogênica conhecida como parurese ou "síndrome da bexiga tímida". Entre as fobias sociais específicas, acredita-se que seja a segunda em prevalência, perdendo apenas para a glossofobia, o medo de falar em público. Pessoas com esse transtorno podem se sentir incapazes de fornecer urina para exames toxicológicos. Outras ficam tão preocupadas com a perspectiva de urinar em instalações públicas que se sentem compelidas a permanecer em casa. Na pior das hipóteses, a fobia causa danos físicos (pedras nos rins, infecções do trato urinário) e requer intervenção médica com um cateter.

O primeiro estudo sobre a parurese, em 1954, constatou que 14% dos estudantes universitários haviam sofrido com o fenômeno pelo menos uma vez. Desde então, as estimativas de sua prevalência variaram de 2,8% a 16,4%. O distúrbio é mais comum em homens do que em mulheres, o que pode refletir diferenças na fisiologia (os homens passam a reter mais a urina à medida que envelhecem, enquanto as mulheres se tornam mais incontinentes), bem como nos diferentes níveis de privacidade proporcionados pelos banheiros públicos (a maioria dos banheiros masculinos é equipada com mictórios abertos que ficam um ao lado do outro; os femininos, com cubículos fechados). Algumas pessoas com essa fobia identificam sua origem em alguma experiência humilhante de serem ouvidas ou observadas enquanto urinavam, mas muitas não fazem ideia do motivo que as incapacita de urinar em locais diferentes dos que estão habituados.

Embora os tratamentos recorrentes para a fobia sejam terapias cognitivo-comportamentais e de dessensibilização, algumas pessoas relatam que a contagem regressiva pode ajudar a resolver o problema. Outra técnica, descrita no site da Associação Internacional de Parurese, é exalar cerca de 75% da respiração por

45 segundos enquanto belisca a ponte do nariz, se necessário, o que pode estimular o assoalho pélvico a descer e, assim, o fluxo a começar a jorrar.

☞ *Veja também: eritrofobia, gelotofobia, misofobia, fobia social*

FOBIA SOCIAL

A fobia social, também conhecida como transtorno de ansiedade social, é essencialmente o medo acentuado de ser avaliado ou julgado por outras pessoas. Os sintomas físicos incluem sudorese, gagueira, tremores, sensação de mal-estar e coração disparado. Pessoas com essa condição clínica podem temer situações específicas, como estar em espaços apinhados ou vazios (agorafobia), corar (eritrofobia), falar em público (glossofobia) ou urinar em lugares públicos.

O transtorno foi originalmente identificado pelo psiquiatra George Miller Beard em 1880 como "antropofobia", uma "aversão à sociedade, um medo de ver, encontrar ou misturar-se com uma multidão, ou de conhecer alguém além de nós mesmos". Essa forma de medo mórbido, afirmou Beard, "é frequentemente acompanhada do ato de desviar os olhos ou abaixar a cabeça". Na França, em 1903, Pierre Janet chamou a síndrome de *phobies des situations sociales*.

A fobia social passou a figurar como transtorno pela primeira vez na 3ª edição do *Manual diagnóstico e estatístico de transtornos mentais* (DSM-3), de 1980, inclusão que possibilitou que as pessoas diagnosticadas com o problema reivindicassem junto às seguradoras a cobertura dos custos dos medicamentos. Isso gerou um aumento significativo nos diagnósticos e na prescrição de ansiolíticos. Uma pesquisa de 1994 descobriu que 13,3% dos estadunidenses eram afetados pelo distúrbio em algum momento da vida, o que fez da fobia social o transtorno de ansiedade mais comum do país — perdendo apenas para a depressão e o alcoolismo como condição psiquiátrica. Parece haver um componente genético para esse traço. Os 10% a 15% da população que mostram sinais de inibição comportamental quando crianças — temperamento introspectivo e cauteloso — são mais propensos a se tornarem socialmente fóbicos. A fobia, entretanto, pode ser desencadeada ou reforçada por pais protetores em excesso ou críticos ao extremo, ou por uma experiência traumática — sofrer bullying, por exemplo. De acordo com um estudo publicado na revista científica *The Lancet* em 2008, metade das pessoas que desenvolvem o distúrbio apresenta sintomas até os onze anos, e 80% delas, até os vinte. Tal como acontece com a maioria das fobias, evitar os objetos fóbicos — neste caso, as pessoas — é o artifício utilizado para enfrentar o medo. Alguns indivíduos com fobia social reagem bem à terapia cognitivo-comportamental, que pode ajudar a lidar com as impressões negativas e imprecisas sobre o julgamento dos outros, bem como as tendências de remoer o passado e se preocupar com o futuro.

No Ocidente, a introversão muitas vezes é vista como fraqueza, mas indivíduos de temperamento reservado são mais valorizados em algumas outras culturas: em 1995, um estudo realizado na China revelou que crianças em idade escolar que tinham traços de inibição social eram as mais propensas a receber a confiança dos colegas e dos professores para ocupar posições de responsabilidade e poder, e de forma alguma mais sujeitas a desenvolver depressão do que seus colegas de classe sem essas características. No entanto, uma sociedade que valoriza o comedimento também pode gerar manifestações ainda mais incapacitantes de timidez. Na década de 1920, o psiquiatra japonês Shoma Morita identificou uma síndrome que chamou de *taijin--kyôfu*, "medo em relação aos outros". Os indivíduos afetados por essa condição são extremamente preocupados com a possibilidade de ofender outras pessoas por fazer contato visual com elas, enrubescer, exalar cheiros desagradáveis, fazer caretas ou simplesmente por serem pouco atraentes. Não é exatamente o julgamento dos outros que eles temem, mas a sensação de que causam dor e ofendem os outros apenas por existir.

Em *Shyness: How Normal Behavior Became a Sickness* [Timidez: Como o comportamento normal tornou-se uma doença] (2007), Christopher Lane descreve a maneira como as empresas farmacêuticas ajudaram a persuadir a Associação Norte-Americana de Psiquiatria a incluir a fobia social no *DSM* de 1980. Ele argumenta que, em muitos casos, o diagnóstico transformou um traço de personalidade em uma doença, patologizando pessoas reservadas, discretas ou caladas. "Ao longo de seis anos", escreve ele, "um pequeno grupo de psiquiatras estadunidenses elaborou por si só um novo e abrangente consenso: a timidez e uma série de traços comparáveis passaram a ser vistos como ansiedade e transtornos de personalidade, originados não de conflitos psicológicos ou tensões sociais, mas de um desequilíbrio químico ou de neurotransmissores defeituosos no cérebro." Lane acredita que o custo de medicalizar nossas peculiaridades, excentricidades e sentimentos comuns seja altíssimo. "A triste consequência", diz ele, "é uma vasta e talvez irrecuperável perda de alcance emocional, um empobrecimento da experiência humana."

☞ *Veja também: agorafobia, eritrofobia, gelotofobia, glossofobia, afefobia, lipemania, fobia de urinar em lugares públicos, silogomania*

FOBIAS DE SANGUE-INJEÇÃO-FERIMENTOS

Medos extremos de sangue, de injeção e de ferimentos (individualmente também conhecidos como hemofobia, tripanofobia*

---

* O medo específico de agulhas de injeção ou de objetos pontudos também é chamado de aicmofobia, aiquimofobia ou belonefobia. (N. T.)

e traumatofobia) hoje em dia são mais frequentemente considerados uma síndrome — fobias de sangue-injeção-ferimentos (BII, na sigla em inglês) — que afeta 3% a 4% da população. A reação fóbica acarreta tontura, náusea, queda da frequência cardíaca e da pressão arterial, e às vezes é acompanhada de estreitamento do campo de visão, zumbido, sudorese e perda de consciência. Esse tipo de fobia pode ser tão grave a ponto de o doente se recusar a fazer exames de sangue, se submeter a cirurgias, tomar vacinas e, em casos extremos, seguir tratamentos médicos em geral.

Indivíduos com fobias do tipo BII geralmente se descrevem como mais enojados do que assustados com sangue, ferimentos ou agulhas, e experimentos confirmam que o asco, assim como o medo, desempenha um papel significativo no distúrbio. Quando assistem a um vídeo de procedimentos cirúrgicos, os indivíduos que têm fobia de sangue ou ferimentos franzem as sobrancelhas e levantam o lábio superior. Ao mesmo tempo, seus batimentos cardíacos aceleram abruptamente e depois diminuem de maneira acentuada, em um nítido padrão de duas fases que indica uma reação inicial de medo (aceleração do fluxo sanguíneo, desencadeada pela amígdala cerebelar) seguida de aversão (desaceleração, acionada pela ínsula). A velocidade da queda da pressão arterial causa uma reação exagerada do nervo vago, o que resulta em fraqueza e, às vezes, leva à perda de consciência. Raramente, a queda repentina na pressão é fatal: em um artigo sobre tripanofobia publicado em 1995, o médico James G. Hamilton mencionou 23 indivíduos que morreram de choque vasovagal após se depararem com uma agulha. Alguns especulam que a reação inicial ao medo em fobias de sangue-injeção-ferimentos, indicada pelo coração acelerado, pode na verdade ser pavor à iminente reação de aversão, com suas sensações desagradáveis e até mesmo perigosas de náusea, vertigem e desmaio.

As fobias do tipo BII parecem ser as mais hereditárias de todas as fobias — estima-se que 60% dos fóbicos tenham um parente próximo com o problema —, embora seu propósito evolutivo não seja óbvio. Pessoas que congelam, cambaleiam ou desmaiam ao ver sangue não teriam muita utilidade para um grupo que estivesse sob ataque, porque seriam incapazes de ajudar a si mesmas ou a seus companheiros feridos, e muito menos condições de infligir ferimentos ao inimigo. Entretanto, o medo de sangue e de objetos que penetram a pele poderia ajudar essas pessoas a evitar ferimentos, para começo de conversa. A fobia pode até mesmo fornecer certo grau de autoproteção em caso de ferimento, uma vez que a queda da pressão arterial diminui ligeiramente a taxa de perda de sangue. Ao desmaiar, os indivíduos com essas fobias podem passar despercebidos pelos inimigos, ou pelo menos inibir seus reflexos de ataque; eles acabam se fingindo de mortos, em vez de lutarem ou fugirem.

Uma hipótese é a de que as fobias desse tipo tenham evoluído como um traço de sobrevivência em algumas mulheres durante o período Paleolítico. Estudos de restos humanos e de linhagens de DNA indicam que, durante vários milênios, os homens jovens lutavam entre si pelas mulheres em idade reprodutiva. Durante essas batalhas, as mulheres e as crianças que desmaiavam ao ver sangue eram mais propensas a serem capturadas do que assassinadas. Se essa teoria estiver correta, a reação fóbica seria mais vantajosa para as mulheres em idade reprodutiva do que para os homens — portanto, mais preponderante entre elas. Em 2007, Stefan Bracha e um grupo de outros psiquiatras testaram essa hipótese ao fazerem uso de uma ampla pesquisa epidemiológica em Baltimore e constataram que, como já se esperava, o número de mulheres em idade reprodutiva que sofriam de fobias do tipo BII era mais de quatro vezes superior ao de homens. Em mulheres com cinquenta anos ou mais, a incidência caía drasticamente para um terço da taxa do grupo de mulheres mais jovens. Essas descobertas pareciam corroborar a explicação evolutiva.

Para evitar desmaios, as pessoas que sofrem de fobias desse tipo podem aumentar temporariamente a pressão arterial tossindo, engolindo líquidos ou se enraivecendo. Na década de 1980, o psicólogo sueco Lars-Göran Öst treinou alguns indivíduos fóbicos a aumentar o fluxo sanguíneo para o cérebro tensionando os músculos dos braços, do tronco e das pernas de dez a quinze segundos por vez. Öst colocou sua técnica à prova em 1991, ocasião em que exibiu um filme de uma cirurgia torácica a três grupos com essas fobias. Um dos grupos havia aprendido seu método de "tensão aplicada"; o outro recebeu terapia de exposição; e um terceiro grupo foi tratado com ambos. O grupo de terapia de exposição relatou o dobro de sintomas fóbicos em comparação com o grupo de tensão aplicada, e o grupo que passou por ambos os tratamentos teve os melhores resultados de todos.

Depois de assistir ao vídeo, metade dos pacientes aos quais Öst havia ensinado a técnica de tensionamento muscular relatou não ter recorrido a ela durante a exibição do filme. Quando ele lhes indagou sobre o motivo, a resposta foi de que não tinham precisado. "Se eu tivesse os sintomas", afirmou um deles, "já sabia que existia uma técnica eficaz que eu poderia utilizar." Talvez essa confiança em si impedisse o efeito vasovagal: tendo aprendido a técnica, os indivíduos se tornaram tão destemidos que não sentiram na pele a fase inicial de medo da reação fóbica e, portanto, não sofreram a drástica e vertiginosa queda da pressão arterial causada pela mudança do medo para a aversão.

☞ *Veja também: misofobia, odontofobia*

FONOFOBIA

Em 2010, em Pahang, Malásia, uma menina de doze anos foi encaminhada ao departamento de otorrinolaringologia do Hospital Islâmico Internacional alegando medo de ruídos. Seus pais disseram que ela havia desenvolvido a sensibilidade depois de ouvir as explosões de fogos de artifício em uma celebração do Ano-Novo Chinês. Desde então, reagia a ruídos comuns como se fossem estrondos ensurdecedores, e relatava que os sons intensos em sua cabeça eram acompanhados por um zumbido desagradável. Para ela, o farfalhar de um saquinho plástico era quase insuportável, e o estouro de um balão, ainda mais desesperador. Ao ouvir esses ruídos, o coração da menina disparava, ela tremia, suava e chorava. As coisas ficaram tão ruins que ela estava se recusando a frequentar as aulas ou eventos sociais.

Depois de verificar que a jovem não tinha sensibilidade fisiológica ao ruído, os médicos especialistas diagnosticaram fonofobia* (*phonē*, em grego, significa "voz" ou "som"). A hipótese dos médicos era a de que o medo obsessivo da paciente havia sido gerado inconscientemente como uma forma de autoproteção: o choque que ela sofrera com os fogos de artifício exacerbou seu medo natural dos ruídos altos e repentinos que podem anunciar o perigo. Os psicólogos a trataram com duas sessões semanais que incluíam "psicoeducação" (para ela e para os pais), técnicas de relaxamento e gradual dessensibilização por exposição. Após três meses de terapia, a menina conseguiu ir a um restaurante com a família e, passados seis meses, já era capaz de resistir aos chiados, estalos, estampidos e explosões de uma queima de fogos.

Algumas pessoas sentem pânico e raiva quando ouvem barulhos feitos por outra pessoa, como bebericar, chupar, mastigar ou fungar, ou se estressam diante do som de pacotes sendo abertos. Um estudo de 2017 sugeriu que essa forma de fonofobia que suscita raiva — conhecida como *misofonia*, ou ódio desencadeado por sons — é causada por hiperatividade no córtex insular anterior, parte do cérebro que conecta os nossos sentidos às nossas emoções. Após as restrições da Covid-19, algumas

---

* Também chamada de acusticofobia ou ligirofobia. (N. T.)

pessoas descobriram que sua sensibilidade a ruídos havia aumentado. No verão de 2021, por exemplo, a polícia foi chamada para intervir em uma briga violenta que eclodiu quando um morador de Bexhill, em East Sussex, acusou um vizinho de "mastigar alto demais".

☞ *Veja também: brontofobia, globofobia, osmofobia, sedatofobia, telefonofobia*

G

GELOTOFOBIA

A gelotofobia — o medo de ser ridicularizado, do grego *gelōs*, "riso" — é uma forma paranoica e delicada de fobia social. Foi identificada pela primeira vez como uma condição clínica em 1995 por Michael Titze, psicoterapeuta alemão que percebeu que alguns de seus pacientes eram atormentados pela sensação de que estavam sendo motivo de chacota dos outros. Esses pacientes confundiam um sorriso alegre com uma expressão de escárnio, uma provocação afetuosa, com zombaria agressiva. Toda vez que ouviam risadas, os músculos faciais deles congelavam, explicou Titze, estampavam a "feição petrificada de uma esfinge". Alguns se preparavam tanto para o menosprezo que adquiriram um andar rígido, brusco e espasmódico, e se moviam feito marionetes de madeira. Titze descreveu a síndrome como "complexo de Pinóquio". Ele descobriu que, não raro, pessoas com gelotofobia relatavam ter sofrido bullying, mas não ficou claro se o bullying causava a gelotofobia ou se as pessoas gelotofóbicas interpretavam a provocação como bullying. Uma mulher sob os cuidados de Titze atribuía sua gelotofobia aos tempos de escola. Sua mãe, refugiada do Leste Europeu, gostava de usar alho nos pratos que cozinhava, e a menina era ridicularizada na escola por causa do cheiro que emanava dela. Uma colega de classe a apelidou de "srta. Alhada" e outras crianças se juntaram à zombaria. "Assim que me viam, começavam a sorrir de um jeito horrível", disse a paciente de Titze. "Costumavam sempre gritar coisas como 'Eca!'" Os colegas de escola a evitavam abertamente, não apenas no pátio da escola, como também na rua. "Alguns cobriam o rosto com o boné ou a mochila. Todas aquelas pessoas me encarando sorridentes me deixavam em pânico." Ela descreveu a maneira como seu corpo reagia: "Eu ia ficando cada vez mais tensa de vergonha."

Desde então, os pesquisadores estudam a prevalência da gelotofobia tanto como um traço de personalidade quanto como uma condição patológica. Willibald Ruch, da Universidade de Zurique, argumentou que a maior incidência de gelotofobia é verificada em "sociedades hierarquicamente organizadas, em que o principal meio de controle social é a vergonha". De acordo com uma pesquisa, 80% dos participantes tailandeses confessaram achar suspeito quando outras pessoas riam na presença deles, mas menos de 10% dos finlandeses disseram o mesmo. Outro estudo constatou que os estudantes chineses tinham muito mais medo de serem ridicularizados do que seus colegas indianos. No Simpósio Internacional sobre Humor e Riso, realizado em Barcelona em 2009, Ruch afirmou que a gelotofobia era mais comum entre os britânicos. "Na Europa, a Grã-Bretanha está no topo", declarou o psicólogo suíço. "Absolutamente no topo."

☞ *Veja também: eritrofobia, glossofobia, fobia de urinar em lugares públicos, fobia social*

GERASCOFOBIA

A gerascofobia — da palavra grega *gērasko*, "envelhecer" — às vezes descreve o horror a envelhecer e, às vezes, o horror a crescer e amadurecer.* Em 2014, três psicólogos no México relataram o caso de um menino de catorze anos, a quem trataram, que apresentava esse transtorno. Quando completou doze anos, o garoto ficou alarmado com as transformações que começou a identificar em seu corpo. Em resposta, passou a comer menos, a se encurvar para disfarçar a altura e a falar em um sussurro agudo. Ele pesquisou na internet detalhes de cirurgias que poderiam reverter os efeitos da puberdade.

Os pais levaram o menino a uma clínica em Monterrey, no norte do país, onde ele foi entrevistado por psicólogos. O garoto concordou com a avaliação de que o medo que ele tinha de envelhecer era excessivo, mas disse que os fardos da vida adulta lhe pareciam terríveis: não conseguia encarar a ideia de encontrar um parceiro, cuidar de uma casa, manter um emprego. Segundo ele, crescer somente o aproximaria da doença e da morte. Disse aos psicólogos que admirava tudo que dizia respeito aos Estados Unidos e desejava ter a aparência de um astro do cinema de Hollywood.

Os psicólogos notaram que a mãe do menino tendia a infantilizá-lo (cantando canções de ninar, penteando o cabelo dele) e o pai o tratava com severidade (na tentativa de corrigir sua corcunda, costumava amarrar um colete corretor de postura nele e apertar suas costas com força, com ambas as mãos). Os especialistas recomendaram que o menino tomasse medicação antidepressiva e fizesse duas ou três sessões de psicoterapia por semana, além de que os pais participassem de um curso de três meses de terapia familiar.

---

* Não confundir com gerontofobia (do grego *géron*, "velho"), que é o medo de pessoas idosas. (N. T.)

No ano seguinte, os psicólogos conversaram com o menino sobre a aversão a crescer. Descobriram que ele havia recebido tratamento para transtorno de ansiedade por separação quando tinha cinco anos, e sofrera bullying na escola aos onze. E o fato mais significativo: aos seis anos, ele sofreu abuso sexual em várias ocasiões, praticado por um vizinho de dezesseis anos. Os psicólogos sugeriram que a experiência de abuso incutiu nele o terror da maturidade sexual. À medida que os profissionais ajudavam o menino a encontrar causas para seus sentimentos, ele passou a adotar uma postura mais ereta, a falar e comer normalmente e a se preocupar menos com o ficar adulto.

O medo de envelhecer de uma criança é retratado na peça *Peter Pan* (1904), de James Matthew Barrie, na qual Peter, "o menino que não queria crescer", instiga Wendy a segui-lo até a Terra do Nunca. "Venha comigo", insiste ele, "para onde você nunca, nunca mais terá que se preocupar com coisas de adulto." E o medo da velhice de um homem adulto é retratado no romance *O retrato de Dorian Gray* (1891), de Oscar Wilde, em que um jovem inveja o eterno frescor de seu retrato a óleo. "Que tristeza! Eu vou ficar velho, e horrendo, e medonho", lamenta Dorian. "Mas este retrato jamais envelhecerá além deste dia de junho [...] Se pudesse ser o contrário! Se eu permanecesse sempre jovem e o retrato envelhecesse! Por isso... por isso... eu daria tudo!" O medo de envelhecer de Dorian não é apenas o temor da decadência física, é também o receio da responsabilidade moral. Por algum tempo ele consegue trocar de destino com o retrato. Embora se dedique à devassidão e ao crime, sua pele permanece rígida, seus lábios, macios, e seus olhos, brilhantes. O rosto na pintura a óleo, entretanto, fica enrugado e caído, em uma careta de escárnio.

☞ *Veja também: tricomania*

GLOBOFOBIA

A globofobia (do latim *globus*, "esfera") é uma aversão a bexigas, cuja raiz costuma estar no medo do barulho do estouro de um balão. O som "me faz lembrar de tiros", disse Oprah Winfrey em 2013, "e talvez em algum ponto da minha vida ou em uma infância passada eu tenha sido afetada por tiros, porque estar perto de balões realmente me deixa em pânico." Em 2017, o ator sul-coreano So Ji-sub confessou a um apresentador de TV que estar em qualquer lugar perto de uma bexiga o fazia sentir que suas "entranhas iam estourar", como se o próprio corpo fosse um saco de ar preservado pela pressão e prestes a explodir.

☛ *Veja também: brontofobia, fonofobia*

GLOSSOFOBIA

Para muitos de nós, falar em público é um terror — conhecido como glossofobia, do grego *glôssa*, "língua" — que se manifesta em sintomas como audição aguçada, aumento da frequência cardíaca e da pressão arterial, sudorese, respiração rápida, rigidez do pescoço e das costas, tremor, boca seca, pele afogueada e pupilas dilatadas. O sangue parece pulsar com força e depois arrefecer. O orador romano Marco Túlio Cícero escreveu: "No início de um discurso, fico pálido; todos os meus membros tremem, e também toda a minha alma."

O medo de falar em público é muito difundido, uma fobia muitas vezes citada como mais comum do que o pavor de aranhas ou cobras. Uma pesquisa de 1973 revelou que o número de pessoas que temiam a ideia de falar em público era maior do que o das que julgavam ter medo da morte. "Isso quer dizer que, se tiverem que comparecer a um funeral, muitas pessoas preferem estar no caixão a fazer um discurso fúnebre", brincou o comediante Jerry Seinfeld.

O transtorno pode afligir até mesmo artistas experientes. John Lahr descreveu para a revista *The New Yorker* o "terror desmedido" provocado pelo medo de se apresentar em público, "um ataque traumático e insidioso ao instrumento do artista: o corpo". Ele mencionou atores que foram subitamente dominados pelo medo, entre eles Ian Holm, que abandonou os palcos por quinze anos depois de ficar paralisado de medo durante uma pré-estreia da peça *Piedade Cruel* no teatro Aldwych, em Londres, em 1976. Segundo Lahr, "a experiência, com as mudanças metabólicas que desencadeia — sudorese, confusão, perda da linguagem —, é um simulacro da morte".

A glossofobia pode ser tratada com hipnose, técnicas cognitivo-comportamentais ou conselhos práticos (por exemplo: fale devagar, respire fundo, faça pausas, concentre-se em um determinado rosto na plateia). Em 2003, os psicólogos sociais Kenneth Savitsky e Thomas Gilovich criaram um tratamento experimental na Universidade Cornell, no estado de Nova York. Primeiro, fizeram testes para verificar a "ilusão de transparência", nossa tendência de superestimar até que ponto as pessoas ao nosso redor são capazes de perceber nossos estados interiores com clareza. Em seguida, pediram a um conjunto de estudantes de Cornell que fizessem discursos de três minutos sobre relações raciais na universidade e os dividiram em três grupos. O grupo de controle não recebeu nenhuma instrução sobre o desempenho, ao passo que os participantes do segundo grupo receberam a orientação tranquilizadora de que era normal sentir ansiedade, e que podiam até ficar nervosos por parecerem nervosos. O terceiro grupo recebeu a mesma mensagem, acrescida da seguinte informação: "Talvez possa ajudar saber que pesquisas constataram que nenhuma plateia consegue perceber sua ansiedade tão bem quanto vocês imaginam."

Os psicólogos explicaram que a maioria das pessoas tinha uma "ilusão de transparência", uma crença de que suas emoções intensas "extravasariam" e seriam percebidas pelas outras pessoas. Na realidade, afirmaram Savitsky e Gilovich, isso raramente acontecia. "Se vocês ficarem nervosos", disseram eles aos alunos, "provavelmente serão os únicos a saber."

Depois que fizeram seus discursos diante de uma câmera de vídeo, todos os participantes foram convidados a avaliar a confiança e a eficácia do próprio desempenho. Os membros do grupo que haviam sido informados sobre a "ilusão de transparência" atribuíram a si mesmos as pontuações mais altas. Um outro conjunto de alunos recrutados para assistir aos vídeos também atribuiu aos discursos desse grupo as avaliações mais positivas.

"Saber sobre a ilusão de transparência permite que os oradores sejam melhores oradores", concluíram os pesquisadores. "Nossos resultados, portanto, dão credibilidade à noção de que 'a verdade liberta': conhecer a verdade sobre a ilusão da transparência faz com que os participantes escapem do ciclo de ansiedade que é capaz de atormentar aqueles que têm de falar em público."

Conseguimos esconder nossa ansiedade melhor do que imaginamos. E quando percebemos que os outros não conseguem detectar nosso medo, esse temor diminui.

☞ *Veja também:* eritrofobia, gelotofobia, fobia social, telefonofobia

GRAFOMANIA

Como termo literário, grafomania (do grego antigo *graphein/ grápho*, "escrever") tem sido usado para depreciar autores prolíficos. O crítico húngaro Max Nordau menosprezava Oscar Wilde por considerá-lo um grafômano (ou grafomaníaco). "Ele tem um desejo insaciável por escrever, embora não tenha nada sobre o que escrever, exceto as próprias doenças mentais e morais", queixou-se Nordau em *Degeneration* (1895). Ele acusou Wilde de escrever por escrever, entregando-se a "trocadilhos idiotas" em que palavras geravam palavras. Foi o culminar de um século inundado de palavras, como observa o estudioso literário Lennard J. Davis: "Dickens, Balzac, Trollope, Zola, Goncourt e muitos escritores menos conhecidos têm uma produção, uma obra, impressionante e admirável. Esses autores escreveram não apenas romances, mas também textos jornalísticos, crítica e cartas — eles de fato escreviam o tempo todo. Tornaram-se obsessivos das letras."

Como condição clínica, a escrita compulsiva é geralmente chamada de *hipergrafia*, termo cunhado em 1974 pelos neurologistas norte-americanos Stephen Waxman e Norman Geschwind. Eles observaram que alguns pacientes com epilepsia do lobo temporal alimentavam diários compulsivamente, escreviam poemas, elaboravam listas, copiavam aforismos e letras de canções. Os neurologistas especularam que os ataques epilépticos haviam realinhado a atividade no cérebro desses pacientes. Em 2013, a revista científica *New Scientist* publicou um relato sobre uma londrina de 76 anos com epilepsia, paciente do University College Hospital, que, ao receber medicamentos para cessar suas convulsões, começou a produzir poesia. Ela escrevia mais de dez versos por dia e reagia com raiva se alguém a interrompia — antes disso, jamais havia demonstrado interesse por literatura. Um de seus poemas típicos terminava assim:

Arrumar os armários, pôr o lixo na calçada
(Inclusive os poemas que você escreve de madrugada)
É moralmente nojento.
Então, guardarei o que compus neste momento.

Os médicos deduziram que as convulsões do lobo temporal da mulher haviam rearranjado os mecanismos linguísticos e emocionais de recompensa em seu cérebro, formando um novo circuito neural no qual a composição de poesia era especialmente gratificante.

A escrita automática pode ser assustadora. Médiuns e videntes entram em transes nos quais parecem rabiscar compulsivamente mensagens dos mortos. No filme O Iluminado (1980), de Stanley Kubrick, Jack Torrance passa horas a fio sentado em seu quarto, num hotel deserto e isolado, datilografando sem parar, aparentemente escrevendo um romance, mas, na verdade — sua esposa descobre, horrorizada —, apenas repete uma frase: "Muito trabalho e pouca diversão fazem de Jack um cara bobão." Ele está desprovido de consciência, exatamente como uma máquina, e a torrente de palavras é um subterfúgio para o vazio.

☞ Veja também: *aritmomania, onomatomania*

H

HIDROFOBIA

O termo hidrofobia — do grego antigo *hýdor* ou *húdōr*, "água" — foi cunhado no século XIV como uma alternativa à palavra do inglês antigo *wæterfyrhtness*, para descrever o terror da água que as vítimas da raiva humana (rábia) sentiam. A hidrofobia era uma patologia, causada pela mordida ou pelo arranhão de um animal raivoso, em que beber, e até mesmo a ideia de fazer isso, poderia causar espasmos agonizantes na laringe. Quando esse sintoma surgia — muitas vezes acompanhado de outros sinais de danos neurológicos, como agitação, alucinação, paralisia e hipersalivação —, a doença era quase sempre fatal. A hidrofobia, como a raiva humana ficou conhecida, se espalhou pela Europa e pelos Estados Unidos até Louis Pasteur desenvolver uma vacina, em 1885.

Em um caso bastante conhecido de 1819, o duque de Richmond, governador-geral da América do Norte britânica, adoeceu em um acampamento nos arredores do rio Ottawa. No primeiro dia acamado, ele se mostrou incapaz de engolir líquidos, de acordo com o que o doutor em literatura Don James McLaughlin escreveu em "Infectious Affect" [Afecção infecciosa]; no segundo dia, ficou tão assustado com a água que não conseguiu tomar banho; e no terceiro, pulou de uma canoa que o levaria até Montreal para consultar um médico e se embrenhou floresta adentro de modo a escapar do rio. Seus homens o alcançaram e o levaram para se recuperar em um sítio, mas ele ficou horrorizado com o som de água corrente nas proximidades. Então o transferiram para uma cama de palha em um celeiro atrás da casa, local em que morreu.

Os companheiros do duque especularam que ele possivelmente fora mordido por uma raposa infectada enquanto caçava, ou por seu amado cachorro Blucher, com quem sabidamente compartilhava a cama. Para eles, era nítido que o duque havia sido vítima de hidrofobia.

O aspecto mais inquietante da doença do duque não era a condição física que ele apresentava, mas a maneira como o medo que ele tinha de beber água se tornou um medo de toda forma de água: a aversão se alastrou para a imaginação dele, transformando-se em uma doença da mente. McLaughlin indica que o mesmo padrão foi observado em uma menina inglesa de dez anos, Hannah Springthorpe, mordida por um cachorro em Leicester, em 1793. Hannah tinha alucinações de que estava sendo atacada por cães e gatos, estalava as mandíbulas como se estivesse se transformando em cachorro e gritava de horror ao som da água. "Por acaso, a enfermeira teve a imprudência de lhe servir um pouco de chá de menta", descreveu o médico que estava tratando a menina, e Hannah "urrou que o líquido a machucava muito e implorou que a enfermeira parasse imediatamente."

A própria ideia de hidrofobia era por si só perturbadora. Por ser uma doença contraída de um animal, era um sinal — mesmo antes de Darwin publicar *A origem das espécies*, em 1859 — do parentesco entre humanos e animais. "Isso colocou em xeque a fantasia da diferença humana", escreveu McLaughlin, "e a integridade hermética da espécie".

A hidrofobia era caracterizada por pavor e mau agouro crônicos. Qualquer pessoa mordida por um cão ou por outro animal esperava em pânico o início das alucinações e do medo da água, uma vez que se pensava que o período de incubação durava semanas, meses ou anos. Esse intervalo de tempo fazia da hidrofobia uma paranoia e também uma doença, um medo da loucura incipiente. Algumas pessoas desenvolviam os sintomas mesmo quando não se lembravam de terem sido mordidas. Nesses casos, observa McLaughlin, diagnosticava-se a "hidrofobia espontânea", doença puramente psicológica que alguns indivíduos contraíam ao ler ou pensar sobre a enfermidade. A moléstia denominada "medo de água" passou a significar também "medo de ter medo de água", fundindo as sensações de aversão e pavor, apreensões imaginativas e corporais. Em 1874, essa condição paranoica do medo de contrair raiva humana ganhou um nome: lissofobia — do grego *lyssa* ou *lússā*, "raiva", "ira".

A vacina de Pasteur marcou o início de uma nova era da microbiologia, na qual a raiva humana se tornou rara. Contudo, a hidrofobia havia se estabelecido como um modelo para fobias, sobretudo pela forma como desestabilizava a fronteira entre o emocional e o fisiológico. Muitas das fobias identificadas nos séculos XVIII e XIX pertenciam a ambos os domínios: tinham sintomas corporais como tremedeira, agitação, sudorese, sensação de desequilíbrio, calafrios, rubor, mas também eram definidas por inefáveis sentimentos de horror e angústia. Às vezes, pareciam ser transmitidas mentalmente, às vezes, herdadas, às vezes, infligidas. De maneira geral, não era possível saber ao certo se estavam enraizadas na experiência presente ou na pré-história humana, ou se eram geradas espontaneamente pelo corpo.

Em seu romance *Ulysses* (1922), James Joyce descreve a hidrofobia como um tormento mental e uma substância física, ao mesmo tempo grosseira e invisível. Garryowen, o cachorro, está "rosnando e resmungando e com os olhos injetados de sangue devido à sua secura e à hidrofobia que goteja de sua mandíbula". A doença deixa a saliva do animal espessa.

☞ *Veja também: aquafobia, cinofobia, misofobia, talassofobia*

HIPNOFOBIA

A hipnofobia* — do grego *hypnos*, "sono" — é um medo mórbido do sono, geralmente associado a um pavor de sonhos ou de pesadelos. A condição foi identificada em um dicionário médico em 1855 e dramatizada em intensos detalhes no filme *A Hora do Pesadelo* (1984), de Wes Craven, no qual um grupo de adolescentes é visitado durante o sono por um assassino de

---

* O medo de dormir é também chamado de somnifobia, palavra derivada de *somnus* ("sono", em latim). (N. T.)

crianças, desfigurado e insano, que tem o poder de matá-los enquanto sonham. "O que quer que você faça", dizia um cartaz da obra, "não caia no sono."

Em 2021, um editorial da *Sleep Medicine Reviews* observou que as vítimas de trauma podem desenvolver hipnofobia por medo dos sonhos que terão se dormirem; outros hipnófobos tentam ficar acordados porque vivenciam a experiência de se entregar ao sono como uma terrível perda de si mesmos; e outros lutam contra o sono porque sobreviveram a um ataque cardíaco noturno ou derrame, e temem não voltar a acordar na próxima vez que adormecerem.

☞ *Veja também: nictofobia, sedatofobia*

HIPOFOBIA

Os psiquiatras Isaac Marks e Randolph Nesse usaram o termo hipofobia em 1994 para descrever uma ausência de medo anormal e perigosa (o prefixo grego *hypós* significa "sob", "debaixo de", "embaixo", "abaixo", "escassez"). Eles assinalaram que a ansiedade é um traço útil, que nos protege de ameaças externas: ser imune ao medo é estar vulnerável. Muitas pessoas são diagnosticadas com queixas de ansiedade, mas pode haver muitos indivíduos perigosamente destemidos que, por definição, não procuram ajuda. "Pessoas com pouquíssima ansiedade não procuram os psiquiatras para reclamar da escassez de medo", observaram Marks e Nesse, "portanto, seus distúrbios, as 'hipofobias', ainda aguardam descrição formal."

Em seu ensaio de 1897, Granville Stanley Hall argumentou que o medo foi a mais importante emoção em nossa evolução como espécie: nossa capacidade de "dor antecipatória" nos permitia prever e, portanto, evitar os perigos. Marks e Nesse nos lembram de que criaturas em ilhas isoladas podem se tornar tão hipofóbicas que acabam perdendo a capacidade de fugir, lutar ou se esconder. Quando os humanos chegam, trazendo consigo outros predadores, as espécies nativas mansas não conseguem se proteger. Marks e Nesse apontam que esse aspecto é muito bem sintetizado na expressão "morto feito um dodô".*

☞ Veja também: *pantofobia*

HIPOPOTOMONSTROSESQUIPEDALIOFOBIA

Hipopotomonstrosesquipedaliofobia é uma palavra mais ou menos sem sentido que foi inventada, provavelmente na década de 1970, para descrever o medo de palavras longas. O termo "sesquipedaliofobia" por si só daria conta do recado — "sesquipedaliano" era usada desde pelo menos o século XVIII para identificar algo com "muitas sílabas" —, mas o termo foi estendido para incluir "hipopoto" (abreviação descuidada de "hipopótamo") e "monstro" (de *monstrum*, em latim). A palavra abarca uma criatura grande e ligeiramente cômica para se tornar ela própria grande e boba, a imitar o objeto fóbico que descreve — uma palavra longa e abstrusa —, e zomba dos vocábulos cunhados para dar nome a fobias, nos quais são usados prefixos gregos e latinos para lhes dar um ar de antiguidade e autoridade científica.

O primeiro registro de hipopotomonstrosesquipedaliofobia parece ter sido em uma nota de rodapé para o livro *Introduction to Psychology* [Introdução à psicologia] (1980), de Dennis Coon e John O. Mitterer; em língua inglesa, *hippopotomonstrosesquipedaliophobia* pode ter sido concebida para ter uma letra

---

* No original, "*dead as a dodo*", que quer dizer algo como "mortinho da silva", "completamente morto", e faz referência à ave das ilhas Maurício que foi extinta no fiml do século XVII como resultado direto ou indireto da ação humana, sobretudo devido à caça indiscriminada. (N. T.)

a mais do que *supercalifragilisticexpialidocious* ("supercalifragilisticexpialidoce", em português), palavra famosamente longa e fantasiosa popularizada pelo filme *Mary Poppins* em 1964.

☞ Veja também: aibofobia, onomatomania

HOMOFOBIA

Em 1965, o psicoterapeuta George Weinberg cunhou o termo homofobia para designar a aversão à homossexualidade, depois de ouvir um desconhecido insultar uma amiga lésbica. Embora ao pé da letra a palavra signifique a fobia do que é igual (*homós* quer dizer "semelhante", em grego), Weinberg a escolheu pelo efeito e não pela precisão — era mais vigorosa e expressiva do que as tentativas anteriores de nomear o sentimento antigay, a exemplo de homoerotofobia. Dois outros amigos dele usaram a palavra em um artigo na revista *Screw* em 1969: "Que lamentável conjuntura tem sido ocasionada pela *homofobia*!", escreveram Jack Nichols e Lige Clarke para explicar a condição como "um medo intenso e neurótico de ser percebido como alguém que sente atração por indivíduos do mesmo sexo".

Weinberg, que era heterossexual, detalhou o significado de sua palavra em *Society and the Healthy Homosexual* [A sociedade e o homossexual saudável] (1972): o termo homofobia atribuía os sentimentos antigay ao medo, sugerindo que o preconceito contra a homossexualidade era uma ansiedade disfarçada, uma fixação não natural. "Práticas discriminatórias contra homossexuais", escreveu ele, "têm motivações psicológicas profundas." À época, a homossexualidade ainda era categorizada como um transtorno psiquiátrico, e Weinberg esperava virar o jogo, ao patologizar os inimigos da homossexualidade em vez dos próprios homossexuais. O termo que ele cunhou parecia ter funcionado. Em 1973, a Associação Norte-Americana de Psiquiatria decidiu por unanimidade que a homossexualidade não deveria mais ser classificada como doença mental. O historiador cultural Daniel Wickberg observa que "embora desde então a homofobia não tenha sido incluída na lista de distúrbios clínicos, basicamente ela veio para entrar no lugar da homossexualidade como a doença que precisa de cura".

Alguns psicólogos argumentaram que a palavra homofobia era enganosa, uma vez que a raiz dos sentimentos antigay muitas vezes parecia estar mais no ódio e na raiva do que no medo, mas Weinberg apontou que essas emoções estavam entrelaçadas: o medo da homossexualidade "levava a uma grande brutalidade, como o medo sempre faz". Já em 1914, o psicanalista húngaro Sándor Ferenczi havia argumentado que a aversão aos homossexuais era uma reação de defesa, um sintoma de desejo reprimido pelo próprio sexo. Alguns estudos parecem ter corroborado essa proposição. Por exemplo: um experimento realizado em 1996 na Universidade da Geórgia com a participação de 64 homens declaradamente heterossexuais mostrou que os indivíduos que eram mais hostis aos gays também eram os que mais se excitavam com imagens homoeróticas.

Alguns ativistas LGBTQIAP+ questionaram o termo homofobia, alegando que ele transforma um problema ideológico em uma perturbação psicológica. O conceito exime os indivíduos de responsabilidade, ao descrever um preconceito não como uma escolha, mas como uma condição psiquiátrica que escapa do controle da pessoa. Na década de 1980, a feminista lésbica radical britânica Celia Kitzinger declarou que "embora possa ser conveniente rotular os inimigos políticos como doentes mentais, fazer isso remove a discussão da arena política".

Em 2012, a agência de notícias Associated Press proibiu seus repórteres de usarem o termo homofobia, assim como outras construções politicamente estratégicas com o elemento "fobia" (como gordofobia, que data da década de 1980, e transfobia, da década de 1990). Um porta-voz da agência declarou que o termo homofobia era "impreciso": "É atribuir um transtorno mental a alguém, e sugere um conhecimento que não temos." Weinberg, porém, manteve o neologismo que ele cunhou; em artigo no *Huffington Post* no mesmo ano, ele escreveu que a palavra "era exatamente o conceito de que gays e lésbicas precisavam para alcançar a libertação".

☞ *Veja também: xenofobia*

L

LIPEMANIA

Em 1838, Jean-Étienne Esquirol escreveu que o lipemaníaco era uma vítima de luto patológico, de uma tristeza avassaladora semelhante ao estado de espírito que Benjamin Rush chamou de "tristimania". Embora o termo de Esquirol não tenha pegado, sua análise da condição lançou as bases para a compreensão moderna da depressão clínica. Entre os estudos de caso figurava certa "Mademoiselle W", que em 1804, aos dezesseis anos, caiu em profunda melancolia por conta da morte de seu companheiro de infância, o duque d'Enghien, cujo assassinato Napoleão Bonaparte havia ordenado porque suspeitava que o duque estava conspirando para derrubar o governo. Quando Mademoiselle W soube do assassinato, sua abundante cabeleira ficou grisalha e seus grandes olhos azuis se tornaram vítreos e sem expressão. Ela parou de falar e foi mandada de sua casa, no Château de

Chantilly, para o hospital psiquiátrico de Salpêtrière, em Paris, onde passava horas a fio na cama, sentada sobre o travesseiro, as pernas longas e finas encolhidas contra a barriga, os cotovelos nos joelhos e o queixo apoiado na mão direita enquanto olhava fixamente pela janela, murmurando consigo mesma.

Esquirol cunhou o nome lipemania em homenagem a Lipe, que na mitologia grega era a personificação do luto. Sua mãe era Éris, a deusa da discórdia e do conflito, e suas irmãs eram Acós e Ania, espíritos da angústia e da tristeza.

☞ *Veja também: dipsomania, monomania, monofobia*

M

MANIA DE RISO

Vários surtos de riso desenfreado, desvairado e prolongado foram relatados entre crianças africanas na década de 1960. De acordo com o livro *Mass Hysteria in Schools* [Histeria coletiva em escolas] (2013), de Robert Bartholomew e Bob Rickard, a primeira eclosão de risadas ocorreu em janeiro de 1962 em um colégio missionário cristão em Tanganica, atual Tanzânia. Três meninas de um internato em Kashasha, no lago Vitória, começaram a rir incontrolavelmente, depois a chorar e em seguida a rir de novo. Os surtos pareciam contagiosos — várias colegas de classe das meninas se juntaram à risadaria, mais e mais delas a cada dia. Algumas das crianças ficaram inquietas e violentas e corriam pelo terreno da escola, alegando estar sendo perseguidas por alguma coisa. Outras diziam sentir algo se movendo dentro da cabeça.

O *endwara ya Kucheka*, "problema do riso", tornou-se tão grave que, em março, a escola fechou as portas e as meninas foram enviadas de volta aos respectivos vilarejos para se recuperarem. Pareciam ter melhorado, mas quando a escola reabriu, em maio, os acessos de gargalhadas e soluços recomeçaram. Nos dezoito meses seguintes, mais de mil crianças da região sucumbiram a surtos de gargalhadas maníacas, muitas vezes acompanhadas de choro e do impulso de desatar a correr. Uma equipe de investigadores fez testes para detectar intoxicação alimentar e doenças virais, mas não encontrou evidências que corroborassem nenhuma das duas teorias. Os pais das meninas acreditavam que talvez fossem manifestações de espíritos dos ancestrais mortos influenciando as garotas.

Os ataques de riso desenfreado voltaram em 1966, quando duas escolas no lago Vitória tiveram que ser fechadas. "A epidemia se alastra feito fogo entre as crianças em idade escolar, principalmente as meninas", declarou uma autoridade do Ministério da Saúde ao jornal *The New York Times*. "Uma menina começa a rir e todas as outras a seguem. Ninguém consegue controlá-las, e a única solução é separar umas das outras por algumas semanas." Ao longo da década seguinte, novos casos foram relatados em escolas e faculdades em Uganda, na Zâmbia e em Botsuana.

Surtos psicogênicos desse tipo ocorrem com crianças em idade escolar, especialmente meninas adolescentes, desde pelo menos o século XIX, e parecem se espalhar por um processo de imitação inconsciente. Dezenas de meninas tiveram acessos de tremedeira e agitação em escolas da Basileia (Suíça), em 1893 e 1904, e de Meissen (Alemanha), em 1905 e 1906. Em 1965, numa escola de ensino médio em Blackburn, Lancashire, 85 meninas foram levadas ao hospital, acometidas de uma misteriosa doença caracterizada por desmaios e espasmos; em 2001, cerca de cem estudantes em um acampamento na Tailândia desenvolveram dificuldades respiratórias depois de, ao que tudo indicava, terem visto fantasmas. Em 2011, surgiram relatos de que adolescentes em Le Roy, estado de Nova York, começaram a se contorcer e a se debater; e em 2014 um grupo de jovens em El Carmen, Colômbia, teve convulsões e desmaios.

A neurologista Suzanne O'Sullivan escreve que essas manias coletivas nos mostram que a doença tem componentes sociais, biológicos e psicológicos. "Às vezes", observa ela, "os médicos estão tão ocupados olhando dentro da cabeça das pessoas que esquecem os fatores sociais que possibilitam a doença, ou, o que é ainda mais provável, têm medo de olhar muito de perto para o mundo social de seus pacientes por temerem ser acusados de culpar a pessoa, sua família ou a comunidade em que ela vive pelo aparecimento da doença." O'Sullivan indica que crianças em idade escolar são especialmente vulneráveis ao "contágio social", e que a atenção da mídia, muitas vezes, atua como mais um agente promotor da infecção, espalhando e prolongando uma epidemia. Tendo viajado pelo mundo para estudar surtos de mania em massa, ela se pergunta se "a erradicação desses distúrbios não era, de fato, a coisa errada a se esperar. Para muitas das pessoas que conheci, a doença psicossomática servia a um propósito vital [...] Às vezes, incorporar e representar o conflito é mais administrável ou mais prático do que articulá-lo". Ela nos estimula a prestar atenção às histórias que essas ações involuntárias contam.

O pediatra tanzaniano G. J. Ebrahim sugeriu que a epidemia da doença do riso na África Central e na Oriental na década de 1960 foi um desdobramento de ansiedades relativas a mudanças sociais. No ambiente doméstico, as crianças estavam imersas em um *éthos* tribal tradicional e conservador, ao passo que nas escolas missionárias eram expostas a ideias que questionavam ou refutavam as crenças de seus pais e avós. Ao mesmo tempo, autoridades do governo estavam forçando muitas famílias a se mudarem de seus pequenos sítios para vilarejos planejados em áreas urbanas. Essas pessoas estavam sendo expulsas de suas terras ancestrais, eram afastadas dos túmulos de seus antepassados e da proteção dos espíritos. Enredadas nessas turbulências, e também em meio às convulsões fisiológicas e emocionais da própria adolescência, as crianças corriam, choravam e riam.

☞ *Veja também: beatlemania, coreomania, demonomania, fobia de caiaque*

MEGALOMANIA

O termo megalomania* — do grego *mégas*, "grande" — é frequentemente utilizado para designar desejo de poder ou de controle absoluto, mas foi cunhado na França em 1866 — como *mégalomanie* — para descrever delírios insanos de grandeza. Delírios são comuns na psicose: acometem metade das pessoas que sofrem de esquizofrenia e dois terços dos diagnosticados com transtorno bipolar, muitas vezes como parte de um estado maníaco de hiperatividade, euforia, fala rápida, pensamentos acelerados e repentinas mudanças de humor.

Durante as férias em família numa estação de esqui em Innsbruck, na Áustria, em 2018, o escritor britânico Horatio Clare se convenceu de que era um agente do serviço de inteligência do Reino Unido MI6 que havia se alistado em um plano de espionagem internacional para salvar o mundo; parte de sua missão era se casar com a estrela pop australiana Kylie Minogue. "Loucuras dessa espécie são como a alvorada do eu", escreve Clare em *Heavy Light* [Luz forte] (2020), "um dilúvio de luz que extingue as sombras do relativo, da perspectiva [...] Eu

---

* Também chamada de macromania, termo que descreve tanto a perturbação em que o indivíduo julga que os objetos têm dimensões superiores às reais, a predileção pelo que é grandioso ou majestoso e a tendência a se sobrevalorizar, quer no aspecto físico, quer nos aspectos psíquico e intelectual. (N. T.)

me sinto impregnado por essa luz, que parece conhecimento e poder e significado; uma luz que parece tangível e quase visível para os outros, a julgar pela maneira como olham para mim [...] É emocionante e é exaustivo."

No século XIX, as pessoas com esse tipo de mania imaginavam ser figuras como Napoleão, Joana d'Arc ou Jesus Cristo. Em 2005, um megalomaníaco britânico disse aos pesquisadores que era primo do então primeiro-ministro Tony Blair, e outro relatou: "Eu sou Deus; eu criei o Universo e sou filho do príncipe Philip. E também sou um DJ famoso. Tenho poderes como os do Super-Homem." Um terceiro alegou ser um gênio científico: "Dei cusparadas em uma lâmpada", disse ele em 2009, "raciocinando que, se eu observasse a saliva queimar, as diferentes cores e formas, seria capaz de encontrar a cura do câncer." De raro em raro, a megalomania descamba para a violência. O milionário filantropo John du Pont, por exemplo, era entusiasta de luta greco-romana e matou o amigo Dave Schultz na Filadélfia em 1996. Ele acreditava ser o dalai-lama, um agente da CIA e o último czar russo.

☛ *Veja também: egomania, erotomania, mitomania, plutomania*

MICROMANIA

Em 1899, o termo micromania (do grego *mikrós*, "pequeno") já era empregado para descrever uma insana depreciação de si mesmo, ou uma autodepreciação patológica. Entretanto, foi originalmente definido em 1879 como uma condição clínica na qual a pessoa acreditava que o próprio corpo — ou uma parte dele — havia encolhido. Foi o caso do presidente francês Paul Deschanel, que em 1920 recusou-se a ser visto ao ar livre, convencido de que sua cabeça estava do tamanho de uma laranja.

No romance *Aventuras de Alice no País das Maravilhas* (1865), de Lewis Carroll, Alice parece encolher quando bebe de uma garrafinha com um rótulo que dizia BEBA-ME. "Estou encolhendo como uma luneta", pensa ela, e logo se vê com apenas 25 centímetros de altura. A menina fica enorme depois de mordiscar um bolo com o rótulo COMA-ME, mas mais uma vez se contrai abruptamente quando dá uma mordida em um cogumelo oferecido a ela pela Lagarta Azul: "Seu queixo de repente despencou até bater nos pés."

Em 1952, o neurologista estadunidense Caro Lippman especulou se as enxaquecas de Lewis Carroll poderiam ter inspirado a representação do encolhimento (e expansão) de Alice. Lippman havia observado alucinações induzidas por enxaqueca em vários de seus pacientes. Uma mulher disse que antes — ou durante — uma forte dor de cabeça ela acreditava piamente que tinha apenas trinta centímetros de altura, convicção que só conseguia corrigir olhando-se fixamente no espelho.

☞ *Veja também: megalomania*

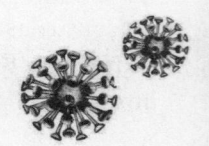

MISOFOBIA

"Sob o nome misofobia", escreveu o neurologista William Alexander Hammond em 1879, "eu me proponho a descrever uma forma de perturbação mental [...] caracterizada por um medo mórbido e avassalador de profanação ou contaminação." Hammond criou esse termo a partir da palavra grega *músos*, "impureza", e alegou ter tratado dez pacientes com essa síndrome ao longo da década anterior.

"MG", uma viúva rica de trinta anos, consultou-se com Hammond em 1877. Ela relatou que, seis meses antes, havia lido um artigo de jornal sobre um homem que contraíra varíola ao manusear cédulas de dinheiro contaminadas. "A circunstância me causou uma profunda impressão", explicou ela, "e, como apenas alguns momentos antes havia contado um bom número de notas, ocorreu-me a ideia de que talvez tivessem sido tocadas por alguém com uma doença contagiosa de alguma espécie." Depois de tocar as notas, ela lavou as mãos, em seguida as lavou de novo e foi para a cama sentindo-se inquieta. Pela manhã, higienizou meticulosamente as mãos mais uma vez. Ao perceber que as cédulas estavam na mesma gaveta da penteadeira na qual guardava sua roupa de baixo de linho, mandou a roupa para a lavanderia e se vestiu com peças de outra gaveta. Calçou um par de luvas, enfiou as notas em um envelope e pediu a um criado que lavasse bem a gaveta da penteadeira, com água e sabão.

Ocorreu-lhe, então, que ela tocara em muitas outras coisas desde que havia manuseado as notas, e qualquer uma delas poderia tê-la infectado. "Eu ainda estava em perigo", argumentou. Ela tirou o vestido, que estivera usando no dia anterior, e colocou um novo. "A partir daí", disse, "fui de uma coisa para outra. Uma série sem fim. Eu limpava tudo o que tinha o hábito de tocar e depois lavava as mãos. Até mesmo a água era um meio de poluição, pois por mais que eu limpasse bem as mãos com todo o cuidado depois de desinfetar tudo, sempre permanecia uma porção ainda impura, que tinha de ser lavada, e depois eu tinha de lavar as mãos novamente."

MG abandonou o hábito de ler, por medo de ser contaminada pelas páginas de um livro ou jornal, e somente cumprimentava as pessoas com um aperto de mãos quando estava de luvas — "e nos últimos tempos, nem as luvas parecem me dar proteção total", confessou a Hammond. "Sei que são porosas."

Hammond reparou que, enquanto conversavam, ela observava atentamente as próprias mãos, esfregando-as uma na outra para se livrar das partículas contaminantes. Depois que ele tomou o pulso de MG, ela tirou um lenço do bolso, umedeceu-o com uma gota de colônia e esfregou o local em que o dedo dele havia tocado. Colocou o lenço de volta em um bolso diferente, reservado para itens sujos. MG dizia não temer nenhuma doença específica, mas "o que me oprime é um sentimento avassalador de que serei contaminada de alguma maneira misteriosa".

Outra paciente de Hammond, "srta. F", uma jovem esbelta de dezoito anos, tornou-se misofóbica em 1877 após uma grave infestação de piolhos. "Pouco a pouco", escreveu Hammond, "entranhou-se nela a ideia de que não seria capaz de escapar de fontes de contaminação, de que outras pessoas poderiam sujá-la de alguma forma e de que os vários objetos à sua volta também tinham poder semelhante." Quando a srta. F se consultou com Hammond em 1879, a fobia havia dominado sua existência: "Sua vida é um contínuo circuito de problemas, ansiedade e medo", disse Hammond. "Ela desconfia de todas as pessoas e de todas as coisas." Na rua, a srta. F recolhia e erguia a saia para não roçar em ninguém. Passava horas examinando e limpando seus pentes e escovas, lavava as mãos mais de duzentas vezes por dia e, à noite, se despia sem tocar nas roupas — depois que uma criada as desabotoava, ela deixava as peças caírem no chão, de onde eram recolhidas e levadas para lavar. Na lavanderia, a srta. F sabia, suas roupas encontrariam as roupas dos outros. "Ela não vê nenhuma maneira prática de escapar dessa circunstância", escreveu Hammond, o que "a deixa muito infeliz".

Assim como MG, a srta. F não conseguia dizer o que temia especificamente: "Ela imaginava que fosse algo capaz de lhe causar danos corporais de alguma maneira sutil, sendo absorvido por seu organismo por meio das mãos ou de outras partes."

O medo da sujeira não era uma novidade. Na década de 1830, Esquirol tratou de "Mademoiselle F", uma mulher alta, de cabelo ruivo, olhos azuis e 34 anos que evitava tocar qualquer coisa com as mãos ou as roupas, lavava e esfregava constantemente os dedos, sacudia livros e bordados para desalojar qualquer sujeira eventual e se alimentava com a assistência de uma criada que lhe dava comida na boca. Como as outras senhoras que se consultavam com Hammond, Mademoiselle F sabia perfeitamente que seu comportamento era irracional. "Minha inquietação é absurda e ridícula", dizia, "mas não consigo evitá-la."

Na segunda metade do século XIX, entretanto, quando os cientistas descobriram que doenças podiam ser transmitidas por micróbios invisíveis, o medo da contaminação tornou-se muito mais comum, e foi então que Hammond o identificou como um transtorno mental específico. De súbito, o mundo parecia repleto de agentes infecciosos ocultos, observa Don James McLaughlin, e o medo desses agentes parecia se espalhar exatamente como os próprios micróbios. Os nomes para o distúrbio também se multiplicaram: esse medo ficou conhecido não apenas como misofobia, mas também germofobia, germafobia, verminofobia, molismofobia, molisomofobia, rupofobia, bacteriofobia e bacilofobia.

O medo da sujeira pode comunicar diversos tipos de sofrimento e aflição. Em 1880, o dr. Ira Russell tratou um homem solteiro de 47 anos, formado pela Escola de Medicina de Harvard, que fora dominado pelo "pavor da imundície" depois que o irmão morreu subitamente em seus braços. O paciente de Russell evitava tocar maçanetas, cadeiras e outros móveis, e seus rituais noturnos de limpeza demoravam várias horas. Na década de 1890, Freud tratou uma mulher que lavava constantemente as mãos e tocava as maçanetas das portas apenas com o cotovelo. "Era um caso como o de Lady Macbeth", escreveu ele. "Lavar as mãos era algo simbólico, com o intuito de substituir pela pureza física a pureza moral que ela lamentava ter perdido. Ela se atormentava de remorso pela infidelidade conjugal e decidira apagar a lembrança da própria mente."

Freud explicou por que era tão difícil afastar as pessoas desses comportamentos ritualísticos: "Se tentarmos impedi-las de realizar seus atos compulsivos, de lavarem as mãos ou cumprirem seus rituais, ou se tentarmos persuadi-las a desistir de alguma compulsão, elas são tomadas por um terrível medo que novamente exige obediência à compulsão. Compreendemos que o ato compulsivo encobre o medo e é levado a cabo apenas como forma de evitá-lo." Freud argumentou que essas compulsões eram sintomas de pensamento mágico. Os misofóbicos temem que seus sentimentos e desejos extravasem e influências exteriores penetrem neles. Os rituais de lavagem são concebidos para evitar essa contaminação, a abertura de uma brecha dos limites porosos do eu.

Hammond tratava seus pacientes misofóbicos com brometos, um tipo de sedativo, ao passo que Freud tentava curá-los ao explorar suas fantasias inconscientes. No fim do século XX, os psicólogos fizeram experimentos com terapias comportamentais. Em 1975, o psiquiatra britânico Isaac Marks foi consultado por uma mulher que lavava as mãos pelo menos cinquenta vezes por dia e usava sete pacotes tamanho família de sabonete em flocos por semana. Ela descartava roupas "contaminadas", que mal tinha dinheiro para substituir, e se mudou de casa cinco vezes em três anos para escapar de ambientes "infectados". Segundo Marks, a mulher associava muitos lugares à sujeira, sendo o principal deles a cidade de Basingstoke, na Inglaterra: "A mera menção da palavra Basingstoke a fazia começar a se limpar." Durante o tratamento, Marks a acompanhou até a temida cidade, passeio que "resultou em contaminação total, depressão grave e uma ameaça da paciente de dar alta a si mesma". No entanto, relatou Marks, a depressão desapareceu após 24 horas, e a mulher perseverou com o tratamento, até que, por fim, se viu capaz de dispensar completamente seus rituais de limpeza.

Em um hospital psiquiátrico do norte de Londres, em 2019, a artista Cassandre Greenberg iniciou um curso de terapia de exposição para tratar suas fobias de contaminação e vômito e sua mania de limpeza. Em fevereiro de 2020, porém, o tratamento foi interrompido abruptamente. Após a detecção do vírus da Covid-19 na Grã-Bretanha, os hospitais foram instruídos a oferecer apenas tratamentos de emergência. Ao mesmo tempo, o governo começou a instruir as pessoas a adotarem os comportamentos compulsivos que Greenberg vinha tentando abandonar.

"De repente, lavar as mãos se tornou um ato para salvar a nação", escreveu Greenberg na revista *White Review*. "À medida que as pessoas invadiam os corredores dos supermercados em busca de sabonete antibacteriano, a mesma coisa que me deixava 'doente' passou a ser a imagem da saúde." Ela observou as pessoas se esforçarem para adquirir "comportamentos e padrões de sentimento que eu havia muito considerava indicadores pessoais de uma doença da minha mente, minhas mitigações ritualísticas contra expectativas de perigo exageradas. O que outrora era 'patológico' foi reformulado como sensato e responsável". De repente, a população estava sendo estimulada a adotar atitudes que pouco antes as teriam marcado como fóbicas em relação a germes e como maníacas por limpeza.

É de se esperar que a incidência de misofobia aumente quando um vírus perigoso se espalha rapidamente pelo mundo, e estudos confirmaram que muitos comportamentos obsessivo-compulsivos foram exacerbados pela pandemia de Covid-19. Entretanto, em 2020, no *Journal of Obsessive-Compulsive and Related Disorders*, Frederick Aardema observou que o que um lavador de mãos compulsivo realmente teme não é uma doença física, mas uma violação psíquica: os germes são emblemas da profanação; os rituais obsessivos de lavagem "são realizados para salvaguardar e proteger contra perigos para o núcleo da personalidade da pessoa, em oposição ao corpo físico". Uma pessoa com transtorno obsessivo-compulsivo (TOC) disse a Aardema que, em vez de sentir mais medo de contrair uma infecção durante a disseminação da Covid-19, se sentiu aliviada ao perceber que outras pessoas adotavam os comportamentos que ela manifestava. "Ela não precisava mais se sentir constrangida ao usar luvas de proteção ou se recusar a cumprimentar os outros com apertos de mão", escreveu Aardema.

Nos estágios iniciais da pandemia de Covid-19, redefinimos — muito rapidamente — o que era racional. "À minha volta, vi os medos das pessoas se exteriorizarem de uma maneira que desfez quaisquer concepções que eu tinha anteriormente sobre 'saúde' ou doença mental", escreveu Greenberg. Foi um exemplo acelerado de como um acontecimento histórico é capaz de transformar tanto percepções quanto comportamentos. A própria manifestação do medo tornou-se normalizada: ter medo era ser lógico, cuidadoso, bem informado. Ser compulsivo tinha se tornado uma forma de cuidar de si e dos outros.

☞ *Veja também: ablutofobia, aritmomania, dermatilomania, emetofobia, afefobia, tripofobia*

MITOMANIA

Em um artigo de 1905, o psiquiatra francês Ernest Dupré descreveu a tendência patológica a exagerar ou mentir como mitomania, do grego *mŷthos*, "mito", "fábula", "lenda". A verdadeira mitomania, afirmou ele, é aparentemente despropositada. Os mitomaníacos (ou mitômanos) acreditam nas próprias mentiras ou sabem que são mentiras, mas não conseguem parar de contá-las. Geralmente, eles se movem com fluidez entre a fantasia e a realidade, oscilando, feito uma criança, entre mentiras conscientes e devaneios. Essa condição clínica também é conhecida como "pseudologia fantástica" (termo cunhado por Anton Delbrück em 1891), ou como "mentira patológica". Os casos documentados incluem uma trabalhadora doméstica que no fim do século XIX perambulava pela Áustria e pela Suíça alegando ora ser uma estudante de medicina empobrecida, ora uma princesa romena, e um francês com invenções imprudentes que culminaram no assassinato de sua esposa, seus filhos e seus pais em 1993.

A psicanalista polonesa Helene Deutsch observou em 1922 que "o mentiroso patológico relata um devaneio ou descreve fantasias como se fossem uma experiência real". Uma de suas pacientes alegava ter tido na adolescência um relacionamento amoroso masoquista com um rapaz mais velho, e havia descrito seus encontros eróticos em um diário. Deutsch sabia que a história da paciente tinha sido inventada, mas procurou entender por que ela insistia em contá-la. Por fim, descobriu-se que, quando tinha apenas três anos, ela havia sido abusada sexualmente pelo irmão mais velho. O fato reprimido, que poderia ter surgido na forma de um sintoma físico, encontrou expressão em uma história ficcional. Na Grã-Bretanha, na década de 1930, o parapsicólogo e caça-fantasmas húngaro Nandor Fodor chegou à conclusão de que algumas mulheres que professavam poderes sobrenaturais — como Alma Fielding, dona de casa londrina que parecia estar gerando fenômenos *poltergeist* — costumavam inventar histórias de maneira compulsiva para transmitir secretamente verdades sobre a própria vida.

"Existe uma visão bastante difundida", escreveu Deutsch, "de que os mentirosos que criam fantasias contam suas histórias para despertar admiração, inveja e outros sentimentos similares em seus ouvintes." Contudo, ela constatou que um mitomaníaco "simplesmente obedece a uma ânsia interior de se comunicar, sem realmente se importar com a reação". Uma resposta vantajosa era apenas um efeito colateral bem-vindo. Nas palavras de Deutsch: "Nesse sentido, o mentiroso fantasista assemelha-se a um escritor verdadeiramente criativo, que produz sem levar em conta a recepção de sua obra, e não ao artista inferior, que adapta sua obra ao gosto do público." Os mitomaníacos, assim como os romancistas, são movidos por um impulso de escapar de si mesmos — ou descobrir a si mesmos — por meio de histórias inventadas.

Em 2015, a psicanalista francesa Michèle Bertrand conheceu um paciente chamado Alex, um rapaz alto e de postura encurvada que se apresentou dizendo: "Senhora, eu sou um mentiroso!" Desde os tempos de escola, contou ele, disfarçava a dislexia ao fingir ser uma pessoa extremamente culta e letrada, quando na verdade mal sabia ler ou escrever. Deixava empregos e abandonava relacionamentos românticos assim que sentia correr o risco de ser descoberto. Alex era atormentado pela ansiedade e pela culpa, mas continuava inventando histórias. Bertrand escreveu que "o mitomaníaco é aquele que não foi capaz de construir uma imagem consistente de si mesmo. Ele não sabe quem é [...] Ele não inventa histórias para esconder o que é, mas [...] para adquirir um conteúdo, uma densidade de ser, uma consistência. O que torna a situação do mitomaníaco inextricável é que, sem essa pretensão de ser o que escolheu ser, aos próprios olhos ele não é nada na vida".

Em *A vida em análise* (2013), o psicanalista Stephen Grosz descreve um produtor de TV, "Philip", que foi encaminhado a ele por conta das mentiras patológicas que contava. Uma das primeiras mentiras de Philip — aos onze ou doze anos — foi dizer ao diretor da escola que havia sido recrutado pelo MI5 para ser treinado como agente. Mais recentemente, Philip dissera à esposa que tinha câncer de pulmão; fingira para a filha que falava francês; para o sogro, inventou que certa vez havia sido selecionado como atleta reserva da seleção britânica masculina de tiro com arco. Não demorou muito para começar a inventar histórias para o próprio psicanalista, tentando justificar os motivos de não pagar pelas sessões de tratamento. Grosz ficou perplexo com as invenções descaradas, inúteis e muitas vezes ridículas de seu paciente, até que Philip lhe narrou uma lembrança de infância. A partir dos três anos de idade, muitas vezes acordava e descobria que tinha feito xixi na cama durante a noite. Pela manhã, quando se vestia, enfiava o pijama úmido sob a roupa de cama e, à noite, na hora de dormir, encontrava-o lavado e bem dobrado debaixo do travesseiro: no decorrer do dia, a mãe o tirava e lavava discretamente. Ela nunca mencionou o problema nem repreendeu o menino, tampouco contou ao pai a respeito. Esse ritual silencioso continuou até Philip completar onze anos, quando a mãe morreu.

Embora Philip tenha posteriormente superado a enurese noturna, Grosz supôs que a mentira patológica havia tomado seu lugar. "Ele contava mentiras que causavam uma confusão", escreve Grosz, "e depois esperava que o ouvinte não dissesse nada, tornando-se, como a mãe, um parceiro em um mundo secreto." O propósito do hábito de mentir não era enganar, mas criar um laço de cumplicidade. Era "sua maneira de manter a proximidade que ele conhecera, sua maneira de estar conectado à mãe".

Vez ou outra, o próprio diagnóstico de mitomania pode ser usado para negar a realidade. Na primeira monografia sobre mentira patológica, publicada em 1915, os psicólogos infantis William e Mary Tenney Healy descreveram alguns dos mentirosos compulsivos que haviam tratado em Chicago. Uma das pacientes era "Bessie M", de nove anos, que contou a uma mulher que cuidava dela que havia sofrido abusos sexuais cometidos por vários homens, entre os quais o pai e o irmão. Sua tutora, a "sra. S", informou a polícia, que acusou o pai e o irmão de Bessie de incesto. Quando prestou depoimento no tribunal, Bessie forneceu descrições detalhadas e horripilantes dos abusos, mas o juiz considerou que as histórias "cheiravam a inverdade" e descobriu que o "comportamento" do irmão da menina, em especial, estava "totalmente fora de sintonia com as graves acusações que pesavam contra ele".

Especialistas em delinquência juvenil, os Healy submeteram Bessie a uma avaliação a pedido do tribunal. Souberam que a família da menina se mudara da Irlanda para Chicago quando a garota tinha cinco anos, e que a mãe e vários irmãos morreram ainda na Europa. Ao longo dos quatro anos seguintes, a menina morou em muitas casas e, por seis meses, dividiu a cama com o pai e o irmão. Bessie alegou que esteve envolvida em atividades sexuais com diferentes homens em quase todos os lugares nos quais se instalou. Os psicólogos ficaram espantados com a extensão do conhecimento sexual da criança, mas notaram que a sra. S., a atual guardiã de Bessie, havia fomentado nela "um amor pelo drama", ao levá-la a teatros e a cinemas e incentivá-la a ler em voz alta. Um médico que examinou Bessie descobriu que seu hímen estava intacto, e os Healy concluíram que a garota devia estar mentindo sobre as agressões sexuais mais sérias cometidas contra ela e relataram ao tribunal suas descobertas.

A sra. S e outras mulheres presentes na plateia ficaram indignadas quando o juiz anulou o caso contra o pai e o irmão de Bessie. "A primeira história da menina", observaram os Healy, "foi tão bem contada que muitos ficaram irrevogavelmente convencidos da total culpabilidade do pai."

Os Healy recorreram ao conceito de mentira patológica para explicar por que a menina contaria uma mentira com a qual tinha tão pouco a ganhar. Contudo, depois desse caso já ficou estabelecido que a condição do hímen não indica se uma mulher ou menina foi vítima de agressão sexual. Um estudo sobre casos de estupro de crianças em 2010 constatou que apenas 2% das vítimas sofreram "lesões visíveis". "Um exame do hímen", de acordo com um artigo de vários especialistas internacionais em violência sexual publicado em 2019, "não é um teste preciso ou confiável de um histórico de atividade sexual, incluindo agressão sexual." Talvez a história de Bessie tenha sido convincente para a sra. S e as outras mulheres que a conheciam não porque a menina fosse uma mitômana, mas porque estava dizendo a verdade.

☞ *Veja também: erotomania, megalomania, plutomania*

MONOFOBIA

A monofobia,* ou o medo de estar sozinho, foi identificada como uma fobia específica em 1880 por George Miller Beard. Em 1897, Granville Stanley Hall diagnosticou a doença em uma

---

* Também chamada de autofobia, eremofobia ou isolofobia. (N. T.)

mulher que detestava ficar sozinha em casa, em uma fazenda. Ela relatou que tudo parecia sombrio e horrível, com o silêncio da casa sendo rompido apenas pelo tique-taque alto de um relógio. "Parecia que todo mundo estava morto", disse ela. "Eu cantava e fazia as coisas mais inusitadas, vigiava o relógio, ficava de olho na chegada da noite, temia todo tipo de acidente absurdo, e procurava companhia nos animais do celeiro e até nas flores do jardim."

☞ *Veja também: lipemania, nictofobia, sedatofobia*

MONOMANIA

Edgar Allan Poe foi o primeiro a usar o termo monomania na ficção: o narrador de seu conto "Berenice" (1835) sente uma monomania tão furiosa pelos dentes da noiva que os arranca da boca de Berenice enquanto enterra o corpo da moça vivo. A mania, diz ele, tomou conta do personagem com uma fúria selvagem: "Lutei em vão contra sua estranha e irresistível influência. Os múltiplos objetos do mundo exterior não me despertavam outro pensamento que não fosse o daqueles dentes. Eu os queria com um frenético desejo."

O psiquiatra Jean-Étienne Esquirol inventou a palavra *monomanie* por volta de 1810 para descrever indivíduos possuídos por uma única compulsão delirante (em latim, *mónos* significa "um", "único", "singular"). Esquirol explicou que os monomaníacos eram, sob todos os outros aspectos, seres racionais, cuja insanidade parcial e evasiva talvez fosse visível apenas para o olhar de um *expert*. Nos tribunais, o diagnóstico de monomania tornou-se uma estratégia de defesa para todos os tipos de criminosos. Uma charge de Honoré Daumier na revista *Le Charivari* em 1846 mostra um prisioneiro caído contra a parede de sua cela, o advogado dele ao lado.

— O que realmente me incomoda — afirma o desanimado detento — é que fui acusado de doze roubos.
— Doze — pondera o advogado. — Melhor ainda. Alegarei monomania...

Lá para a metade do século, o termo de Esquirol passou a ser ridicularizado na imprensa como uma desculpa para incêndio criminoso, assassinato, roubo, adultério e embriaguez. No entanto, a ideia se consolidara no imaginário popular e era invocada com frequência em romances, como mostra Lindsey Stewart em seu estudo sobre a ideia. Em *O morro dos ventos uivantes* (1847), de Emily Brontë, Heathcliff é acusado de um amor monomaníaco por Cathy. Em *Moby Dick* (1851), de Herman Melville, o capitão Ahab tem um desejo monomaníaco de se vingar de uma baleia. Em *He Knew He Was Right* [Ele sabia que estava certo] (1869), de Anthony Trollope, Trevelyan desenvolve um ciúme monomaníaco da amizade da esposa com outro homem.

Suspeitar de monomania tornou-se uma horrível forma de dúvida. Em *Lady Audley's Secret* [O segredo de Lady Audley] (1862), Mary Elizabeth Braddon retrata um homem obcecado em provar que a jovem esposa de seu tio havia cometido um assassinato. "Trata-se de uma admoestação ou uma monomania?", pergunta-se ele. "E se eu estiver errado, afinal? E se essa cadeia de evidências que construí, elo por elo, tiver sido fabricada por minha própria loucura? [...] Oh, meu Deus, e se for em mim mesmo que a desgraça vem residindo todo esse tempo?" O retrato de Braddon se baseou nas experiências do detetive da vida real Jack Whicher, oficial da Scotland Yard que tentou resolver o assassinato de um menino de três anos na Road Hill House, em Wiltshire, em 1860. A obsessão de Whicher com o caso lhe causou um colapso, e ele se aposentou cedo da polícia, em 1864, com o diagnóstico de "congestão cerebral".

A monomania tornou-se um conceito desacreditado, em parte, devido à dificuldade de distinguir a obsessão normal da patológica, e em parte porque os transtornos mentais raramente se manifestam por meio de sintomas isolados. Algumas monomanias específicas, entretanto, ainda são diagnosticadas, entre elas a cleptomania e a piromania, geralmente classificadas como transtornos obsessivo-compulsivos ou de controle de impulsos.

É possível que a noção de monomania fosse tão sedutora assim porque conferia um toque moderno e médico à clássica ideia literária de que uma pessoa pode perder o rumo devido a uma trágica falha. Stewart credita à palavra de Esquirol a popularização da própria psicologia. "Outrora domínio exclusivo do padre ou do médico", escreve Stewart, "a saúde da psique tornou-se um tema de discussão para todos e, por trás de uma cultura em proliferação, em seu apogeu o diagnóstico de monomania viabilizou uma nova geração de pessoas sem formação, mas que se dizem capazes de identificar um diagnóstico." Com a ideia da monomania, Esquirol abriu a possibilidade de que pessoas racionais tivessem traços de loucura. Seu termo poderia ser usado para descrever o amor que consumia, a inveja corrosiva, a compulsão inconsciente, a preocupação patológica — as muitas insanidades dos sãos.

☞ *Veja também: bibliomania, demonomania, dermatilomania, dipsomania, erotomania, monomania homicida, cleptomania, lipemania, ninfomania, oneomania, piromania, tricomania, tricotilomania*

MONOMANIA HOMICIDA

Um monomaníaco homicida, de acordo com a definição de Jean-Étienne Esquirol de 1810, é uma pessoa sã que é tomada por um irresistível impulso de matar. A formulação de Esquirol expandiu as possibilidades da defesa em processos penais com base na insanidade: assassinos aparentemente racionais dali em diante poderiam alegar que haviam sido vítimas de uma compulsão assassina, uma loucura específica e muitas vezes momentânea; portanto, deveriam ser considerados lunáticos inimputáveis, não criminosos. O psiquiatra estadunidense Isaac Ray escreveu, em 1838, que quando uma pessoa está nas garras da monomania homicida, "os poderes de reflexão ficam paralisados e seus movimentos são apenas o resultado de um impulso cego e automático pouco ligado à razão, como ocorre com os movimentos de um recém-nascido". Ray defendia que um indivíduo que apresentasse esse distúrbio não devia ser punido por matar alguém.

Em um caso célebre nos tribunais britânicos, em 1843, o lenhador escocês Daniel M'Naghten foi absolvido de uma acusação de assassinato sob a alegação de que sofria de "monomania homicida" quando atirou no funcionário público Edward Drummond, ao aparentemente confundi-lo com o primeiro-ministro Robert Peel. Em vez de ser condenado à forca, M'Naghten foi internado em uma instituição para lunáticos criminosos. O diagnóstico salvou sua vida, mas também encobriu sua raiva política: em vez de ser lembrado como um violento manifestante que protestava contra o governo aristocrático conservador, M'Naghten entrou para a história como maluco.

De acordo com Esquirol, um monomaníaco homicida muitas vezes parecia voltar à sanidade depois que o assassinato era consumado. "Tão logo o ato é levado a cabo, parece que o ataque acabou; e alguns monomaníacos homicidas parecem aliviados de um estado de agitação e angústia que, antes, lhes era extremamente doloroso. Eles se mostram serenos, livres de pesar, remorso ou medo. Contemplam a vítima com indiferença; e alguns até mesmo sentem e manifestam uma espécie de satisfação." O ato de matar aparentemente expurgava a loucura.

Michel Foucault apontou, em 1978, que o conceito de monomania homicida de Esquirol "transformou um criminoso em um louco cuja única doença era cometer crimes". A psiquiatria do século XIX havia "inventado uma entidade inteiramente fictícia", argumentou ele, "um crime que é insanidade, um crime que não passa de insanidade, uma insanidade que não passa de crime".

Embora o diagnóstico tenha caído em desuso nos círculos psiquiátricos na década de 1860, continuou a ser invocado nos tribunais. Entre 1857 e 1913, o argumento da monomania homicida foi apresentado pela defesa em 43 julgamentos de assassinato no Tribunal Criminal Central de Londres. No julgamento de Robert Coombes, um rapaz de treze anos que matou a mãe a facadas na zona leste da cidade em 1895, a promotoria ridicularizou a alegação da defesa de que o menino sofria de monomania homicida: o adolescente havia comprado e escondido uma faca para assassinar a mãe, os advogados da Coroa fizeram questão de lembrar ao júri. Os jurados, porém, optaram por aceitar o diagnóstico — e consideraram Coombes culpado, porém insano.

Coombes foi internado no manicômio Broadmoor para lunáticos criminosos, onde foi mantido ao lado de outros condenados que júris misericordiosos pouparam da pena de morte. A maioria das ocupantes da ala feminina (e vários das dependências masculinas) foi diagnosticada com monomania homicida depois de matar os próprios filhos, aparentemente em acessos de pânico ou desespero. Robert Coombes recebeu alta em 1912, aos trinta anos. Três anos depois, recebeu a Medalha Militar pela calma e pela coragem que demonstrou atuando como maqueiro em Galípoli; e, vinte anos depois, enquanto trabalhava como agricultor no interior da Austrália, resgatou um menino de onze anos de um pai violento numa propriedade vizinha. No caso dele, a compulsão por matar, se é que existiu, não voltou.

☞ *Veja também: cleptomania, monomania, piromania*

MUSOFOBIA

O horror a ratos e camundongos, chamado de musofobia[*] em referência à palavra grega *mûs*, para "rato", talvez derive de nossa cautela inata em relação a criaturas que contaminam alimentos e transmitem doenças. Muitas vezes é uma fobia desencadeada por um choque precoce — a visão de um corpo pequeno e peludo correndo pelo chão — e reforçada por atitudes culturais. Na lenda medieval do Flautista de Hamelin, os ratos são agentes da morte. Nos desenhos animados, o aparecimento de ratos leva as pessoas a dar pulos e gritos de susto e pavor. Sigmund Freud, em um caso famoso de 1909, analisou um jovem advogado que desenvolveu a fobia depois de ouvir falar de uma "horrível tortura chinesa" na qual um rato era amarrado às nádegas de um homem para, com seus dentes e garras, abrir caminho ânus adentro.

George Orwell foi aterrorizado por ratos enquanto lutava na Guerra Civil Espanhola. Em um celeiro em que dormia em 1937, escreveu ele em *Homenagem à Catalunha* (1938): "Os animais imundos saíam de todos os lados, fervilhando do chão." Um dia, Orwell ficou tão assustado ao ver um rato ao seu lado em uma trincheira que sacou o revólver e atirou na criatura. Ao ouvir o estrondo na vala, tanto os soldados republicanos quanto os nacionalistas pensaram que o outro lado havia atacado e imediatamente começaram a retaliação. A batalha que se seguiu destruiu a cozinha de sua tropa e dois ônibus utilizados com a finalidade de transportar tropas para o front.

Uma variação do método de tortura chinês do rato aparece em *1984*, romance de Orwell publicado em 1949. Mesmo depois de ser espancado e receber choques elétricos, o herói da história, Winston Smith, se recusa

---

[*] A aversão a ratos e camundongos também é chamada de murofobia, murifobia ou surifobia. (N. T.)

a ser desleal com a namorada, Julia, mas seus carcereiros sabem como quebrá-lo. "Já viu um rato saltar no ar?", pergunta seu algoz, brandindo uma gaiola com duas criaturas. "Eles vão pular no seu rosto e imediatamente começar a devorá-lo. Às vezes atacam primeiro os olhos. Às vezes perfuram as bochechas e devoram a língua." Ao sentir "o odor pútrido e bolorento dos ratos" e o metal da gaiola a poucos palmos do rosto, Winston por fim sucumbe ao pânico e entrega a amada: "Ponha a Julia no meu lugar! Faça isso com a Julia! Não comigo! Com a Julia! Não me importa o que aconteça com ela. Deixe que esses ratos estraçalhem o rosto dela, que a roam até os ossos. Eu, não! Julia! Eu, não!"

☛ *Veja também: dorafobia, zoofobia*

NICTOFOBIA

A nictofobia,* do grego *nyx, nyktós* ("noite"), é um medo incapacitante da escuridão. Freud descreveu-o como o primeiro medo que vivenciamos, juntamente com o medo da solidão. Ele afirmou que, certa vez, ouviu uma criança que tinha medo do escuro chamar de um quarto contíguo:

---

* O medo mórbido da noite e da escuridão também é conhecido como acluofobia, escotofobia, ligofobia, mictofobia e noctifobia. (N. T.)

— Titia, fale comigo, estou com medo.

— Mas de que adianta isso? Você não pode me ver! — argumentou a mulher.

— Quando alguém fala, fica mais claro — respondeu a criança.

O medo que a criança tinha do escuro era um terror de ficar sozinha, supôs Freud: "O anseio sentido na escuridão é convertido em medo da escuridão."

Não nascemos com medo do escuro — afinal, no momento do nascimento já passamos vários meses boiando de olhos fechados no útero —, mas a maioria de nós passa a temer a escuridão aos quatro anos. Em um estudo com alunos de escolas de ensino fundamental holandesas em 2001, 73% relataram medos noturnos, incluindo 85% das crianças de sete a nove anos. Os pais dos alunos dessas escolas subestimaram drasticamente a extensão do medo dos filhos — quando entrevistados, apenas 34% achavam que a noite assombrava as crianças.

Muitas vezes, o medo do escuro se expressa de maneira indireta: a criança pode parecer resistente na hora de ir para a cama, ou relutar em ser deixada sozinha no quarto na hora de dormir; como sinais de ansiedade, pode ser que apenas fale sobre ladrões, fantasmas ou monstros, que chore à noite ou se enfie em silêncio debaixo do edredom de outra pessoa. Entre os adultos, a fobia pode ser mais difundida do que pensamos, sendo às vezes interpretada como insônia ou ansiedade geral. Em uma pesquisa feita com adultos britânicos em 2012, 40% dos entrevistados declararam ter medo de andar pela casa no escuro e 10% afirmaram que não saíam da cama à noite nem mesmo para usar o banheiro. A rainha Elizabeth I tinha tanto medo do escuro que uma dama de companhia dividia a cama real com ela todas as noites.

Temer o escuro é natural e sensato. Como nossa visão noturna é ruim, no escuro somos mais vulneráveis a ataques, menos competentes, mais lentos. Se acordamos durante a noite, nossos olhos se esforçam para se ajustar à falta de luz, e vemos figuras sombrias tomarem forma, como se a escuridão estivesse se materializando. "As crianças forçam os olhos para enxergar no crepúsculo e até no breu", escreveu Granville Stanley Hall em 1897, "até que talvez a escuridão seja reificada, como se pudesse ser apalpada ou cortada." Pode ser que tenhamos medo de "a grande escuridão" nos engolir feito um monstro, escreveu ele, ao passo que a "pequena escuridão" dentro de casa é "próxima e sufocante". O psicanalista Georges Devereux argumentou em 1949 que a perda da visão à noite priva o ego de seu aliado mais importante: a realidade física. Para Devereux, "o medo da escuridão é, até certo ponto, uma expressão sintomática do medo de o eu ser dominado por forças instintivas". Quando nos tiram nossa visão, o vazio pode ser preenchido por medos e desejos irracionais.

Benjamin Rush tinha um remédio simples para a nictofobia. "O medo que a escuridão desperta pode ser facilmente superado", escreveu ele em 1786, "por um modo adequado de educação no início da vida. Consiste em obrigar as crianças a ir para a cama sem uma vela e não permitir que tenham companhia — deixar que adormeçam sozinhas." Hoje em dia, os psicólogos são mais propensos a recomendar que confortemos as crianças assustadas lendo para elas histórias nas quais os personagens superam o medo de escuro, ou apresentando-lhes jogos e brincadeiras que ajudem a diminuir a ansiedade (sombras de animais nas paredes, caças ao tesouro com os olhos vendados etc.). As crianças podem aprender a se acalmar por meio dos rituais da hora de dormir, ao imaginar que seus heróis as estão guiando: "O Inspetor Bugiganga te agradece pela ajuda em sua missão e te dá uma medalha. Em seguida ele te leva de volta para dentro, tira seu uniforme especial de agente disfarçado e coloca você na cama. Aí você pega no sono..."

Em 1980, o psicólogo israelense David A. Kipper descreveu os casos de dois pacientes nictofóbicos que ele havia tratado com terapia de dessensibilização. Um deles era um homem de

21 anos que sofria de pesadelos horríveis, tendo passado por uma experiência traumática enquanto servia no Exército israelense. A outra era uma menina de treze anos que tinha sofrido de nictofobia por cinco deles, mas cuja única lembrança assustadora era, aos doze anos, ter ouvido um assalto no apartamento ao lado do seu. Nenhum dos dois pacientes era capaz de ficar em um cômodo escuro nem saía de casa após o pôr do sol. O homem dormia apenas durante o dia, ao passo que a menina insistia em deixar a luz acesa e ter companhia à noite.

Kipper levou o ex-soldado para uma rua escura, incentivou-o a relaxar, caminhou ao lado dele e depois se afastou cerca de dez metros antes de permitir que se juntassem de novo. O psicólogo foi se afastando cada vez um pouco mais, antes de convidar o homem a segui-lo. Assim que o paciente se acostumou a estar a centenas de metros de distância, o psicólogo se escondeu em um local previamente combinado, fora de vista, até o paciente encontrá-lo. Eles repetiram o processo por várias semanas até o ex-soldado conseguir andar sozinho no escuro. Kipper descobriu que a mesma rotina curaria a menina de treze anos de seu medo, embora ela precisasse de um tratamento adicional para se sentir segura no próprio quarto: a princípio, ela podia manter a porta entreaberta, deixar entrar a luz, e foi instruída a fechá-la um pouco mais a cada noite.

Há muito a escuridão vem sendo usada como recurso para ocultar atividades ilícitas — criminalidade, sedição, transgressão sexual — e uma metáfora para a ignorância e o pecado. Em *Rethinking Darkness* [Repensando a escuridão] (2020), Tim Edensor descreve como os cientistas e filósofos do Iluminismo falavam em extirpar a escuridão da irracionalidade, ao passo que colonos e missionários se esforçavam para civilizar o "continente escuro", a África. Nos escritos cristãos, a luz é um símbolo de salvação. São Paulo diz aos efésios: "Outrora vocês eram trevas, mas agora são luz no Senhor. Vivam como filhos da luz." O psicólogo behaviorista John B. Watson disse que, na infância, sua babá incutiu nele o medo da noite, ao alertá-lo de que o diabo estava à espreita no escuro, esperando para levá-lo ao inferno.

Edensor sugere que talvez seja hora de reabilitar a escuridão. Em um mundo radiante de eletricidade, a noite pode ser um refúgio. Cavernas sombrias e quartos escuros oferecem privacidade, intimidade, uma fuga da vigilância. Em seu ensaio sobre o medo, Granville Stanley Hall louvou o poder criativo da escuridão: "Não sabemos o que seria da imaginação se não fosse a escuridão, sua grande escola, ou se o olho, assim como o ouvido, não pudesse ser fechado; ou se as imagens dos olhos, como os ruídos, não tivessem noite." O ensaísta John Tallmadge, especializado em questões relacionadas à natureza, observa que no escuro não apenas imaginamos, como também sentimos, ouvimos, saboreamos e cheiramos mais intensamente. O corpo "relaxa, se abre, respira, estende sua atenção para o mundo exterior tal qual uma planta abre caminho apalpando com suas raízes o solo ou toca o ar com as folhas". Devemos apreciar a escuridão.

☞ Veja também: *hipnofobia, monofobia, talassofobia, xilofobia*

NINFOMANIA

Via de regra, diz-se que a palavra ninfomania, que define um apetite sexual insaciável em mulheres, tem origem no vocábulo grego *nymphē*, "moça", "noiva". O conceito foi adotado na Grã-Bretanha e nos Estados Unidos por volta de 1775, após a tradução para o inglês de *Nymphomanie*, de Jean Baptiste Louis de Thesacq de Bienville. Nos séculos anteriores, segundo a historiadora estadunidense Carol Groneman, muitas vezes as mulheres foram consideradas tão luxuriosas quanto os homens, e pensava-se que sua fertilidade dependia em parte do prazer sexual. Contudo, em uma sociedade cada vez mais industrial, as mulheres passaram a ser definidas por seus papéis como esposas e mães e eram incentivadas a adotar a feminilidade abnegada e moralmente puritana do cristianismo evangélico. Qualquer sinal de lascívia ou de intenção sexual em uma mulher poderia ser classificado como excessivo: não apenas o desejo de se masturbar ou fazer sexo fora do casamento, como também o desejo de fazer mais sexo (ou sexo mais prazeroso) com o marido.

Em 1856, a "sra. B", de 24 anos, esposa de um comerciante de vinhos de Boston, disse ao ginecologista Horatio Storer que vinha tendo sonhos eróticos com todos os homens com quem conversava. Ela estava casada havia sete anos, e toda noite mantinha relações sexuais com o marido — que era muito mais velho —, mas ultimamente vinham se apresentando certas dificuldades: "Ele relata maus bocados na relação sexual com a esposa", escreveu o médico, "embora ela indique um fracasso crescente da parte do marido quanto às ereções." O dr. Storer diagnosticou ninfomania e recomendou que a sra. B se abstivesse de sexo por algum tempo, evitasse conhaque e todos os outros estimulantes, deixasse de lado a escrita (ela estava trabalhando em um romance) e limpasse a vagina com uma solução de bórax (borato de sódio hidratado). A menos que refreasse suas fantasias, ele a alertou, ela poderia acabar em um manicômio.

Os médicos concordavam que a ninfomania era uma doença orgânica, embora não tivessem certeza se emanava dos genitais ou do cérebro. Talvez as duas coisas estivessem ligadas, especulavam: uma irritação nos órgãos reprodutivos de uma mulher poderia percorrer toda a coluna vertebral para endoidecer o cérebro e vice-versa. Quando se deparavam com mulheres sexualmente inquietas, em geral os médicos prescreviam sedativos, banhos frios ou sangrias (aplicação de sanguessugas no períneo, por exemplo). No fim do século, alguns realizaram cirurgias, como ooforectomias (remoção de um ou dos dois ovários) ou excisões do clitóris ou dos lábios.

De acordo com a historiadora Sarah W. Rodriguez, alguns médicos eram cautelosos com relação a essas intervenções. No Brooklyn, em 1896, o dr. John Polak examinou "Lizzie B", uma jovem de 29 anos pálida e macilenta que fora levada ao consultório pelo pai. O sr. B disse que já havia uma década que Lizzie vivia rabugenta e retraída e se masturbava em casa por horas a fio, tanto sozinha quanto na frente de outras pessoas. Ele pediu ao médico que removesse o clitóris da filha e garantiu que estava preparado para assumir total responsabilidade pelas consequências; Polak concordou, com relutância. Três meses depois, o médico ficou aliviado ao relatar no boletim *Medical News* que Lizzie "não demonstrava nenhum desejo de retornar aos hábitos anteriores; parece mais feliz, e sua condição mental está melhor". O médico não especificou a fonte dessa informação. Talvez fosse novamente o sr. B, cujas reivindicações de posse sobre o corpo da filha pareciam absolutas.

Nas décadas de 1920 e 1930, a ninfomania era tratada como um distúrbio puramente psicológico, um desejo excessivo por sexo que indicava uma psique deteriorada. Após a Segunda Guerra Mundial, muitos questionaram a própria existência desse distúrbio. No livro *Sexual Behavior of Human Female* [O comportamento sexual da mulher] (1953), Alfred Kinsey argumentou que era normal mulheres se masturbarem e fantasiarem sobre sexo. Uma década depois, Albert Ellis e Edward Sagarin observaram: "O que muitas vezes se chama de ninfomania é em geral promiscuidade, relativamente bem controlada, provavelmente bastante seletiva e de uma natureza que até certo ponto seria considerada normal se observada em quase qualquer homem de nossa sociedade." O surgimento e a comercialização da pílula anticoncepcional, em 1960, tornou fazer sexo fora do casamento menos arriscado para as mulheres, e, na década de 1970, "ninfas felizes" apareceram em revistas femininas como *Cosmopolitan* e em filmes pornográficos como *Garganta Profunda*.

A ninfomania estava começando a parecer um conceito dúbio, criado para fazer com que o desejo feminino parecesse uma insanidade ou uma ânsia ridícula. "Muitíssimas vezes", apontou na década de 1970 a terapeuta sexual estadunidense Ruth Westheimer, "um homem chama uma mulher assim por ela gostar muito mais de sexo do que ele."

Na condição de termos médicos, a ninfomania e seu equivalente masculino raramente diagnosticado, a satiríase,* foram substituídos por "vício em sexo", "transtorno do comportamento sexual compulsivo" e "hipersexualidade".** Ainda há dificuldade sobre como quantificar o apetite erótico excessivo. Uma medida é a percepção das pessoas de que seu comportamento é prejudicial para elas mesmas ou para os outros. Em um estudo realizado na Nova Zelândia em 2005 com a participação de 940 pessoas, todas com 32 anos de idade, 13% dos homens e 7% das mulheres relataram envolvimento em atividades sexuais "fora de controle" no ano anterior, embora apenas 3,9% dos homens e 1,7% das mulheres na amostra acreditassem que esses comportamentos tivessem interferido na vida de cada um deles.

Um estudo italiano no *Journal of Affective Disorders* em 2021 encontrou uma ligação estatisticamente significativa entre experiências traumáticas e hipersexualidade. Os autores defenderam que o comportamento sexual compulsivo era uma estratégia disfuncional para lidar com o sofrimento psicológico, mediado por depressão e culpa, e confirmaram que o problema era muito mais comum entre homens do que em mulheres. O psicólogo clínico estadunidense Richard B. Gartner descreve a maneira como esse mecanismo poderia funcionar em um

---

* O desejo sexual excessivamente forte nos homens recebe também o nome de satirismo ou satiromania; o desejo sexual exacerbado por mulheres é chamado de ginecomania. (N. T.)

** Além dos sinônimos histeromania, metromania e uteromania, o desejo sexual elevado e a atividade sexual excessiva das mulheres já foram chamados também de "furor uterino". (N. T.)

homem que tivesse sido vítima de abuso sexual na infância. "Ele pode se sentir ambivalente em relação ao prazer sexual, já que certa quantidade de prazer físico pode ter acompanhado o abuso traumático [...] Faminto por contato interpessoal, mas com fobia disso, acreditando que a proximidade sexual é sua principal oportunidade de se sentir amado, mas vivenciando o amor como abuso, um homem que é abusado sexualmente e se permite ser sexual muitas vezes resolve seu dilema envolvendo-se em encontros sexuais frequentes, indiscriminados e com certo grau de distanciamento." A descrição poderia ser aplicada inclusive às apáticas e repetitivas interações sexuais de Lizzie B consigo mesma no Brooklyn na década de 1890, compulsões que o pai dela decidiu eliminar por meio de uma cirurgia.

☞ *Veja também: erotomania, monomania*

NOMOFOBIA

O termo nomofobia — contração jocosa da expressão em língua inglesa *no-mobilephone-phobia* (fobia de ficar sem telefone celular) — foi cunhado numa pesquisa dos correios feita com britânicos que tinham celular em 2008. O estudo, realizado quando esses dispositivos já estavam no mercado havia 25 anos, constatou que quase 53% dos participantes sentiam alguma ansiedade quando perdiam o celular, ficavam sem sinal, estavam com pouca bateria ou sem crédito. Outros 9% ficavam ansiosos quando desligavam o aparelho. Segundo a pesquisa, os níveis de ansiedade eram comparáveis aos desencadeados pelo nervosismo no dia do casamento ou de uma ida ao dentista.

A dependência de celulares ou smartphones continuou a aumentar em todo o mundo. Um estudo de 2012 descreveu os aparelhos como "possivelmente a maior dependência do século XXI sem relação com uma droga". Quando utilizados para melhorar o humor de uma pessoa desanimada, os celulares parecem ativar as mesmas vias neurobiológicas de recompensa e reforço do que os jogos de aposta e o álcool. Passar muito tempo grudado na tela de um smartphone pode aumentar a ansiedade e a depressão, causar dores no punho e no pescoço, prejudicar o sono, a concentração e o desempenho nos estudos. Uma série de pesquisas em diversos países entre 2014 e 2018 constatou que, em termos percentuais, o uso excessivo dos celulares era especialmente predominante entre os adolescentes: esse número foi estimado em 10% na Grã-Bretanha, 17% em Taiwan e na Suíça e 31% na Coreia e na Índia. Os nomofóbicos frequentemente eram atingidos pelo *fear of missing out* (algo como "medo de ficar de fora" — FoMo, na sigla em inglês) e pelo *fear of being offline* (algo como "medo de ficar off-line" — FoBO, também na sigla em inglês).

Em 2014, os psiquiatras italianos Nicola Luigi Bragazzi e Giovanni Del Puente enumeraram os sinais da dependência excessiva de celulares. Os nomofóbicos tendem sempre a ter um carregador à mão e a evitar lugares como teatros e aviões, nos quais o uso de celular é proibido. Checam repetidamente seus aparelhos, que mantêm ligados o tempo todo e por perto, até à noite. Muitos preferem se comunicar por telefone a falar pessoalmente. Alguns ouvem toques e sinais sonoros fantasmas e sentem vibrações fantasmas. Alguns se endividam por gastarem muito dinheiro em pacotes de dados ou na compra de smartphones. As capacidades dos celulares estão se desenvolvendo a uma velocidade tão vertiginosa que esses critérios mudam, mas, de maneira geral, Bragazzi e Del Puente afirmam que a nomofobia é o medo patológico de estar tecnologicamente desconectado.

Os pesquisadores explicaram que um celular pode conter diferentes significados emocionais — pode ser usado como uma carapaça ou um escudo protetor, como um amigo imaginário ou como uma forma de evitar a interação social (eles descreveram isso como parte do "paradoxo das novas tecnologias", pelo qual os dispositivos eletrônicos simultaneamente nos conectam e nos isolam). Em 2007, a antropóloga Amber Case argumentou que os celulares nos permitem ocupar um espaço social "intermediário e de permeio", no qual somos capazes de controlar e mediar nossas personas públicas. Ao escrever uma mensagem de texto ou posar para uma selfie, controlamos o que mostramos e dizemos; até mesmo um telefonema contém pistas não verbais, como postura ou expressões faciais. Talvez um nomofóbico só se sinta confortável nesse mundo limitado e, assim, tenha a impressão de estar terrivelmente exposto pelo contato ao vivo com outras pessoas.

Muitos de nós nos sentimos incompletos quando estamos longe de nossos celulares. Em um experimento realizado em uma universidade no Meio-Oeste dos Estados Unidos em 2014, pediu-se a quarenta usuários de iPhone — todos alunos daquela universidade — que se dedicassem por cinco minutos a resolver um jogo de caça-palavras e a ignorar os telefones enquanto cumpriam a tarefa. Alguns participantes foram fisicamente separados de seus aparelhos, que ficaram em um cômodo próximo, ao passo que os aparelhos dos demais foram deixados em cima da mesa enquanto realizavam a tarefa. Cada um dos participantes trabalhou em isolamento na solução do caça-palavras. Após três minutos, um pesquisador ligava para o celular do estudante, utilizando o número fornecido na ficha de inscrição. Todos os participantes ignoraram o toque dos celulares e nenhum deles atendeu, conforme haviam sido instruídos, mas a pressão arterial e a frequência cardíaca dos estudantes separados de seus dispositivos aumentaram de maneira mais significativa do que no caso dos estudantes cujos celulares estavam em cima da mesa. O grupo separado dos telefones também apresentou maior diminuição na capacidade cognitiva enquanto o aparelho tocava — conseguiram encontrar menos palavras no jogo — e relataram maiores taxas de ansiedade e de incômodo. Os pesquisadores formularam a hipótese de que, em seu imaginário, todos os estudantes incorporaram seus iPhones à própria existência, percebendo-os de forma inconsciente como extensões do corpo, e os que não tinham o dispositivo à mão se sentiam — de maneira perturbadora e distrativa — separados de uma parte de si.

Nossa dependência de celulares está se tornando tão grande que é difícil avaliar até que ponto ela se transforma em uma obsessão não natural. Desde que o termo *nomofobia* foi cunhado, aprendemos a usar o celular para fazer compras, jogar, marcar encontros com desconhecidos, nos orientar no deslocamento de um lugar para outro, consultar médicos, obter acesso a clubes, teatros, aviões, trens, assistir a filmes, eventos esportivos e programas de TV, traduzir idiomas, acompanhar as notícias e publicar nossas próprias novidades, medir nossa saúde e níveis de atividade, ler livros, controlar outros dispositivos, comprovar nossa identidade, monitorar nossa casa, acompanhar nossos amigos e familiares de longe, fazer nosso trabalho. O medo de ser separado de nossos dispositivos móveis passou a parecer menos patológico e mais uma preocupação bem sensata.

☞ *Veja também: monofobia, fobia social, silogomania, telefonofobia*

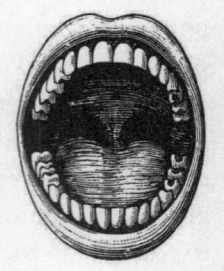

ODONTOFOBIA

Cerca de 15% das pessoas são avessas a tratamento odontológico e 5% evitam completamente as consultas ao dentista. Isso pode resultar em graves danos aos dentes e às gengivas e, às vezes, à saúde geral. Em 1897, Granville Stanley Hall cunhou o termo odontofobia,* da palavra grega *odoús*, "dente".

A maioria dos odontofóbicos tem lembranças de incidentes dolorosos ou assustadores na cadeira do dentista. As experiências por que passaram podem tê-los deixado aterrorizados com a picada de uma agulha ou o zumbido de uma broca. Talvez sintam medo de engasgar, de ficar sem ar ou de desmaiar, ou talvez seja apenas a sensação de impotência por abrir a boca para deixar um estranho explorar lá dentro. Durante um exame odontológico, não podemos falar ou engolir com facilidade. Nossos lábios e língua estão contidos. O dentista trabalha ali, fora de nossa vista, munido de ferramentas afiadas e barulhentas, triturando, raspando e lascando.

Em sua análise das origens evolutivas da ansiedade, Isaac Marks e Randolph Nesse explicam que o pavor de dentistas se alimenta de um impulso ancestral de autopreservação. Assim como podemos rapidamente nos tornar fóbicos com relação a novas doenças porque estamos programados para evitar infecções, podemos aprender rapidamente a temer os dentistas porque o instinto de evitar ferimentos está entranhado em nós. "Cabeça e coração se unem com mais facilidade quando novas ameaças estão relacionadas a perigos anteriores", afirmam Marks e Nesse. "Quando isso acontece, o medo dessas ameaças pode se desenvolver com facilidade, mas muitas vezes de forma não modulada."

Para aliviar a ansiedade de um odontofóbico, os dentistas podem explicar e demonstrar o que vão fazer (a estratégia "dizer-mostrar-fazer"), o que os pacientes podem sentir ("informações de sensações") e como estão dispostos a interromper de imediato o procedimento (com um sinal combinado de antemão). Para lidar com o medo condicionado de agulhas ou brocas, um

---

* O medo de dentistas também é chamado de dentofobia. (N. T.)

dentista pode recomendar um curso de terapia de exposição, sugerir que os pacientes aprendam técnicas de relaxamento ou de distração, ou até mesmo que reduzam a ansiedade com benzodiazepínicos ou óxido nitroso (a primeira pessoa a usar esse gás para tratar um paciente foi o dentista estadunidense Horace Wells, em 1844). Contudo, se o indivíduo evitou o dentista por anos a fio, os reparos necessários podem ser tão extensos que agravarão a fobia. Neste caso, o odontofóbico pode optar por ficar desacordado com sedação intravenosa ou anestesia geral enquanto o dentista realiza os intrincados procedimentos na boca.

☛ Veja também: *fobias de sangue-injeção-ferimentos, pnigofobia*

OFIDIOFOBIA

As cobras sempre inspiraram admiração e terror. Aparecem como deuses e monstros nos mitos da Grécia e da Roma antigas, da Índia, da China, do México e do Egito. Na Bíblia, a serpente no Jardim do Éden traz conhecimento, vergonha e ruína para a humanidade. Hoje em dia, cerca de metade das pessoas sente ansiedade em relação a cobras e cerca de 6% sofrem de um medo excessivo dos ofídios. Em 1914, Granville Stanley Hall descreveu esse problema — a fobia específica mais comum no mundo — como ofidiofobia,* do grego *óphis*, "serpente". Os ofidiofóbicos temem o rastejar e o silvo das serpentes, sua língua trêmula, seu comprimento escamoso e desprovido de membros e seu olhar fixo. Odeiam a velocidade com que elas deslizam pelo chão e dão botes.

---

* O medo de cobras, também conhecido como ofiofobia, muitas vezes é definido por um termo mais geral: herpetofobia, o medo de répteis ou animais rastejantes. (N. T.)

Uma vez que seiscentas das 3.500 espécies conhecidas de cobra são venenosas, e atualmente cem mil pessoas morrem todo ano em decorrência das picadas dessas criaturas, parece lógico que tenhamos medo delas. Charles Darwin acreditava que tal reação fosse instintiva e inconsciente, teoria que ele testou em uma visita ao zoológico de Londres relatada em 1872: "Aproximei o rosto do vidro grosso de um viveiro de víboras no zoológico, com a firme determinação de não me afastar caso a cobra atacasse. No entanto, tão logo ela se precipitou sobre mim, minha resolução de nada me valeu e eu pulei um ou dois metros para trás com uma rapidez impressionante. Minha vontade e razão foram inúteis diante da hipótese de um perigo que nunca havia sido experimentado."

Darwin tentou colocar uma cobra de pelúcia na área dos primatas no zoológico a fim de atestar se os chimpanzés recuariam aterrorizados, como ele havia feito. "A agitação causada foi um dos espetáculos mais curiosos que já presenciei", escreveu ele. Os macacos "iam de um lado para outro em suas jaulas e emitiam gritos agudos de perigo". Depois ele lhes apresentou um rato, uma tartaruga e um peixe morto, mas a estes os macacos mal reagiram. Darwin especulou que humanos e chimpanzés desenvolveram um sistema de classificação integrado que provocava uma reação de medo a certas criaturas. Isso explicaria por que os primatas de áreas onde não havia cobras venenosas — lêmures em Madagascar, por exemplo — não demonstravam medo delas.

Em experimentos realizados no Centro de Pesquisas sobre Primatas de Wisconsin nas décadas de 1980 e 1990, a psicóloga Susan Mineka descobriu que macacos jovens criados em laboratório não demonstravam horror a cobras, mas rapidamente aprendiam a ter medo quando assistiam a uma filmagem em que outros macacos reagiam com pavor a elas. Numa montagem do vídeo que mostrava macacos aparentemente alarmados com flores ou coelhos, os macacos de laboratório demoravam muito a adotar essas ansiedades: pareciam ter pelo menos uma predisposição a aprender e reter o medo de cobras. Outros experimentos mostraram que também eram capazes de identificar cobras na grama com muito mais rapidez do que conseguiam identificar sapos, flores ou lagartas.

Na década de 1990, em um laboratório na Suécia, Arne Öhman mostrou fotos de cobras a um grupo de seres humanos, exibindo-as pelo tempo de um piscar de olhos — trinta milissegundos — e imediatamente as substituindo por outras imagens para impedir o córtex pré-frontal, que em geral medeia estímulos visuais, de processar as imagens das serpentes. Apesar desse "mascaramento", os indivíduos com ofidiofobia reagiram fisicamente às imagens: ficaram com a palma das mãos suada, por exemplo, o que confirmava que o medo era mais ou menos independente da cognição consciente. Öhman atribuiu a resposta a um circuito de sobrevivência independente na amígdala cerebelar, parte do cérebro que antecede a evolução do córtex pré-frontal. Em um artigo conjunto de 2003, ele e Mineka demonstraram que humanos e macacos foram programados para detectar e reagir rapidamente a certas ameaças.

Em *The Fruit, the Tree and the Serpent* [O fruto, a árvore e a serpente] (2011), a antropóloga e behaviorista animal estadunidense Lynne Isbell argumenta que a ameaça representada pelas cobras moldou a evolução do cérebro humano. De acordo com ela, quando as serpentes venenosas surgiram na Ásia e na África, tornaram-se os principais predadores de nossos ancestrais, que eram criaturas pequenas, noturnas, parecidas com toupeiras, guiadas principalmente pelo cheiro. Os primatas que sobreviveram ao advento das cobras foram os que desenvolveram melhor visão, aptidão para ter hábitos diurnos e integração do sistema visual e dos sensores de medo. O córtex desses animais se desenvolveu muito mais do que no cérebro das outras criaturas, e eles demonstravam capacidades aprimoradas para identificar e decodificar pistas visuais e sociais. Esses indivíduos se tornaram capazes não apenas de detectar uma cobra, como também de alertar os outros sobre o perigo, porque aprenderam a se comunicar apontando, o principal precursor da linguagem.

A teoria da evolução da linguagem de Isbell é controversa, mas, se ela estiver correta, o advento das cobras estimulou as mudanças no córtex que nos permitiram usar palavras, imaginar e refletir. Essa parte do nosso cérebro, segundo o filósofo Stephen T. Asma, nos permite "desconectar, por assim dizer, nossas memórias, ideias, aspirações e emoções e considerá-las em um universo paralelo mental". "Os assustadores monstros da savana podem ser dissociados do tempo real e representados nas paredes das cavernas e nas histórias, e podemos adorná-los sem restrições." Talvez tenha sido graças às cobras que o mundo cognitivo e imaginativo de nossa espécie se expandiu. Agora não temos apenas reações comportamentais específicas e automáticas ao perigo, também podemos analisar, elaborar, inventar e ampliar nossas ansiedades. Temos fantasias, assim como memórias, ideias e percepções. E temos fobias.

☛ *Veja também: aracnofobia, zoofobia*

ONEOMANIA

O psiquiatra francês Valentin Magnan cunhou o termo oneomania[*] — do grego *oninēmi*, "à venda" — em 1892, e o psiquiatra alemão Emil Kraepelin o incluiu em seu influente manual de

---

[*] Também conhecida como onemania, oniomania ou onomania. (N. T.)

psiquiatria de 1909. Desde então, a "mania de comprar", como Kraepelin descreveu, já foi chamada de "compras compulsivas", "vício em gastos", "vício em compras" e "transtorno de compras compulsivas". Os primeiros estudos epidemiológicos, realizados nos Estados Unidos na década de 1990, concluíram que de 2% a 8% da população era formada por compradores compulsivos, em sua maioria mulheres jovens com renda relativamente baixa. As compras on-line tornaram ainda mais fáceis as compras por impulso.

A esposa de Abraham Lincoln, Mary, era uma compradora compulsiva. Durante a presidência de Lincoln, de 1861 a 1865, ela gastou tanto dinheiro redecorando as salas privadas e públicas da Casa Branca que o Congresso teve que aprovar dois projetos de lei para cobrir as despesas. Enquanto a Guerra Civil ocorria entre os estados do Norte e os do Sul, Mary Todd Lincoln acumulava enormes dívidas em sua joalheria favorita, a Galt & Brothers, pela aquisição de pulseiras de ouro, anéis de diamante, broches incrustados de pedras preciosas, leques e colheres de chá. Alguns historiadores especularam que a oneomania da primeira-dama era parte de um distúrbio psiquiátrico — ela sofria de dores de cabeça, alterações de humor e explosões de temperamento, que podiam ser sintomas de um transtorno bipolar. A compulsão também pode ter surgido por conta do luto: Mary Lincoln perdera três dos quatro filhos e, em 1862, após a morte de Willie, de doze anos, permanecera incapacitada durante vários meses.

Comprar pode fazer as pessoas se sentirem menos vazias e deprimidas. "Quando compro alguma coisa", explica Becky Bloomwood no filme *Os Delírios de Consumo de Becky Bloom* (2009), "o mundo fica melhor, *é* melhor. Um instante depois, já não é mais. E eu tenho que comprar de novo." No momento da transação, um comprador expressa e gratifica um anseio. Por um instante fugaz, as versões vulnerável e vitoriosa de si mesmo coexistem — o querer e o ter, o desejo e a satisfação. Possuir uma coisa não é o xis da questão: comprá-la é.

A psicanalista britânica Darian Leader descreveu uma paciente que gastava milhares de libras com roupas que ela nem sequer tirava das sacolas e caixas. Eram "fantasias para as pessoas que eu poderia ser", alegou ela, "um guarda-roupa de adereços não ativados". Dentro dos pacotes e embrulhos, as roupas mantinham sua potência; ainda estavam carregadas da fantasia e da promessa do instante da compra.

☞ Veja também: *presentemania, cleptomania, monomania, silogomania*

ONICOTILOMANIA

O ato destrutivo de cutucar, arrancar ou desgastar as unhas das mãos ou dos pés recebeu o nome de onicotilomania, do grego *ónyx* ("unha") e *tillō/tillein* ("puxar", "arrancar") pelo dermatologista polonês Jan Alkiewicz em 1934. Embora o ato de roer[*] e arrancar as unhas seja comum, são bastante raros os casos em que a pessoa cutuca as próprias unhas a ponto de causar lesões graves. Uma pesquisa realizada em Varsóvia em 2013 identificou apenas três casos entre 339 estudantes de medicina, uma prevalência inferior a 1%. A exemplo dos indivíduos que arrancam os cabelos e machucam a própria pele, os onicotilomaníacos puxam as superfícies do corpo, sondando os limites entre o intrínseco e o que sobra, separando a carne de suas excrescências.

"T", engenheiro de 37 anos, casado e pai de dois filhos, recebeu tratamento para onicotilomania na Universidade de Wisconsin-Milwaukee em 2014. Ele disse aos psicólogos que cutucava as unhas desde os dez anos, hábito que compartilhava com a mãe e a irmã. Ele cutucava as unhas dos pés e das mãos e deixava as dos polegares relativamente longas, a fim de empregá-las como

---

[*] Onicofagia é o termo médico e técnico para nomear o hábito de roer as unhas. (N. T.)

ferramentas para escalavrar os outros dedos. Deslizava os polegares sobre as pontas dos dedos com o propósito de encontrar "fendas na armadura": cortes, pontas soltas ou rasgos que poderiam ser usados para arrancar pedaços de unha.

Quando impedido de cutucar as unhas, T ficava tenso, e o ato de tocá-las com insistência lhe trazia alívio. Ele alegava cutucar as unhas durante oito ou dez horas todos os dias, e brincava, roía e mordiscava os pedacinhos que conseguia arrancar. Na empresa, tentava esconder essas ações colocando as mãos atrás das costas ou debaixo da mesa. Suas unhas estavam gravemente lesionadas: as dos dedos médios encontravam-se 75% em carne viva e duas unhas dos pés eram completamente inexistentes.

A situação de T o deixava angustiado: constrangido por causa das unhas deformadas, zangado consigo mesmo por não conseguir controlar o comportamento e frustrado diante da forma como o hábito interferia em sua vida. A vergonha das unhas dos pés atrofiadas era tão grande que ele não levava os filhos para nadar na piscina, e tentava se esquivar de entregar coisas aos colegas de trabalho em mãos, por medo de que se chocassem ao ver seus dedos mutilados.

No departamento de psicologia de Milwaukee, T foi submetido a um curso de reversão de hábitos — que durou oito meses — e a outras terapias comportamentais. Juntamente com os psicólogos, ele planejou uma série de intervenções: aprendeu a "arruinar as ferramentas de cutucar", mantendo as unhas curtas e macias; a usar luvas ao dirigir; a apertar bolas de estresse no trabalho; a colar fita adesiva nas unhas que costumavam ser seus "alvos" quando via TV; e a mordiscar aipo e petiscos de carne-seca em vez de lascas de unha. No fim do tratamento, os psicólogos relataram que os leitos ungueais traumatizados de T haviam começado a recuperar a sensibilidade, as unhas estavam um pouco mais compridas e ele já conseguia levar os filhos para nadar na piscina local.

☛ *Veja também: dermatilomania, tricotilomania*

ONOMATOMANIA

A onomatomania é a obsessão por uma determinada palavra. Os psiquiatras franceses Jean-Martin Charcot e Valentin Magnan, que criaram o termo em 1885 a partir do grego *ónoma/onómatos* ("nome", "palavra"), delinearam as três formas que o transtorno poderia assumir: a busca angustiante por uma palavra específica que foi esquecida; a compulsão irresistível a repetir uma palavra, como se fosse um encantamento; e o terror de ouvir ou proferir uma palavra considerada perigosa. Em *Imperative Ideas* [Ideias imperativas] (1894), Daniel Hack Tuke descreveu uma jovem inglesa — a "srta. B" — que tinha tanta aversão a um homem específico com quem havia se relacionado que odiava qualquer palavra que contivesse a sílaba que formava o nome dele. Mesmo depois da morte do homem, ela lavava as mãos e os braços toda vez que ouvia o termo. Um onomatomaníaco atribui poderes mágicos a certas palavras. Tuke — talvez para preservar o anonimato de sua paciente, talvez para fazer jus ao tabu — não revelou o monossílabo que assombrava a srta. B.

☞ *Veja também: aibofobia, aritmomania, hipopotomonstrosesquipedaliofobia, monomania*

ORNITOFOBIA

Em 2012, Niall Horan, um dos cantores da boy band One Direction, confessou ter pavor de pombos. "Uma vez um pombo entrou voando pela janela do meu banheiro", disse ele a um entrevistador, "e veio para cima de mim enquanto eu fazia xixi. Foi o suficiente. Acho que os pombos me consideram um alvo." Na turnê da banda pelos Estados Unidos no mesmo ano, os seguranças faziam uma varredura nos locais ao ar livre em busca de pássaros. "Niall realmente tem muito medo de pombos", confirmou o colega de banda Harry Styles. "Temos que protegê-lo."

A poetisa canadense Dell Catherall atribuiu seu medo de pássaros a dois episódios que viveu na infância. No primeiro, foi atacada por um periquito verde enquanto vestia um *tutu* de bailarina. No segundo, acidentalmente "fisgou" uma gaivota com sua vara enquanto pescava com o pai em Howe Sound, um fiorde próximo de Vancouver. Enquanto o pai da jovem Catherall tentava desvencilhar o anzol da pata da gaivota, a ave presa gritava, se debatia e esmagava as asas contra a popa da embarcação. Nesse meio-tempo, uma revoada de gaivotas furiosas começou a dar rasantes no barco, bicando e arranhando o rosto e o pescoço do homem. Dell pegou um remo e desferiu golpes desvairados contra elas. No momento em que a gaivota ferida foi libertada e a menina se acolheu nos braços ensanguentados do pai, a aversão aos pássaros estava completa.

A ornitofobia — do grego *órnis/órnithos*, "pássaro" — é comumente tratada com terapia de exposição. Em 2015, na Inglaterra, um curso com duração de três dias incentivava os participantes a, em um primeiro momento, espalhar sementes para pássaros em um parque e, depois, a tocar pombos domesticados em um aviário. Em seguida, os alunos tinham que pegar e pesar perus em uma fazenda e, por fim, permitir que aves de rapina — falcões, gaviões, corujas ou abutres, por exemplo — se empoleirassem nas mãos de cada um deles.

A fobia foi dramatizada em um filme de Alfred Hitchcock, Os Pássaros (1963), baseado em um conto que Daphne du Maurier escreveu depois de ver muitas gaivotas atacarem um fazendeiro na Cornualha como se fossem um bombardeiro de aves. Na versão cinematográfica, corvos e gaivotas acossam a população de Bodega Bay, na Califórnia. Os personagens do filme suspeitam uns dos outros, pois acreditam que alguém esteja envolvido na malevolência dos pássaros. "Por que eles estão fazendo isso?", pergunta uma moradora local à recém-chegada Melanie Daniels, interpretada por Tippi Hedren. "Dizem que a coisa toda começou quando você chegou aqui. Quem é você? O que é você? De onde você veio? Acho que você é a causa de tudo isso. Eu acho que você é maligna. Maligna!" Nesse filme, o mecanismo freudiano da fobia, pelo qual sentimentos ocultos são projetados em um objeto exterior, parece tornar-se fato, como se o mundo dos sonhos se apoderasse do mundo real e a fantasia passasse a comandar a realidade. A violência das criaturas é uma representação explosiva de algo proibido.

O psicanalista britânico Adam Phillips argumentou em 1998 que as fobias dotam de vida o mundo ao nosso redor, conferindo-lhe significado e drama. A fobia é "uma técnica inconsciente de afastamento", escreveu ele, "uma maneira de tornar lugares e coisas comuns extremamente carregados [de significado]". Phillips usou um pássaro para ilustrar seu ponto de vista: "Ficar petrificado de terror por causa de um pombo", disse ele, "é uma maneira de vê-lo com novos olhos." Hitchcock efetua exatamente essas transformações, saturando seus filmes com paranoia, incerteza, uma alienação eletrizante.

☛ *Veja também: ovofobia, pteronofobia, zoofobia*

OSMOFOBIA

A osmofobia, do grego *osmē* ("cheiro"), é uma aversão a certos odores.* De acordo com uma pesquisa de 2017, mais da metade das pessoas que sofre com enxaquecas é afetada por esse problema. Os cheiros que os osmofóbicos citam como os mais

---

* O medo, aversão ou hipersensibilidade aos odores também é chamado de olfactofobia ou osfresiofobia. (N. T.)

repugnantes são perfumes (em 88% dos casos), seguidos por fumaça de cigarro (62%) e comida em geral (54%).

Algumas pessoas se tornaram osmofóbicas como sequela da infecção por Covid-19, pois desenvolveram uma perversão, ou uma distorção olfativa, que torna determinados aromas repulsivos. A perda de função olfativa também é relatada em vários graus, podendo chegar à anosmia.*

"Hoje em dia, para mim, vinho tem cheiro de esgoto", escreveu uma mulher em 2021 no grupo do Facebook chamado *Perda de olfato e paladar em decorrência de Covid-19*. "O prosecco é ainda pior." Outra participante do grupo estava deprimida por ter começado a sentir um odor repulsivo quando se aproximava do namorado. "E se eu estiver fedendo?", perguntou-se ela. "Este cheiro de carniça é meu ou dele?" Já uma terceira participante atribuiu ao parceiro o aroma desagradável: "Antes o cheiro natural dele me fazia sentir desejo. Agora me dá ânsia de vômito."

☞ *Veja também: emetofobia, fonofobia*

OVOFOBIA

Alfred Hitchcock alegava sofrer de ovofobia (*ōvum*, em latim, é "ovo"). "Tenho medo de ovos", disse à jornalista italiana Oriana Fallaci em 1963, logo após o lançamento de seu filme *Os Pássaros*. "É pior do que pavor — eles me causam asco. Aquela coisa redonda e branca, sem buracos, e quando você quebra, dentro tem aquela coisa amarela, redonda, sem buracos... é de dar calafrios!" Um ovo era pura superfície ou puro conteúdo interno: impenetrável, horrivelmente intacto, fosse inteiro ou após ter quebrada a casca, descascado ou viscoso. "Você já viu algo

---

*A anosmia é a perda total do olfato e, muitas vezes, do paladar. (N. T.)

mais repugnante do que uma gema de ovo se quebrando e derramando seu líquido amarelo?", perguntou ele a Fallaci. "O sangue é alegre, vermelho. Mas a gema do ovo é amarela, repulsiva. Eu nunca experimentei." Uma gema perfurada parecia sangrar seu fluido rico e cintilante.

Hitchcock informou a Fallaci que os ovos não eram sua única fobia. Na verdade, alegou ser "o homem mais medroso e covarde" que ela conheceria na vida. Ele dizia que se trancava no quarto todas as noites, "como se houvesse um maníaco do outro lado da porta esperando para cortar minha garganta". Hitchcock afirmou que tinha medo de policiais (um dia, aos onze anos, quando chegou tarde em casa, seu pai havia combinado com um policial de trancar o menino numa cela da delegacia), e também de multidões, de ladrões, de pessoas discutindo, de violência, do escuro e de domingos (ele explicou que, aos domingos, os pais costumavam colocá-lo na cama às seis da tarde e depois saíam para jantar em um restaurante). O cineasta disse ter medo de seus próprios filmes: "Eu nunca os assisto. Não sei como as pessoas aguentam ver meus filmes."

Hitchcock repetiu a vários entrevistadores quanto detestava ovos, mas, como muitas de suas declarações, a afirmação era um misto de provocação e fato. Até mesmo na entrevista com Fallaci ele comentou que gostava dos suflês da esposa, Alma, e em conversa com seu biógrafo John Russell Taylor mencionou que costumava comer ovos poché em cima de torradas quando servia nos Engenheiros Reais do Exército britânico.

— Ahá! — exclamou Taylor. — O senhor disse que nunca comeu ovos.

— Bem — admitiu Hitchcock. — Acho que comi um ou dois ovos quando era muito jovem.

Assim que Hitchcock terminou de enumerar seus vários terrores para Fallaci, ela o questionou:

— Isso é bastante ilógico, sr. Hitchcock. Aliás, seus filmes são ilógicos também. Do ponto de vista lógico, nenhum deles resiste a uma inspeção mais minuciosa.

— Concordo — disse Hitchcock, com alegria. — Mas o que é lógica? Não existe nada mais estúpido do que a lógica.

☞ *Veja também: emetofobia, ornitofobia, fobia de pipoca, pteronofobia*

P

PANTOFOBIA

Em 1929, o psicanalista Wilhelm Stekel descreveu o caso de um estudante vienense de dezenove anos, "Hermann G", como vítima de "pantofobia" (do grego *pant*, raiz etimológica de *pâs*, "todo").* Hermann dizia ter medo de comer carne, de ir às aulas e de ficar perto de janelas. Tinha medo de contrair sífilis ao passar ao lado de uma prostituta, de modo que tentava prender a respiração quando estava fora de casa. E, acima de tudo, Hermann temia a si mesmo. Não gostava de ver facas, pois temia a tentação de esfaquear uma de suas irmãs, e não gostava de ficar sozinho em seu quarto, para não sentir vontade de se machucar. Stekel localizou as ansiedades de Hermann na morte da irmã mais nova, Gretel, quando ele tinha treze anos. Hermann confessou que sempre teve ciúmes de Gretel, e, quando a menina adoeceu, desejou que ela não sobrevivesse.

---

* O medo de tudo é também conhecido como panfobia e panofobia. (N. T.)

Após a morte da irmã, Hermann soube que certa vez ela havia sido raptada por um grupo de soldados em um parque, e se indagava se a causa da morte poderia ter sido uma infecção por sífilis. Stekel concluiu que a raiz de muitas das fobias de Hermann estava no remorso por ter desejado a morte de Gretel e no medo de ser punido com o mesmo destino.

☞ *Veja também: agorafobia, hipofobia, misofobia*

PEDIOFOBIA

O clássico estudo psicanalítico sobre a pediofobia — o terror de bonecos, do grego *paidíon*, que significa "criança pequena" ou "criança de brinquedo" — se chama "The Analysis of a Doll Phobia" [A análise de uma fobia de bonecos], de Leo Rangell, publicado em 1952. Nesse ensaio, o estudioso descreveu um homem de 38 anos da Filadélfia que trabalhava com estatísticas, era infeliz no casamento e tinha um medo de bonecos que remontava à infância. O estatístico tinha pavor de "bonecos com os quais as crianças brincam", escreveu Rangell, "de fantoches, de manequins expostos em vitrines de lojas, de bonecos articulados, de marionetes, de peças de escultura, de vários objetos de arte na forma de estatuetas. Um cinzeiro ou uma base de lâmpada podem ser esculpidos no formato de uma figura humana, uma barra de sabão pode ser moldada na forma de um pequeno animal. Qualquer objeto desse tipo era uma ameaça, era o inimigo". Rangell percebeu a proximidade entre o medo que uma pessoa sente de algo específico e a obsessão que tem por isso. "Em certo sentido, a pessoa se casa com o objeto. A fim de evitá-lo, seus olhos o procuram."

O psicanalista soube que seu paciente tinha um medo especial de bonecos e bonecas feitos de porcelana, gesso ou louça, porque poderiam se quebrar e revelar o interior oco. O estatístico também se horrorizava com a ideia de bonecos animados: "O momento em que uma figura humana 'ganhava vida' ou simulava movimento era o mais assustador, de fato", escreveu Rangell. De acordo com o relato do paciente, a borracha era um material muito ruim, por ser lisa e de textura parecida com a da carne; o celuloide era ainda pior, pois tendia a se enrolar e se contorcer quando molhado; cera e sabão, que podiam sofrer mutações, derreter e desaparecer, eram os piores de todos.

Ao longo de três anos, o estatístico passou por setecentas horas de tratamento psicanalítico, em que ele e Rangell investigaram profundamente seus sonhos e memórias. Descobriu-se que ele sentia grande culpa e vergonha por se masturbar, e o psicanalista concluiu que, para o paciente, um boneco que ganhava vida lembrava uma ereção, um fato excitante que ele temia que incorresse em um castigo terrível. "O boneco que se evita é o pênis destacado do corpo", escreveu Rangell, "uma indesejável lembrança da castração." Mas também representava muitas outras coisas, "alternada e simultaneamente": suas "fezes, seu corpo como um todo, sua mãe, as mulheres em geral, a genitália feminina, o pênis de outro homem (do pai) e a fantasia do pênis". Um objeto fóbico fundia vários medos e fixações.

À medida que a análise avançou, o estatístico começou a fazer testes fora do consultório. Em uma loja de peles, sentou ao lado de um manequim enquanto a esposa experimentava um casaco. Em um museu local, apertou a mão de uma estátua de Charlie Chaplin. Na casa da sogra, acariciou um manequim de costura guardado em um armário. Em casa, conseguiu tocar as miniaturas de noivo e noiva que tinham enfeitado seu bolo de casamento, e que a esposa guardara. Ficou encantado ao descobrir que a fobia estava desaparecendo.

Rangell terminou o artigo descrevendo outro paciente, um marionetista de sucesso que havia dedicado a vida inteira aos bonecos, "construindo-os, vestindo-os, brincando com eles e exibindo-os". Após cada apresentação, ele convidava o público a ir aos bastidores para admirar suas criações, "momento em que esse homem se senta em uma cadeira, roendo as unhas de tanto nervoso, em um caso patente de ambivalência, em que se mesclam enorme orgulho e satisfação, além de uma ansiedade angustiante de que ninguém cause o menor estrago a seus preciosos bens".

Tanto para o pediofóbico quanto para o pediófilo, escreveu Rangell, um boneco era "a amálgama de fortes sentimentos e valores que emanam do inconsciente da pessoa. Em um caso, mantém-se o equilíbrio evitando esse símbolo amalgamado; no outro, ele é capaz de aceitá-lo e desfrutá-lo".

Em um ensaio de 1906, o psiquiatra alemão Ernst Jentsch localizou a inquietação causada pelos bonecos no modo como poderiam dar a impressão de estarem vivos, a exemplo das criaturas de borracha ou cera que o estatístico de Rangell tanto odiava. Para criar um efeito literário fantástico, observou Jentsch, um escritor precisa apenas "incutir no leitor a dúvida de se uma figura específica na história é um ser humano ou um autômato". Um boneco é assustador, sugeriu ele, por ser ambíguo. Paira entre diferentes categorias de ser.

Um boneco ao qual uma pessoa atribui vida pode ser especialmente perturbador para outras. Em Londres, na década de 1920, a milionária piloto de lanchas de corrida Marion Barbara "Joe" Carstairs, célebre por seu inconformismo de gênero, tinha um boneco de couro de trinta centímetros de altura chamado Lorde Tod Wadley, que ela levava consigo para todos os lados; mandou fazer roupas para ele nas alfaiatarias de Savile Row e abriu uma conta para ele no Banco Coutts. "Somos como um só", dizia ela. "Ele sou eu e eu sou ele." Na década de 1930, Carstairs comprou uma ilha nas Bahamas, e os quinhentos habitantes do lugar se acostumaram a ver "a chefia" passar zunindo como um raio em uma motocicleta com Wadley, feito um boneco vodu. À medida que Wadley envelhecia, o rosto de couro ia escurecendo e rachando. As namoradas de Carstairs tinham medo dele. "Ele parece tão cheio de vida", disse uma delas, "e ao mesmo tempo é como algo morto."

Em 1970, o roboticista japonês Masahiro Mori formulou uma teoria sobre o medo de bonecos: ele defendia que quanto mais realistas fossem as réplicas humanas, mais atraentes para os humanos se tornavam, até o ponto em que ficavam realistas demais e, portanto, suscitavam uma reação extremamente perturbadora. Mori traçou um gráfico para mostrar o momento em que a distinção entre o humano e o não humano se esvai e nossa atração por figuras humanoides de repente se transforma em repulsa — ele chamou o fenômeno de "vale da estranheza", em referência à queda abrupta do gráfico. Quando Mori propôs essa teoria, os robôs humanoides ainda não haviam sido projetados: sua intuição era baseada na aversão que ele sentia a bonecos e mãos prostéticas. "Desde criança, nunca gostei de olhar para figuras de cera", disse Mori. "Elas pareciam um pouco horripilantes para mim. Naquela época, mãos prostéticas eletrônicas estavam sendo desenvolvidas, e me provocavam o mesmo tipo de sensação."

Em um inquietante caso de terapia de aversão para pediofobia, em 2013, dois psiquiatras indianos relataram o tratamento da "Garota A", de doze anos. A mãe explicou a um terapeuta da clínica psiquiátrica local que a menina não tinha medo de nenhuma de suas bonecas, a não ser de uma específica: uma figura de olhos brilhantes que ficava guardada numa caixa de vidro na casa da família em Gujarat. Toda vez que via essa boneca, a Garota A gritava e fugia chorando. A terapeuta pediu à mãe que levasse a filha à clínica para uma sessão avulsa de terapia de aversão e, em segredo, também levasse a boneca.

Depois de entrevistar a Garota A na clínica, a terapeuta lhe pediu que fechasse os olhos, depois tirou a boneca de uma gaveta e a colocou nas costas da menina. A criança, adivinhando a identidade do objeto, começou a gritar. A terapeuta lembrou-lhe que em hipótese alguma ela poderia sair da sala. A menina continuou a gritar e, em seguida, desatou a chorar. Passados quinze minutos, perguntou se podia abrir os olhos. "Não tenho mais medo da boneca!", disse ela. Em seguida, olhou diretamente para os olhos brilhantes da boneca. "Não consigo entender por que eu estava com tanto medo dela", declarou. Sorrindo, a garota agarrou a boneca quando a terapeuta a jogou para ela e, ainda sorrindo, a jogou de volta. Cinco minutos depois, levaram a menina de volta para a mãe, aparentemente curada.

Um ano depois, a Garota A afirmou ainda estar livre daquele medo. Os autores do artigo concluíram: "Tratamentos baseados em exposição, nos quais os pacientes são confrontados de forma sistemática com os objetos do temor, são extremamente eficazes." Ao que tudo indica, eles não perguntaram à menina se a fobia de bonecas foi substituída por algum novo pavor — de terapeutas, talvez.

☞ *Veja também: coulrofobia*

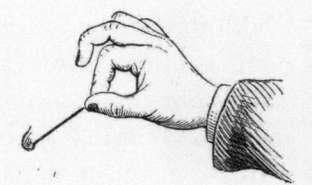

PIROMANIA

A compulsão por provocar incêndios recebeu o nome de piromania, do grego *pyr* ("fogo"), por Charles Chrétien Henri Marc em 1833. Marc descreveu as ações de várias criadas, com idades entre doze e dezesseis anos, que haviam ateado fogo à propriedade de seus patrões e patroas, e de uma mulher que queimou a casa em que seu marido encontrava a amante.

Em 1838, Jean-Étienne Esquirol acrescentou à lista de Marc o caso de uma criada de treze anos que, em outubro de 1833, incendiou a cama do fazendeiro para quem trabalhava em Barkingside, Essex. Diante do magistrado local, Jane Walls explicou seus motivos. "Não achei que estivesse praticando uma maldade. Eu queria ver se colocando uma vela acesa perto da cortina da cama conseguiria incendiá-la. Eu estava curiosa para olhar o efeito da chama, e achei que seria mais bonito do que carvão em brasa ou do que lenha queimando na lareira." Ela alegou que não tinha nada contra o patrão, a quem imediatamente contou que tinha queimado a cama. Ela lamentou o ato, depois de se dar conta de que poderia ser condenada à morte: "Se eu soubesse que seria enforcada por ter acendido uma fogueira, não teria feito isso."

Em seu depoimento, o fazendeiro afirmou que Jane Walls parecia uma pessoa sã — era uma babá confiável e atenciosa com os filhos dele, assegurou —, mas seu advogado argumentou que ela havia ficado perturbada após ter febre em fevereiro; meses depois, em setembro, quando o pai dela morreu, sofreu com vertigens e se mostrou transtornada no trabalho. O juiz decidiu que Walls não deveria ser acusada de incêndio criminoso, um crime de pena capital, mas enviada a julgamento sob a acusação menos grave de ter cometido um delito.

Muitas das criadas piromaníacas entrevistadas por Marc confessaram ser infelizes no trabalho. Elas tinham pouco controle sobre as circunstâncias em que viviam, mas lidavam com fogo todos os dias — em lareiras, lamparinas, velas, fogões, fornos —, e em questão de segundos uma chama podia se transformar em um incêndio de grandes proporções. Uma jovem de quinze anos disse a Marc que quem a havia tentado a incendiar a casa em que trabalhava fora um espírito que a acompanhava constantemente, mas também admitiu que desejava voltar para sua casa. Na Alemanha, uma jovem de catorze anos que em duas ocasiões ateou fogo à casa do patrão explicou que vinha sofrendo de uma "nostalgia insuportável" e estava desesperada para ver os pais. Ela foi condenada à morte.

No século XIX, algumas pessoas julgadas por incêndio criminoso alegaram sofrer de uma compulsão insana de atear fogo, mas esses argumentos de defesa raramente eram eficazes. Em 1858, por exemplo, um juiz rejeitou a alegação de que um funcionário do Manicômio do Estado de Nova York estava sob o efeito de piromania quando incendiou o prédio central e o celeiro da instituição. "A existência da mania impulsiva", observou o juiz, "só poderia ser provada pelo cometimento dos atos que ela procurava justificar, o que não seria evidência alguma." No fim do século XIX, a maioria dos psiquiatras também havia se voltado contra a ideia de piromania como um transtorno mental específico.

O diagnóstico voltou aos holofotes no século XX, quando psicanalistas como Wilhelm Stekel argumentaram que apenas impulsos e paixões inconscientes poderiam explicar alguns atos incendiários. Em 1932, Freud descreveu as chamas como representações do desejo sexual: "O calor irradiado pelo fogo evoca o mesmo tipo de fluxo que acompanha o estado de excitação sexual, e a forma e o movimento da chama sugerem o falo em ação", escreveu ele. Freud afirmava que a extinção de uma chama evocava o prazer erótico de urinar. Muitos incêndios são provocados por motivos nefastos — para receber o valor do seguro, em retaliação a um devedor, para encobrir outro crime — ou como forma de protesto. Mas os psicanalistas apontam que um motivo aparente pode mascarar uma compulsão, assim como uma alegação de compulsão pode mascarar um ato criminoso.

Em 1957, o Tribunal de Apelações dos Estados Unidos acatou um recurso contra a condenação de Thomas Briscoe, homem casado que havia incendiado uma casa vazia em Washington, DC. Briscoe confessou ter provocado cerca de cem incêndios desde os doze anos de idade. Alegou que muitas vezes acordava durante a noite sentindo um forte desejo sexual que só era saciado quando saía de casa, ateava fogo a um prédio, soava o alarme e assistia ao trabalho dos bombeiros tentando debelar as chamas. Os juízes deram provimento ao recurso, aceitaram a hipótese de que Briscoe talvez sofresse de piromania, e decidiram que ele poderia apelar para "reconhecimento da inimputabilidade pela instauração de incidente de insanidade mental", se o caso dele fosse julgado novamente.

A Associação Norte-Americana de Psiquiatria define a piromania como um transtorno de controle de impulsos que deve ser diagnosticado apenas quando o ato de atear fogo é recorrente, não pode ser explicado por outra condição clínica, é precedido por tensão ou excitação, seguido de alívio ou prazer e impulsionado por uma fascinação pelo fogo em vez de um desejo de vingança ou de ganho monetário. Em 1951, Nolan Lewis e Helen Yarnell analisaram os registros de quase 1.200 homens que haviam ateado fogo a algo deliberadamente, constatando que apenas cerca de 4% deles se encaixavam na definição psiquiátrica de "piromania verdadeira". Os autores explicaram: "Esses criminosos são capazes de dar uma descrição clássica do impulso irresistível. Eles descrevem a crescente tensão, a inquietação, o desejo de movimento, os sintomas de conversão, como dores de cabeça, palpitações, zumbidos nos ouvidos e a gradual fusão de sua identidade com um estado de irrealidade; em seguida, produzem incêndios."

Em 2001, uma norte-americana detalhou sensações semelhantes em um relato anônimo sobre a própria piromania. Ela disse ter enfrentado uma infância difícil: aos dez anos, fora vítima de abuso sexual por um meio-irmão mais velho, e a mãe sofria de alcoolismo e transtorno bipolar. "O fogo começou a fazer parte do meu vocabulário no meu tempo de pré-escola", relembrou ela. "Durante os verões, tínhamos de sair de casa porque as montanhas locais sempre pegavam fogo. Eu costumava assistir, maravilhada." Ela criou uma obsessão por incêndios: lia sobre eles, assistia a filmes e ouvia músicas sobre o fogo, debatia acerca do assunto, sentia o cheiro da fumaça causada pelas chamas e incendiava coisas. Ficava encantada com o salto das labaredas, a luz e o poder das línguas de fogo. A mulher explicou que ateava fogo em algo quando se sentia vazia ou quando percebia que a ansiedade estava tomando conta dela. "Posso estar me sentindo abandonada, solitária ou entediada", escreveu ela. "Às vezes, sinto dores de cabeça fortes, palpitações, movimentos incontroláveis nas mãos e formigamento no braço direito." O crepitar e o calor das chamas pareciam queimar sua tensão.

Quando estudava na Universidade da Califórnia, na primavera de 1993, a jovem foi pega em flagrante provocando vários incêndios no campus. Internada em uma ala psiquiátrica, recebeu alta no verão para fazer um estágio com um congressista na capital dos Estados Unidos. Nos oito anos seguintes, voltou a ser internada no hospital outras 33 vezes, diagnosticada com psicose, depressão, transtornos obsessivo-compulsivos e de personalidade borderline. Seu mundo interior ainda era iluminado pelo fogo. "Meus sonhos são sobre incêndios que eu causei, que quero provocar ou que gostaria de ter provocado", escreveu ela. E quando não estava dormindo, continuava saciando o desejo por chamas. Quando os bombeiros apagavam algum de seus incêndios, ela se sentia triste, angustiada e com vontade de acender outro fogaréu.

☞ *Veja também: dipsomania, monomania homicida, cleptomania, monomania, ninfomania, oneomania, tricotilomania*

PLUTOMANIA

No século XVII, o termo plutomania — do grego *ploûtos*, "riqueza" — era usado para descrever a busca imprudente por riquezas. O escritor escocês Sir Thomas Urquhart lamentou os plutomaníacos de sua época: "Perseguem tão loucamente o dinheiro e o lixo deste mundo." Em 1894, a palavra foi usada no periódico estadunidense *The Forum* para descrever a ilusão de possuir uma fortuna: uma alucinação de riqueza. E, em 1930, um tipo diferente de "plutomania" varreu os Estados Unidos quando Clyde Tombaugh, um jovem astrônomo do Observatório Lowell, no Arizona, avistou um nono planeta no sistema solar (uma estudante britânica de apenas onze anos recebeu cinco libras pela sugestão de que fosse chamado Plutão, em homenagem ao deus romano do submundo e dos mortos). O novo planeta causou furor nos Estados Unidos: milhares de pessoas visitaram a exibição sobre Plutão no Museu de História Natural em Nova York, e a imprensa, por sua vez, não parava de pedir entrevistas com Tombaugh publicando diagramas para ajudar os leitores a encontrar o planeta no céu noturno. Em 1931, a Walt Disney Pictures deu o nome de Pluto ao cachorro de estimação de Mickey Mouse, que havia aparecido pela primeira vez em 1930 como Rover, o cachorro da Minnie.

A plutomania, em suas duas acepções mais antigas — a busca patológica e frenética por riquezas e as ilusões de riqueza fabulosa —, contribuiu para o colapso catastrófico de Wall Street em 1929. À medida que os Estados Unidos entravam em depressão econômica, a nova plutomania serviu como uma distração das vicissitudes que viriam.

☞ *Veja também: beatlemania, megalomania, monomania, tulipamania*

PNIGOFOBIA

A pnigofobia* (do grego *pnîgos*, "engasgar") é o medo de engasgar com comprimidos, líquidos ou com comida. Os indivíduos pnigofóbicos em geral desenvolvem o transtorno de repente, após testemunhar ou sofrer um episódio de engasgamento.

Em 1994, o psicofisiologista estadunidense Richard McNally analisou 25 relatos de casos de fobia de engasgo. Uma menina

---

* Esse transtorno, que engloba ainda o medo de ser sufocado ou asfixiado, recebe também o nome de pnigerofobia ou anginofobia. (N. T.)

de oito anos engasgou com uma batata frita durante uma viagem de carro e passou os três meses seguintes se recusando a comer alimentos sólidos, o que a levou a perder mais de três quilos e meio. Um menino de dez anos perdeu quatro quilos e meio depois de engasgar com um grampo. Uma menina de nove anos perdeu quase seis quilos e meio depois de engasgar com um pedaço de pipoca. Ela começou a ter pesadelos com engasgos, se recusava a escovar os dentes com medo de engasgar com uma das cerdas da escova e dormia com a cabeça apoiada em um travesseiro, precaução para não engasgar com algum dente solto. Na década de 1970, uma mulher de 26 anos desenvolveu pnigofobia quando se viu em meio a um tiroteio em um restaurante no Sudeste da Ásia — ela alegava que a garganta passara a se contrair toda vez que tentava comer em público.

O próprio McNally tratou de um homem de trinta anos, John, que se tornou pnigofóbico depois de engasgar com um pedaço de peixe aos dezesseis anos, dois anos depois que seu melhor amigo morreu engasgado com um cachorro-quente. John evitava comida sólida sempre que podia, sobretudo quando tinha uma sensação de cócegas na garganta, como se tivesse um fio de cabelo preso na faringe, e passava muito tempo mastigando qualquer coisa que comia. Ele percebeu que seu problema oscilava, ficando mais intenso ou mais brando ao longo dos anos, com quadros mais agudos quando John estava ansioso ou deprimido. No momento em que se consultou com McNally, seu peso havia caído de quase 83 quilos para pouco mais de 63 quilos.

Sob os cuidados do psicofisiologista, John tentou reduzir o número de mastigações que dava cada vez que colocava comida na boca: vez ou outra, McNally comia junto com ele para ajudá-lo a regular a mastigação. John começou mastigando cada porção noventa vezes, e foi diminuindo (de dez em dez) até chegar a vinte. O médico convenceu John a experimentar gradualmente os alimentos que ele temia, a começar por pão (primeira e segunda sessões) e culminando em um sanduíche de bacon, alface e tomate (sexta sessão). Depois de um acompanhamento de seis meses, John relatou que já era capaz de lidar com hambúrgueres.

McNally ressaltou que a maior parte dos casos registrados de fobia de engasgamento era tratada com êxito por meio desse tipo de terapia de exposição gradual e, às vezes, com ansiolíticos. Em 1992, o psicólogo sueco Lars-Göran Öst usou terapia cognitiva em uma mulher de 68 anos que não conseguia ingerir líquidos — a única coisa que a impedia de ficar completamente desidratada era comer biscoitos embebidos em chá. O temor dessa mulher era o de que o fluido vazasse pela traqueia e ela acabasse sufocando. Ela acreditava que seria incapaz de se livrar do líquido tossindo, e que um período sem oxigênio, mesmo que muito breve, a mataria. Primeiro, Öst pediu que ela prendesse a respiração por períodos cada vez maiores, até que percebesse que estava errada por pensar que uma pessoa não conseguiria sobreviver sem oxigênio por mais de trinta segundos. Em seguida, Öst pediu que ela empurrasse uma caneta para fora de um tubo de papel tossindo dentro do cilindro e, depois, que tossisse para expelir água da traqueia. "Essas demonstrações", disse McNally, "eliminaram os equívocos da paciente e acabaram com a sua fobia de engasgo." Corrigir as falsas crenças da mulher sobre a própria fisiologia parece tê-la aliviado de seu medo.

☞ *Veja também: claustrofobia, emetofobia, odontofobia, fobia de pipoca*

POGONOFOBIA

O genioso apresentador de TV britânico Jeremy Paxman acusou a emissora BBC de pogonofobia — do grego *pógon*, "barba" — depois de aparecer na TV em 2013 sem ter feito a barba.

Ele alegou que a empresa era tão avessa a pelos faciais quanto o ditador Enver Halil Hoxha, que proibiu barbas na Albânia em 1967.

O primeiro uso do termo satírico pogonofobia, que descreve a repulsa ou aversão a barbas, parece ter aparecido em um jornal presbiteriano em 1851. Durante a maior parte do século anterior, os estabelecimentos britânicos e norte-americanos repudiavam pelos no queixo e no rosto, tidos como anti-higiênicos e indícios de pessoas de classe social baixa. Um "queixo não escanhoado", de acordo com o livro *The Toilette of Health, Beauty and Fashion* [A toalete de saúde, beleza e moda] (1834), "tem um aspecto degenerado, e só pode ser desculpado, quando muito, apenas no mais reles operário e mecânico". As primeiras pinturas rupestres indicam que até mesmo nossos ancestrais neandertais removiam a barba, talvez para se livrar de parasitas, usando conchas como pinças ou lascas de pedra como navalhas.

No fim da década de 1850, os pelos faciais tornaram-se moda na Grã-Bretanha, graças aos soldados que voltaram da Guerra da Crimeia ostentando as barbas fartas e os bigodes gigantescos que haviam deixado crescer como proteção contra o frio. Entretanto, no início do século XX, os rostos barbeados estavam voltando à moda, e as barbas foram mais uma vez desprezadas. Na Grã-Bretanha e nos Estados Unidos, muitas organizações públicas e privadas, da Disneylândia ao Departamento de Polícia de Nova York, proibiram os funcionários de usar barba no trabalho. A empresa de logística United Parcel Service (UPS) suspendeu esse veto somente em 2020.

O autor de livros infantis Roald Dahl detestava barbas e, em seus livros, retratava homens barbudos como imbecis imundos. O personagem sr. Peste, em *Os pestes*, tem uma barba enorme, escura e emaranhada, repleta de restos de flocos de milho, pedaços de queijo e sardinhas: "Esticando a língua para fora e curvando-a de lado para explorar a selva peluda em volta da boca, ele sempre conseguia encontrar algum bocado saboroso aqui e ali para mordiscar." Em um ensaio sobre o tema, Dahl afirmou que barbas eram "cortinas de fumaça peludas atrás das quais é possível se esconder". "A coisa toda é nojenta", concluiu ele.

☞ *Veja também: dorafobia, misofobia, tricomania, tricotilomania*

PRESENTEMANIA

Em Londres, em janeiro de 1897, a modista Elise Brown processou o reverendo Frederick Hetling, exigindo a devolução do valor de uma libra que ela havia colocado no prato do ofertório na Christ Church, na Albany Street, perto do Regent's Park. Ela explicou ao Tribunal do Condado de Bloomsbury que não pretendia doar tanto, e só podia supor que estava sofrendo de um ataque temporário de insanidade. Ela ressaltou que, fazia pouco tempo, uma abastada turista estadunidense havia alegado em outro tribunal de Londres que seu hábito de praticar furtos era um sintoma de cleptomania.

— A minha doença é exatamente o oposto disso — explicou Elise Brown. — Eu tenho presentemania.

— Como é que é? — perguntou o juiz Bacon em tom um brusco.

— Presentemania — repetiu a srta. Brown.

— Ah, que bobagem — decretou o juiz Bacon, encerrando o caso.

☞ *Veja também: cleptomania*

PTERONOFOBIA

Várias das crianças entrevistadas para a pesquisa sobre medos que o psicólogo Granville Stanley Hall realizou em 1897 confessaram ter pavor de penas. Hall chamou o medo de pteronofobia, da palavra grega para "pena", *ptéron*. Alguns de seus entrevistados revelaram ter adquirido esse medo depois de ver uma pluma felpuda escapar de um travesseiro ou de uma colcha, e um deles porque tinha sido disciplinado com penas. "A enfermeira me trancava em um quarto colocando uma pena no buraco da fechadura", relembrou a criança. "Quando eu queria entrar e havia uma pena na porta, simplesmente ficava lá parado gritando." Uma mulher também relatou que a filha de três anos tinha "grande repulsa ao espanador".

Hall especulou que, enquanto algumas crianças recuavam de pavor das cócegas suaves de uma pena, outras ficavam perturbadas com a aparente vitalidade da coisa, a maneira como ela parecia se erguer para dançar no ar.

☞ *Veja também*: *dorafobia, ornitofobia*

S

SEDATOFOBIA

O medo do silêncio, por vezes descrito como sedatofobia (*sedatus*, em latim, é "acalmado", "tranquilizado"), está se tornando mais corrente à medida que o mundo fica mais barulhento. Quem mora em cidades está acostumado a um zumbido de fundo — a correria dos ruídos da rua, o silvo incessante do toque dos celulares, o zunido da geladeira, o burburinho de música e o falatório das pessoas. O silêncio, por sua vez, pode parecer inquietante e até insuportável. Alguns entram em pânico quando tentam dormir em um quarto silencioso. Outros se afligem com a paz de uma estradinha rural.

Em 2012, Bruce Fell, professor da Universidade Charles Sturt, na Austrália, relatou que muitos de seus alunos tinham de lutar para tolerar o silêncio. Ao longo de seis anos, ele pediu que 580 deles preenchessem questionários sobre o tema. Um dos estudantes escreveu: "Na verdade, comecei a fazer esta tarefa na biblioteca, e minutos depois tive que voltar para o quarto e pegar meu iPod, porque achei que estava tão silencioso na biblioteca que eu não conseguia me concentrar direito!" Fell acreditava que muitos jovens foram condicionados na infância, pelo constante ruído das TVs de casa, e que as novas tecnologias tornaram ainda mais fácil abolir a quietude. Uma estudante de graduação lhe disse que, quando voltou para a fazenda da família, teve dificuldade para caminhar até uma represa próxima sem ouvir música nos fones de ouvido. Fell pediu aos alunos que passassem uma hora lendo, caminhando ou apenas sentados em silêncio. Para a maioria, foi uma tarefa árdua. "A falta de barulho me deixou incomodado", alegou um deles. "Na verdade, parecia um mau presságio." De acordo com esse aluno, o silêncio era uma pausa ameaçadora, um estado de suspense, um prelúdio do perigo.

Um experimento de 2013 testou os efeitos de diferentes sons no cérebro de camundongos. Os pesquisadores dividiram os animais em quatro grupos e expuseram um deles a ruído branco por duas horas diárias; outro, aos gritos de camundongos bebês; um terceiro grupo ouviu Mozart; e o quarto foi exposto ao silêncio. Durante o resto do tempo, os camundongos ouviram os sons do ambiente do laboratório. Depois de constatar que aqueles expostos ao silêncio desenvolveram mais células cerebrais do que os animais dos outros grupos, os pesquisadores levantaram a hipótese de que o silêncio incomum agia como um alarme, uma espécie de "estresse bom", em que os camundongos — a exemplo do inquieto estudante australiano — aguardavam, tensos, que algum barulho surgisse. Segundo estudiosos do cérebro, "o alerta provocado por um silêncio tão antinatural assim pode estimular a neurogênese como preparação para futuros desafios cognitivos". Um silêncio desconhecido, ao gerar um estado de atenção nervosa, expandia a mente dos camundongos.

☞ Veja também: *hipnofobia, nomofobia, nictofobia, fonofobia*

SIDERODROMOFOBIA

Em 1879, o médico alemão Johannes Rigler deu o nome de siderodromofobia a uma nova forma de doença que acometia os trabalhadores ferroviários — a palavra era uma tradução do alemão *Eisenbahnangst*, ou "angústia da estrada de ferro", derivada do grego *síderos* ("ferro"), *drómos* ("trilha", "corredor") e *phobéo* ("ter horror a"). De acordo com Rigler, os violentos solavancos da viagem de trem podem causar colapso físico e mental. Ao introduzir o termo a falantes de inglês, o neurologista George Miller Beard explicou: "Trata-se de uma forma de intensa irritação da coluna vertebral associada a uma condição histérica e uma mórbida aversão ao trabalho." Ele atribuiu a doença aos "perpétuos chacoalhos, rangidos e ruídos de viagens ferroviárias".

O diagnóstico de siderodromofobia, tanto em passageiros quanto em funcionários ferroviários, refletiu um medo crescente com relação aos efeitos da industrialização. Muitos acreditavam que era perigoso para o corpo humano deslocar-se na velocidade de um trem. Em uma viagem ferroviária, observou o dermatologista Malcolm Alexander Morris em *The Book of Health* [O livro da saúde] (1884), "o homem, durante toda a duração do trajeto, torna-se parte da máquina em que embarcou, é sacudido pelo mesmo movimento e recebe impressões sobre os nervos da pele e dos músculos". A siderodromofobia foi entendida como uma doença causada por novas tecnologias, assim como a "neurose de guerra"* na Primeira Guerra Mundial. A vibração de um vagão de trem, tal qual a explosão de uma bomba, pode reverberar no corpo e na mente.

O termo de Rigler também foi usado para descrever o pavor dos passageiros de viajar de trem, fobia da qual Sigmund Freud disse sofrer entre seus trinta e quarenta e poucos anos. Em carta ao amigo Wilhelm Fliess em 1897, Freud se queixou de que as notícias que a imprensa veiculava diariamente sobre acidentes ferroviários estavam alimentando sua ansiedade quanto a uma viagem futura. Ele se perguntou se a fobia de trem que desenvolvera havia começado em uma viagem ferroviária noturna de Leipzig a Viena que fizera com a mãe quando tinha apenas dois anos. "Devemos ter passado a noite juntos", escreveu ele, "e deve ter havido a ocasião de vê-la *nudam*." Em uma formulação inicial do complexo de Édipo, ele especulou que sua fobia era uma transferência para o trem tanto da excitação ao ver a mãe nua — "minha libido foi despertada pela visão da *matrem*" — quanto do medo correspondente de que o pai o puniria por sentir tal desejo.

Em "Três ensaios sobre a teoria da sexualidade", Freud argumentou que os meninos sentiam excitação sexual pelo movimento pulsante e trêmulo da viagem de trem, a "agitação

---

* Termo cunhado na Primeira Guerra Mundial para descrever o trauma psicológico sofrido pelos soldados britânicos que haviam sido repetidamente expostos a intenso bombardeio e ataque de artilharia nas principais frentes de batalha; os sintomas variavam de ataques moderados de pânico a paralisia mental e física; atualmente, equivale ao transtorno de estresse pós-traumático (TEPT). (N. T.)

mecânica rítmica do corpo". Os que reprimiam as fantasias associadas a essas sensações poderiam, como Freud, adquirir fobia de trens. Em vez de provocar excitação, o tremor da locomotiva causaria náusea, ansiedade e pavor.

☛ Veja também: *aerofobia, claustrofobia, ergofobia, fonofobia*

SILOGOMANIA

A silogomania, do grego *syllogē*, "colecionar", é um impulso para acumular coisas, um colecionismo compulsivo* que — segundo um estudo de 2008 — aflige de 2% a 5% da população. O termo parece ter sido empregado pela primeira vez no início da década de 1960, quando os estudos sobre acumulação começaram a aparecer em revistas médicas britânicas, mas a prevalência do distúrbio tornou-se evidente apenas na década de 1990.

Muito antes disso, nas primeiras décadas do século XX, dois nova-iorquinos ricos acumularam 170 toneladas de objetos no sobrado de três andares em que moravam, na Quinta Avenida. Langley Collyer, formado em engenharia e pianista, construiu um labirinto de túneis dentro da casa em que morava com o irmão, Homer, que era cego e ex-advogado do Almirantado. Em meio a pilhas de livros e jornais que iam do chão ao teto havia vários pianos de cauda, uma máquina de raios X, os restos preservados de um feto de duas cabeças, peças de automóveis, latas, uma canoa, um candelabro. Os irmãos pararam de usar o telefone na década de 1910, o gás, na década de 1920, e a eletricidade, na década de 1930. Langley dava a Homer cem

---

* A compulsão em adquirir, coletar e guardar objetos variados também é conhecida como transtorno de acumulação, síndrome de Diógenes, transtorno de acumulação compulsiva, ou disposofobia. (N. T.)

laranjas por dia, na tentativa de curar sua cegueira, e dizia estar guardando os jornais para ele ler assim que recuperasse a visão. Depois que vizinhos chamaram a polícia em 1947, a casa foi invadida e o corpo sem vida de Langley foi encontrado, esmagado por uma armadilha que ele próprio havia inventado. O cadáver havia sido roído por ratos. A três metros de distância encontraram o corpo de Homer, que morrera de fome depois que o irmão parou de alimentá-lo.

Durante anos depois disso, pais e mães norte-americanos costumavam alertar os filhos de que, se não arrumassem seus quartos, teriam o mesmo fim dos irmãos Collyer. Entretanto, o romance *Homer & Langley*, de E. L. Doctorow, retratou a acumulação dos Collyer de forma mais romântica, como uma espécie de busca. Os irmãos eram "emigrantes", escreveu Doctorow, que, quando construíram seu reino de escombros, "estavam deixando este país e indo para o seu lar".

No ano da morte dos Collyer, o sociólogo alemão Erich Fromm argumentou que os indivíduos se definiam ou por "ter" ou por "ser", por suas posses ou por suas experiências. Fromm escreveu em *Análise do homem* que as pessoas com uma "orientação para a acumulação" eram tipos desconfiados e retraídos que investiam suas emoções em coisas, não em pessoas. Em 1951, o psicanalista Donald Winnicott propôs que, quando bebês, todos nós investimos emoção em "objetos de transição", como brinquedos macios e cobertores, que substituem o consolo do pai ou da mãe até que aprendamos a nos acalmar por conta própria. Talvez os acumuladores sejam incapazes de internalizar o carinho e o amparo transmitidos pelos pais e continuem a dotar as coisas em volta deles desse papel de zeloso cuidado. As casas de muitos acumuladores são tão abarrotadas de coisas que se assemelham a ninhos, casulos, cavernas, abrigos, bunkers — longe de se sentir preso em um espaço confinado, um acumulador pode se sentir protegido. E, para aqueles que passaram por uma experiência traumática, os objetos podem ser, até mesmo literalmente, escudos contra o perigo, pois bloqueiam a passagem de um intruso.

Em *Stuff: Compulsive Hoarding and the Meaning of Things* [Coisas: Acumulação compulsiva e o significado das coisas] (2010), Randy O. Frost e Gail Steketee observam que os objetos dos acumuladores geralmente são uma espécie de extensão deles mesmos. Uma mulher de 53 anos disse a Frost: "Meu corpo e minha casa são mais ou menos a mesma coisa. Eu levo coisas para dentro como forma de conforto." Mãe de dois filhos, Irene era alegre e sociável e trabalhava como corretora de imóveis em meio período, mas sua compulsão por acumulação, de acordo com ela mesma, havia afugentado o marido e a deixava envergonhada demais para convidar os amigos para visitá-la. Os objetos de Irene eram parte integrante de sua identidade. "Ter, manter e preservar coisas faz parte de quem eu sou", alegou ela. "Se eu jogar muitas coisas fora, não sobrará nada de mim."

Quando Frost visitou a casa de Irene, ela o conduziu por "trilhas estreitas" pelos quartos, que estavam atulhados de pilhas de roupas, livros, jornais, sacolas, cestos e caixas. As superfícies estavam repletas de fotos, folhetos, cupons, canetas e lápis, frascos de comprimidos, pedaços de papel com anotações e números de telefone rabiscados. Como muitos acumuladores, Irene guardava coisas pensando que em algum momento poderiam ser úteis. Frost percebeu que os objetos representavam a memória dela, como um inventário tridimensional de seu passado e seu futuro imaginado. Segundo Frost, acumuladores habitam um reino de possibilidades, cercados por opções que não são capazes de reduzir. Tudo é provisório. Ele diz que, para um acumulador, "o medo de perder uma oportunidade é maior do que a recompensa de tirar proveito dela".

Frost entrevistou uma dupla de hoteleiros ricos de meia-idade, Alvin e Jerry, que se descreveram para ele como "os irmãos Collyer dos tempos modernos". Com seus ternos amarrotados e gravatas-borboleta, os dois lhe mostraram o hotel em que moravam. Cada irmão tinha uma suíte na cobertura, espaços entupidos de obras de arte e antiguidades, cartões de visita, peças de roupa e tralhas. De tão atulhadas de objetos, as suítes deixaram de ser habitáveis; por isso, os irmãos se mudaram para outros apartamentos do hotel, que rapidamente foram se enchendo; Jerry passou a dormir no chão depois que sua cama transbordou de coisas.

Jerry tinha uma memória extraordinária da localização de cada objeto em seus quartos de hotel. "Tudo aqui tem uma história", disse ele, "e eu me lembro de cada item, todos eles. Se eu me desfizesse de alguma coisa, a história se perderia." Quando Alvin mostrou seus pertences a Frost, cada um evocava uma nova lembrança. "É como uma língua. As coisas falam", argumentou. Vários dos entrevistados de Frost compartilhavam essa tendência de antropomorfizar objetos. Um dono de galeria aposentado disse que estava sendo engolido por suas coleções de ternos, camisas e sapatos de biqueira perfurada. "Eles parecem estar me controlando. Está ficando um pouco perigoso; as roupas me fazem tropeçar, caem em cima de mim e fazem com que eu me atrase para sair de casa", alegou.

Alvin e Jerry deram respostas desconexas às perguntas de Frost e admitiram que vez ou outra se perdiam nas veredas sinuosas e ramificadas de seus pensamentos: "Tudo é interessante", disse Alvin, "como se estivesse atrelado a outra coisa." Os acumuladores têm sintomas de transtorno do déficit de atenção com hiperatividade (TDAH): são eloquentes, esquecidos, se distraem facilmente. Esses traços dificultam o gerenciamento de seus pertences, a tomada de decisões, a conclusão de uma tarefa ou a execução de um plano.

Frost, Steketee e outros encontraram evidências de uma predisposição para acumular. Em 2010, o psiquiatra forense Kenneth J. Weiss escreveu que a acumulação pode ser um traço adaptativo que "saiu do controle", um desdobramento rebelde de nosso impulso inato de juntar bens. O behaviorista animal Konrad

Lorenz supõe que o hábito é uma encenação de um "padrão de ação fixa" há muito adormecido — como o ato dos esquilos de colher nozes e o dos pássaros de fazer ninhos. Os geneticistas descobriram configurações semelhantes de genes (no cromossomo 14) em famílias com dois ou mais acumuladores, enquanto os neurocientistas mostraram que os acumuladores às vezes apresentam danos na parte anterior dos lobos frontais, que controlam o planejamento e a organização, e taxas metabólicas mais baixas no córtex cingulado anterior, que desempenha importante papel na motivação, no foco e na tomada de decisão. Essas observações neurológicas, entretanto, não provam que algumas pessoas estão destinadas a acumular — os diferentes padrões no cérebro podem refletir em vez de direcionar o comportamento. Frost e Steketee especulam que os acumuladores podem herdar um ou alguns traços que conduzem à acumulação — talvez uma intensa sensibilidade perceptiva aos detalhes, ou uma idiossincrasia na maneira como recuperam memórias —, mas que o comportamento de acumular se desenvolve apenas se eles também passarem por experiências emocionalmente nocivas.

Embora a acumulação tenha sido reconhecida como uma patologia mental específica em 2013, quando foi incluída na 5ª edição do *Manual diagnóstico e estatístico de transtornos mentais (DSM-5)*, alguns argumentam que se trata de um comportamento excêntrico e não de uma doença. O sociólogo Allan V. Horwitz observa que "ações socialmente desviantes por si — sejam assassinato, coleta de lixo ou nudez — não são sinais de transtorno mental". Nosso horror à acumulação faz parte de um "pânico moral", sugere Horwitz, um fascínio por algo que tememos em nossa sociedade e em nós mesmos. Em alguns momentos e lugares, juntar bens é sinal de parcimônia e bom senso — uma proteção contra a escassez futura —, e o descarte de recursos é considerado imprudente, esbanjador, um desperdício até mesmo imoral. Contudo, nas sociedades ricas do fim do século XX, as coisas se tornaram tão mais fáceis e baratas de produzir e adquirir que algumas pessoas começaram a se sentir sobrecarregadas de coisas. Os designers passaram a promover uma estética modernista, favorecendo a luz e o espaço, com linhas limpas e superfícies claras em detrimento do intrincado e do complicado; em 1996, a loja de móveis sueca IKEA instigou o público britânico a "jogar fora suas tralhas": o valor das antiguidades despencou. A TV começou a encomendar uma enxurrada de documentários e reality shows sobre bagunça e desordem — *Acumuladores Compulsivos*, *The Hoarder Next Door* [O acumulador mora ao lado], *Hot Mess House* [Casa caótica], *Marie Kondo: A Magia da Arrumação*, *Ordem na Casa com Marie Kondo*.

No livro *The Hoarders* [Os acumuladores] (2014), Scott Herring defende a ideia de que os acumuladores são lembretes da "redundante abundância" de nossa cultura, do "desejo e capacidade irrestritos de obter cada vez mais o que a pessoa já tem em excesso". Cenas de acumulação representam de forma dramática nossos relacionamentos disfuncionais com objetos, todas as coisas inúteis pelas quais ansiamos e os anseios que esperamos que elas satisfaçam. Se a compra compulsiva é uma aceitação excessiva da cultura do consumo, então a acumulação compulsiva das coisas é um defeito ou uma paródia dessa cultura, na qual os consumidores não consomem. Os pertences começam a parecer opressivos, como sequestradores ou fardos, em vez de algo com valor.

Na Rússia, a silogomania é chamada de "síndrome de Pliúchkin", em homenagem ao rico e avarento proprietário de terras em *Almas mortas* (1842), de Nikolai Gógol. Pliúchkin acumula não apenas seus pertences, como também recolhe qualquer lixo que encontre espalhado por sua propriedade. O narrador alerta: "Ao sair dos doces anos da juventude para a áspera e embrutecedora maturidade, cuidai de levar convosco todos os impulsos humanos, não os deixeis pelo caminho, pois não podereis recolhê-los mais tarde!" Gógol sugere que Pliúchkin faz as coisas ao contrário: enquanto avidamente recolhe objetos, vai involuntariamente derramando a essência da própria humanidade, deixando que se espalhe como lixo ao longo da estrada.

A contraparte inglesa de Pliúchkin é o sr. Krook, comerciante analfabeto de trapos e garrafas de *A casa soturna* (1853), de Charles Dickens. Krook acumula sacos de cabelos de mulheres e documentos antigos que ele não consegue ler. "Tudo quanto é peixe cai na minha rede", diz ele. "E não tolero separar-me de qualquer coisa em que alguma vez tenha deitado a mão." Na metade do romance, que é por si só prodigiosamente recheado de coisas, Krook, encharcado de gim, sofre uma combustão espontânea em meio à bagunça nos fundos de sua loja, deixando apenas fuligem, graxa e um estoque de tesouros não lidos.

No início dos anos 1990, enquanto completava a pesquisa para um livro sobre Sylvia Plath chamado *A mulher calada* (1994), a escritora Janet Malcolm se viu profundamente perturbada pela casa caótica de um de seus entrevistados, "um verdadeiro depósito de bugigangas bizarras na mais plena desordem", na cidade mercantil de Bedford, no leste da Inglaterra. "Ao longo das paredes, no piso e em todas as superfícies, havia centenas, talvez milhares de objetos empilhados, como se aquele lugar fosse uma loja de quinquilharias em que o conteúdo de dez mil outras lojas de quinquilharias tivesse sido acomodado de qualquer jeito. Tudo estava coberto por uma fina camada de poeira: não a poeira comum e transitória, mas uma poeira que também estava coberta de poeira — uma poeira que, com o passar dos anos, quase adquirira a condição de objeto, uma espécie de imanência."

Depois dessa visita, ela se indagou se estava tão perturbada assim com o caos da casa por se tratar de uma metáfora para o problema que enfrentava ao escrever o livro. Para contar uma história sobre Plath, Malcolm precisaria selecionar histórias do enorme e confuso amontoado de informações que ela havia reunido, jogando fora boa parte do que sabia para "abrir um espaço em que algumas ideias, imagens e sensações possam ser arrumadas de tal forma que o leitor queira passar algum tempo entre elas, em vez de fugir correndo". Contudo, para o biógrafo, assim como para o acumulador, descartar material é um processo de falsificação. A casa tinha sido tão inquietante assim para Malcolm porque a lembrava da realidade que ela estava prestes a trair. O amontoado de coisas acumuladas na casa era "a realidade imediata, em toda a sua multiplicidade, incerteza, inconsistência, redundância, *autenticidade*", escreve ela, "uma alegoria monstruosa da verdade". A história que Malcolm contaria acabaria ficando mais elegante, mais agradável e menos verdadeira.

☞ Veja também: *abulomania, monomania, misofobia, nomofobia, oneomania, fobia social*

T

TAFEFOBIA

O psiquiatra italiano Enrico Morselli cunhou o termo tafefobia — do grego *taphe*, "enterro" — para diagnosticar um paciente que temia tanto o enterro prematuro que, em seu testamento, estipulou que seu caixão fosse equipado com uma vela, comida, bebida e um orifício para a entrada de ar. "O paciente leu ou ouviu histórias terríveis de pessoas em estado de morte aparente, e teme que o mesmo possa acontecer com ele", escreveu Morselli em 1891. Era uma situação que ele se sentia "impotente para evitar ou prevenir, sobretudo porque naquele momento estaria inconsciente, ou, mesmo que estivesse consciente, não seria capaz de se mover, tampouco de informar de alguma maneira às pessoas que ainda não estava morto, mas vivo".

Ser enterrado vivo já foi um perigo real, como mostra Jan Bondeson no livro *Buried Alive* [Enterrado vivo] (2001). De tempos em tempos, as pessoas eram enterradas vivas como forma de punição: virgens vestais que quebravam os votos de castidade na Roma antiga, assassinos que se recusavam a se arrepender na Itália medieval, mulheres que matavam os maridos na Rússia do século XVII. E muitos outros indivíduos foram acidentalmente enterrados depois de terem sido declarados mortos às pressas. No século XVIII, vários caixões que foram desenterrados e abertos revelaram cadáveres com unhas quebradas, joelhos rasgados e cotovelos ensanguentados. Em *Traktat von dem Kauen und Schmatzen der Toten in Gräbern* [Tratado sobre os gritos e a mastigação de cadáveres em seus túmulos] (1734), o pastor luterano, escritor e historiador alemão Michael Ranft tentou atribuir esses ferimentos a interferências sobrenaturais, mas a maioria das pessoas enxergou como uma horrenda prova de enterros prematuros.

A tafefobia tornou-se desenfreada na Alemanha. Bondeson detalha que, em 1792, o duque prussiano Fernando de Brunswick encomendou um caixão feito sob medida, com uma janela, um orifício de ventilação e uma fechadura que poderia ser aberta por dentro; as chaves estavam enfiadas em um bolso da mortalha. Um pastor na Alemanha, por sua vez, propôs que as cordas dos sinos fossem introduzidas em todos os caixões enterrados no adro da igreja. Nos anos seguintes, dezenas de variações desses "caixões de segurança" foram produzidas na Alemanha, equipadas com martelos, fogos de artifício e sirenes.

A fobia se intensificou no século XIX. Bondeson escreve que "o risco do enterro prematuro se tornou um dos perigos mais temidos da vida cotidiana, e escritores de toda a Europa dedicaram uma torrente de panfletos e teses acadêmicas ao tema". Os ensaístas argumentavam que não era raro a catalepsia e o coma serem confundidos com a morte. Alguns alegaram que mais de um décimo da população humana havia sido enterrada viva.

O conto "O enterro prematuro" (1844), de Edgar Allan Poe, evocava os terrores do tafefóbico. "Contorci-me e empreendi espasmódicas diligências para forçar a tampa a se abrir: ela não se moveu. Tateei os pulsos à procura da corda do sino: não a encontrei." Ele descreve "os sufocantes vapores da terra úmida [...] o abraço rígido da morada estreita; as trevas da Noite absoluta; o silêncio opressivo como um oceano; a presença invisível, mas palpável, do Verme Vencedor; essas coisas [...] trazem ao coração, ainda palpitante, um grau de horror consternado e intolerável perante o qual a imaginação mais ousada só consegue se retrair".

Na Grã-Bretanha, a ansiedade foi exacerbada pelos enterros de vítimas de cólera na epidemia de 1831 e 1832, feitos às pressas. Outros caixões de segurança foram projetados, alguns equipados com compartimentos para vinho e comida. Alguns tafefóbicos tomaram providências para que jamais fossem enterrados. O químico sueco Alfred Nobel, inventor da dinamite, especificou que, quando morresse, suas veias deveriam ser dessangradas e seu cadáver exangue deveria ser cremado. Outros tomaram precauções para garantir que estavam mortos antes de serem enterrados. O compositor Frédéric Chopin deixou instruções para que seu corpo fosse aberto com um talho antes do enterro. Hans Christian Andersen, o escritor de contos de fadas, deixava um bilhete ao lado da cama todas as noites para avisar que não estava morto, apenas dormindo.

O medo foi categorizado como fobia apenas quando o perigo do enterro prematuro diminuiu, no fim do século XIX: os avanços médicos tornaram mais fácil ter certeza se uma pessoa estava viva ou morta. Apesar disso, ainda existem tafefóbicos — nos primeiros anos do século XXI, o empresário brasileiro Freud de Melo construiu para si uma cripta equipada com saídas de ar, fruteira, TV e megafones. E ainda hoje há casos de enterro prematuro: em 2001, em Massachusetts, um agente funerário ouviu gorgolejos vindos de um saco para transporte de cadáveres e percebeu que a mulher de 39 anos que ele estava prestes a enterrar tinha se recuperado de uma overdose de drogas aparentemente fatal.

☛ *Veja também: claustrofobia, nictofobia*

TALASSOFOBIA

A talassofobia — do grego *thálassa*, "mar" — é um medo intenso de grandes massas de água. Como o oceano pode ser perigoso, é natural ter medo dele — podemos ser arrastados por uma correnteza, um tsunami ou uma tempestade, picados por águas-vivas, atacados por tubarões. Esses medos são expressos em filmes como O *Destino do Poseidon* (1972), *Tubarão* (1975) e *Titanic* (1997), além dos muitos mitos de monstros das profundezas do mar. Os gregos ficavam aterrorizados com Cila, Caríbdis e Hidra; os nórdicos temiam o Kraken; os japoneses tinham medo de Kappa; os marinheiros islandeses e celtas eram alertados sobre as *selkies*; os peruanos contam lendas sobre Yacumama; e os polinésios temiam Taniwha. Essas criaturas surgem das profundezas para nos devorar. "A coisa emergiu das águas escuras. Enorme, polifêmica e repugnante, disparou como um monstro colossal de pesadelos", conta o narrador do conto "Dagon" (1919), um sobrevivente de naufrágio, de H. P. Lovecraft.

Em 2020, no *Journal of Marine Science*, um grupo de biólogos alertou que a talassofobia representa uma ameaça ao planeta. Eles afirmam que nosso medo do mar profundo nos impede de lutar para preservá-lo. A camada de oceano que fica a mais de vinte mil pés (seis mil metros) abaixo da superfície — chamada de "zona hadal" ou "zona hadopelágica" em homenagem a Hades, o governante do submundo para os gregos antigos — é desproporcionalmente prejudicada pela pesca de arrasto e pela mineração, pelo despejo de plásticos, esgoto e resíduos radioativos. Os biólogos marinhos argumentam que os documentários de TV exageram a estranheza e o mistério dessas profundezas, nos distanciando de uma paisagem marítima que precisamos amar. Em um episódio sobre o oceano profundo na série documental *Planeta Azul*, da BBC, por exemplo, David Attenborough descreve um mundo "estranhíssimo", "um mar eternamente sombrio" e de "escuridão perpétua" — "um gigantesco e vazio negrume" habitado por "criaturas estranhas" que vivem "além das regras normais do tempo". Essa caracterização sinistra e "errônea", afirmam os biólogos, evoca um "ambiente desconhecido, deprimente, implacável e de outro mundo". Eles insistem que as criaturas das águas profundas não são monstros: o tamboril, o peixe-ogro e o peixe-dragão-do-mar-profundo parecem esquisitos para nós apenas porque desenvolveram características específicas — como olhos gigantes, mandíbulas e dentes — para ajudá-los a sobreviver em lugares escuros e crepusculares. E lá embaixo há também espécies mais bonitas e delicadas: camarões de patas vermelhas e peixes-caracóis de um cor-de-rosa translúcido piscam na escuridão; plumosos lírios-do-mar balançam no escuro do fundo do oceano. Os biólogos marinhos argumentam que deveríamos fazer todo o possível para proteger esse paraíso aquático, o maior e talvez o mais importante hábitat da Terra.

☞ *Veja também: ablutofobia, aquafobia, ficofobia, hidrofobia, fobia de caiaque, nictofobia*

TELEFONOFOBIA

Médicos de um hospital parisiense fizeram o primeiro diagnóstico de *téléphonophobie* em 1913. Eles observaram que uma paciente, "Madame X", era tomada por uma espécie de terror angustiado ao ouvir um telefone tocar, e ao atender uma chamada ela ficava petrificada e quase incapaz de falar. O jornal galês *Merthyr Express* expressou simpatia pelo infortúnio da vítima: "Pensando bem, praticamente todo usuário de telefone sofre com essa perturbação. É uma doença terrivelmente corrente, essa tal 'telefonofobia'."

Nos primeiros anos do telefone, algumas pessoas temiam que o dispositivo as eletrocutasse, como aconteceu com Robert Graves quando estava servindo na Primeira Guerra Mundial. O poeta atendia à ligação de um colega quando um raio atingiu o fio, dando-lhe um choque tão severo que ele rodopiou. Graves relatava que mais de uma década depois ainda gaguejava e suava toda vez que tinha de usar um telefone. A viúva do rei inglês George V, a rainha Mary de Teck, que nasceu em 1867, permaneceu telefonofóbica até o fim da vida — pouco antes de sua morte, em 1953, seu filho mais velho, o duque de Windsor, disse à imprensa que ela nunca tinha atendido a uma ligação.

O telefone podia parecer um aparelho sinistro e invasivo. "Tocava peremptoriamente e sem aviso nas profundezas do lar burguês", como observou o estudioso literário David Trotter, "virando-o de pernas para o ar." O toque autoritário era um ataque à privacidade, ao mesmo tempo abrupto e implacável. Na década de 1910, em Praga, Franz Kafka desenvolveu terror ao telefone, que lhe parecia quase sobrenatural por sua capacidade de separar a voz do corpo. No conto "Meu vizinho", que Kafka escreveu em 1917, um jovem empresário imagina que um rival pode ouvir suas conversas telefônicas através da parede, como se o dispositivo tivesse dissolvido completamente as barreiras físicas.

Agora que temos tantas formas alternativas de comunicação remota, o medo de fazer e receber ligações telefônicas retornou. Em 2013, uma pesquisa com 2.500 funcionários de escritório britânicos de dezoito a 24 anos constatou que 94% deles prefeririam enviar um e-mail a dar um telefonema, 40% se sentiam nervosos ao fazer uma ligação e 5% ficavam "aterrorizados" com a ideia de ligar para alguém. Em 2019, a situação pareceu ter piorado: em uma pesquisa com quinhentas pessoas de todas as idades que trabalhavam em escritórios, 62% delas ficavam ansiosas com chamadas telefônicas. Algumas temiam que, se não tivessem tempo de preparar uma resposta, soariam burras ou esquisitas; outras temiam não conseguir entender o interlocutor; outras tinham medo de serem ouvidas — em um escritório de plano aberto, sem divisórias, não é apenas a pessoa do outro lado da linha que avalia suas palavras, mas os colegas também podem ouvir e julgar. A pesquisa demonstrou que os entrevistados mais telefonofóbicos eram os mais jovens: 76% dos *millennials* (nascidos nas décadas de 1980 e 1990) disseram sentir ansiedade ao ouvir um telefone tocar.

Em um artigo publicado no jornal *The Guardian* em 2016, Daisy Buchanan explicou que ela e os amigos não apenas estavam menos acostumados a chamadas telefônicas do que as pessoas mais velhas, como mais sensíveis aos efeitos dos telefonemas sobre os outros. "A verdade é que a atitude dos *millennials* em relação às ligações tem a ver com boas maneiras", escreveu ela. "Fomos criados com muitos métodos de comunicação disponíveis, e gravitamos em direção aos menos invasivos porque sabemos como é ser estimulado digitalmente em vários canais diferentes." Uma ligação telefônica não programada de antemão pode parecer agressiva e insistente, como parecia há um século: uma forma inaceitavelmente exigente de entrar em contato.

☞ *Veja também: glossofobia, nomofobia, fobia social*

TETRAFOBIA

Um medo irracional do número 4 (*téssares*, em grego antigo) é comum em países do Leste Asiático, pois em vários idiomas (entre eles mandarim, cantonês, coreano e japonês) o som da palavra "quatro" é muito semelhante ao som da palavra "morte".

Muitos edifícios no leste da Ásia suprimem todos os números de andares e quartos que incluem o algarismo: 4, 14, 24, 34 e assim por diante. Alguns hotéis de Hong Kong saltam do 39º andar para o 50º. Em Taiwan, na Coreia do Sul e na China, os números de navios e aeronaves raramente terminam em 4, e muitos restaurantes chineses e japoneses em todo o mundo evitam o algarismo. Certas combinações são consideradas especialmente azaradas: 514 em mandarim se pronuncia como "eu quero morrer"; 748 soa como "vai morrer"; e 74 tem som de "vai morrer de raiva" ou "já morto".

Para muitas pessoas, o medo do número 4 é uma superstição leve, mas para alguns torna-se uma fixação. Quando era pequena, em Hong Kong, a atriz Jo Chim se divertia com a tetrafobia do pai, mas à medida que foi crescendo, ela mesma se tornou tetrafóbica. No começo era uma idiossincrasia — ela evitava se sentar na quarta fila de um teatro e fazia questão de que seu número de telefone não tivesse um 4. Entretanto, quando engravidou do primeiro filho, depois de ter dificuldades para conceber, a fobia se apossou dela. Sua gravidez parecia tão arbitrária, tão misteriosamente concedida, que era mais seguro não provocar o destino. "O supermercado era cheio de dificuldades", relembra ela em seu blog. "Deus me livre de comprar quatro itens. E o valor da compra nunca podia ter o número 4, naturalmente [...] Eu encarava a tela do caixa com olhos de águia. Sempre que o total chegava a qualquer valor com 4, meu coração acelerava e minhas mãos começavam a suar. Eu pegava instantaneamente um pacote extra de chicletes, batatas fritas, pilhas, qualquer coisa que pudesse, e colocava na esteira, apenas para arredondar o total."

Em uma análise de todas as mortes ocorridas nos Estados Unidos entre 1973 e 1998 publicada no *British Medical Journal* em 2001, uma equipe de pesquisadores em San Diego mostrou que os asiáticos-americanos corriam 13% mais risco de morrer de insuficiência cardíaca no quarto dia do mês do que em qualquer outro dia, pico que não era acompanhado por uma queda compensatória das paradas cardíacas nos dias seguintes. Na Califórnia, onde residiam mais de 40% dos asiáticos-americanos, o efeito era ainda mais pronunciado: no quarto dia do mês havia um aumento de 27% nos ataques cardíacos fatais nesse grupo. Os autores do artigo especularam que o tamanho das comunidades chinesa e japonesa na Califórnia reforçava o poder da tetrafobia.

Os pesquisadores intitularam seu artigo "O efeito *Cão dos Baskervilles*: um experimento natural sobre a influência do estresse psicológico no momento da morte". A solução para o mistério de Arthur Conan Doyle de 1902, apontaram eles, depende da ideia de que o medo pode causar um infarto fulminante. A hipótese é extremamente difícil de testar, porque os mortos não podem relatar seus derradeiros sentimentos, mas a análise do *British Medical Journal* sobre os efeitos da tetrafobia parecia confirmar que o medo pode ser fatal.

☛ *Veja também: aritmomania, triscaidecafobia*

TOCOFOBIA

De acordo com uma pesquisa de 2001, 6% das mulheres grávidas têm medo patológico de dar à luz e 14% de todas as mulheres sentem um pavor tão grande de parir a ponto de evitar, adiar ou interromper uma gravidez, mesmo quando desejam ter um filho. A palavra tocofobia — do grego *tókos*, "parto" — foi cunhada por Kristina Hofberg no *British Journal of Psychiatry* em 2000, mas os sintomas haviam sido descritos pelo psiquiatra francês Louis-Victor Marcé em 1858. Ele identificou duas categorias de mulheres que sofriam de um medo extremo do parto: as que estavam grávidas pela primeira vez, mães de primeira viagem em quem "a expectativa de uma dor desconhecida as preocupa além de qualquer medida e as lança em um estado de ansiedade enorme"; e as que já eram mães, cujo pavor era embasado pelas lembranças do parto.

Em 1978, as médicas francesas Monique Bydlowski e Anne Raoul-Duval publicaram um influente estudo sobre dez mulheres que passaram por trabalhos de parto longos e dolorosos e depois sofreram com pesadelos e o terror de engravidar novamente. "O parto", concluíram elas, "especialmente o primeiro, pode colocar a mãe sob estresse extremo, por conta de sua violência obrigatória e do confronto com uma morte iminente e solitária." Para mulheres que nunca deram à luz, o medo pode ser desencadeado por algum outro acontecimento traumático, como uma agressão sexual, ou por imagens e histórias perturbadoras. A atriz inglesa Helen Mirren prometeu nunca ter filhos depois de assistir a um filme bastante explícito sobre parto no colégio de freiras em que estudou. "Eu juro que isso me traumatiza até hoje", declarou ela em 2007. "Eu não tive filhos e agora não consigo nem ver nada que seja relativo a partos. Isso me enoja completamente."

Algumas mulheres não temem apenas o processo de dar à luz, com seus perigos reais para a mãe e o filho, como também o que pode sair de seu corpo. No filme *O Bebê de Rosemary* (1968), de Roman Polanski, uma jovem recém-casada passa a acreditar que engravidou do diabo. À medida que a gravidez avança, a mulher sente dores excruciantes na barriga e teme o ser que está crescendo dentro dela. Rosemary é sedada assim que entra em trabalho de parto. Ao recobrar os sentidos, procura o berço de seu bebê, levanta o dossel e recua, horrorizada, ao ver a criatura que ela deu à luz.

☞ *Veja também: fobias de sangue-injeção-ferimentos, demonomania, emetofobia, misofobia*

TRICOMANIA

O primeiro uso conhecido da palavra "tricomaníaco", que descreve uma pessoa apaixonada por cabelo (*thríx/trichós*, em grego), está em um ensaio de 1949 do poeta inglês Robert Graves. Em *The Common Asphodel* [O asfódelo comum], Graves declarou que o poeta inglês do século XVII John Milton era um tricomaníaco. No Christ's College, em Cambridge, Graves disse, a cabeleira luxuriante de Milton lhe rendeu o apelido zombeteiro de "Nossa Senhora do Christ's", e em seus versos ele gostava de se demorar em "cachos, labirintos, curiosos nós, mechas górdias e curvas pitorescas".

Na época de Milton — quando os "Cabeças Redondas", bem barbeados e de cabelo cortado à escovinha, travaram uma guerra contra os Cavaliers, que tinham cabeleiras e bigodes longos e vistosos[*] —, o cabelo era um aspecto extremamente carregado de significados morais, religiosos, sexuais e políticos. Cabelos longos e soltos poderiam ser símbolos de inocência, ou de hedonismo, dandismo, elitismo, feminilidade, estranheza, sensualidade. O cabelo cortado representava disciplina, masculinidade e compostura. Em *Paraíso perdido*, Milton evoca a

---

[*] Na Guerra Civil Inglesa (1642-1649), os partidários do rei Carlos I (chamados de Cabeças Redondas ou *Roundheads* por se recusarem a usar as perucas cacheadas da época) lutaram contra a oposição dos Parlamentares (os *Cavaliers*), liderados por Oliver Cromwell. O conflito acabou com o rei condenado à morte. (N. T.)

liberdade pré-lapsariana (ou seja, antes da expulsão de Adão e Eva do Jardim do Éden) ao descrever as madeixas onduladas de Adão e prenuncia a queda nos "cachos desgrenhados e lascivos" de Eva.

Graves identificou Apuleio como outro fanático por cabelos. Em *Metamorfoses*, o poeta romano do século II descreve com ternura o cabelo das mulheres, preso no alto da cabeça ou caindo-lhes em caracóis às costas, da cor do ouro ou do mel, ou "negros como as asas de um corvo e de súbito assumindo os azulados tons pálidos das penas do pescoço de uma pomba".

O apogeu da tricomania se deu no século XIX, quando os pintores pré-rafaelitas se deleitavam com as densas e sedutoras cascatas de cabelos de suas musas. Em *Psychopathia Sexualis*, Richard von Krafft-Ebing detalhou casos de indivíduos tão obcecados por cabelos que cometiam atos aterradores. Um homem na casa dos trinta anos ansiava por chupar grossos cabelos negros e, quando passeava, impulsivamente pressionava os lábios na cabeça das moças de cabelos escuros. Em 1889, um chaveiro de quarenta anos foi preso na sala de concertos Trocadéro, em Paris, com uma tesoura no bolso e uma mecha de cabelo na mão. Ele confessou ter cortado, naquela mesma noite, os cachos de uma jovem de cabelos longos e soltos, e explicou que só conseguia atingir o orgasmo quando penteava, acariciava ou se sufocava em madeixas femininas. A polícia revistou a casa desse homem e encontrou mais 65 mechas de cabelo, seladas em pacotes separados, e uma variedade de alfinetes e fitas.

Em "Um hemisfério em uma cabeleira" (1857), poema em prosa de Charles Baudelaire, o poeta francês enterra o rosto nos cachos de sua amante:

> *No ardente ninho de tua cabeleira respiro o odor de tabaco misturado ao ópio e ao açúcar; na noite de tua cabeleira vejo o infinito resplendor do azul tropical; sobre as margens*

cheias de penugem de tua cabeleira embriago-me com os odores de alcatrão, de almíscar e de óleo de coco.

O poeta implora: "Deixa-me morder, demoradamente, tuas tranças pesadas e negras. Quando mordisco teus cabelos elásticos e rebeldes, parece-me que estou comendo lembranças."

☞ *Veja também: pogonofobia, tricotilomania*

TRICOTILOMANIA

Em 1906, o psiquiatra Pierre Janet ficou surpreso quando uma mulher de 24 anos visitou seu consultório e tirou uma peruca loira da cabeça. "Em seu crânio descoberto há apenas alguns raros tufos de cabelo bem curto", escreveu ele, "separados por grandes trechos absolutamente calvos." A princípio ele achou tratar-se de um caso drástico de alopecia, mas a jovem lhe relatou outra coisa: nos dezoito meses anteriores, vinha arrancando os cabelos e comendo os fios. Tudo começou quando ela foi enviada de onde morava, na zona rural, para trabalhar como criada de uma família em Paris; seus patrões eram exigentes e desdenhosos, e ela ficou com muita saudade de casa. Janet observou que a paciente era de resto bastante sensata e equilibrada; porém, repetidas vezes era tomada pelo "singular desejo" de arrancar um fio de cabelo "e sentir a pequena dor resultante disso".

O termo *trichotillomanie* (em grego, *tillō/tillein* é "puxar", arrancar") foi cunhado em 1889 pelo dermatologista François Hallopeau para diagnosticar um paciente que arrancava tufos de seu couro cabeludo. Como figura de linguagem, "arrancar os cabelos" é uma expressão de frustração, tensão, nervosismo, mas na prática a atividade é mais sistemática do que impulsiva, metódica em vez de furiosa. Um tricotilomaníaco puxa um a um os fios de diversas partes do corpo, como couro cabeludo, cílios ou sobrancelhas e, vez por outra, até da região pubiana.

Acredita-se que a tricotilomania afete cerca de 2% da população. O comportamento é especialmente difundido entre as crianças, que são sete vezes mais propensas do que os adultos a arrancar pelos e cabelos, e é nove vezes mais prevalente em mulheres do que em homens. Em alguns casos, arrancar os cabelos é uma atividade inconsciente, realizada de maneira automática enquanto a pessoa assiste à TV ou está distraída em devaneios; em outros exemplos, é uma ação focada e deliberada. "Localiza-se um fio de cabelo que 'não parece certo' (muito grosso, crespo, arrepiado, torto, liso ou diferente)", explica o *Journal of Child Psychology and Psychiatry*. "O cabelo é então arrancado e examinado, e às vezes a pessoa come a raiz ou o fio inteiro. Pode ser que a pessoa faça uma pilha de fios antes de descartá-los. A duração das sessões de retirada dos cabelos varia de quatro ou cinco horas, nas quais várias centenas de fios são puxados, a breves espaços de tempo, nos quais apenas alguns são puxados de cada vez, mas que ocorrem novamente dezenas de vezes por dia."

Alguns estudos relatam que indivíduos com esse e outros transtornos de comportamento repetitivo focados no corpo são excepcionalmente responsivos a sons e texturas: arrancar cabelo serve como uma distração de estímulos externos avassaladores. Outros sugerem que a tricotilomania é uma variante patológica do nosso instinto biológico de autocuidado e limpeza, comportamento que visa nos proteger de parasitas e infecções. E outros argumentam que o ato de arrancar cabelos de forma obsessiva se desenvolve como um ritual de autoproteção, para lidar com a ansiedade ou um trauma por separação, ou como um deslocamento do impulso erótico. O distúrbio pode ser tratado com medicamentos que alteram a função cerebral, como inibidores seletivos da recaptação de serotonina, ou com técnicas de reversão de hábitos, nas quais o tricotilomaníaco é ensinado a identificar os gatilhos que desencadearam determinados episódios e a desenvolver uma resposta substituta, como fechar os punhos.

Muitas manias e fobias são adquiridas por imitação, mas a tricotilomania é uma atividade privada e que causa vergonha. Seus efeitos muitas vezes são disfarçados — por perucas ou chapéus, maquiagem ou óculos. Em 2009, entrevistando tricotilomaníacas em uma clínica de Londres, a jornalista Jemima Khan aprendeu que elas fazem de tudo para esconder o hábito. Uma evitava andar perto de ônibus de dois andares, por medo de que os passageiros sentados na parte de cima pudessem ver pontos de calvície em seu couro cabeludo; outra tinha receio de subir escadas, de espelhos de segurança no teto de lojas, de nadar, de chuva; outra não passava a noite com o namorado.

Em 1989, uma mulher norte-americana de mais ou menos trinta anos ficou muito feliz ao descobrir que havia um nome para sua condição clínica e que ela não era a única a ter o impulso de arrancar os cabelos. Ela concordou em falar sobre o distúrbio em um programa de rádio de Seattle, ocasião em que mencionou que havia acabado de criar um disque-ajuda. Quando chegou em casa, havia seiscentas mensagens em sua secretária eletrônica. "Eram recados de pessoas chorando, soluçando e implorando por ajuda", disse ela. Na semana seguinte, respondeu a todas as ligações, uma por uma. "Foi a melhor terapia que já fiz", relembra, "porque eu ouvia minha vida saindo da boca de outras pessoas."

Em alguns períodos históricos e em certos lugares, a prática tinha sanção social. Na Grécia e no Egito antigos, as mulheres arrancavam os cabelos da cabeça como um ritual de luto. Na Índia, os monges jainistas ainda realizam *kaya klesh*, um procedimento de duas horas no qual demonstram a capacidade que têm de se desapegarem da dor removendo o cabelo do couro cabeludo e todos os pelos do rosto, fio por fio ou tufo por tufo, até ficarem carecas e com o rosto liso. Todos os tricotilomaníacos entrevistados em uma pesquisa de antropologia médica em 2018 rejeitaram a descrição de seu comportamento como "automutilação" — eles enfatizaram o prazer e o alívio que esse tipo de depilação lhes proporcionava. Como Pierre Janet escreveu em seu artigo de 1906, "uma vez realizado o ato, o paciente sente alegria, uma satisfação peculiar, e por algum tempo parece liberto da fadiga e das várias sensações dolorosas de que antes sofria constantemente".

☞ *Veja também: dermatilomania, monomania, onicotilomania, pogonofobia, tricomania*

TRIPOFOBIA

A tripofobia, aversão ou medo intenso de aglomerados de pequenos buracos ou saliências, surgiu como um fenômeno em 2003, quando a imagem de um seio feminino aparentemente infestado de larvas circulou na internet. As pessoas que reagiram com mais veemência à imagem — expressando náusea e pânico — descobriram que compartilhavam o horror a esse tipo de padrão. Alguns criaram grupos de discussão e apoio on-line e, em 2005, a participante de um dos fóruns ("Louise", na Irlanda) inventou a palavra tripofobia (do grego *trýpa* ou *trupē*, "buraco") para descrever a característica. No fim, ficou claro que o meme original da internet era uma fotomontagem de uma vagem de semente de lótus e do seio de uma mulher, mas isso não o tornou menos repulsivo para os verdadeiros tripofóbicos. A fobia pode ser provocada por qualquer aglomerado de formas circulares ásperas: em esponjas, cracas, pãezinhos estilo *crumpet*, espuma de sabão, favos de mel, queijo suíço, romãs, uma bebida quente borbulhante, as costas esburacadas do sapo-aru. "Eu não consigo nem olhar para buraquinhos", a modelo e estrela de reality show Kendall Jenner declarou num post em seu blog, em 2016. "Isso me causa muita ansiedade. Quem sabe o que tem lá???"

De início, essa fobia foi menosprezada, tratada como uma criação da internet. Parecia ser um distúrbio emocionalmente contagioso, uma ansiedade psicogênica transmitida apenas por sugestão. Muitos dos fóruns de discussão on-line sobre tripofobia estavam apinhados de imagens de buracos, com uma intenção que parecia ser a de cultivar o transtorno, em vez de aliviá-lo. Entretanto, alguns usuários desses sites explicaram que estavam tentando uma espécie de terapia de exposição, com o objetivo de se dessensibilizar por meio da repetição e da familiaridade. Outros falavam de um desejo de esmagar superfícies esburacadas, admitindo a ânsia de tocar — bem como de eliminar — os objetos da repulsa.

Alguns cientistas especulam que a tripofobia seja uma adaptação evolutiva concebida para nos proteger de patógenos: padrões irregulares de buracos lembram feridas, cistos e bolhas, uma erupção cutânea ou um fungo, espinhas e pústulas de doenças infecciosas, como a varíola. De acordo com um estudo realizado em Amsterdã em 2018, a maioria de nós detesta "agrupamentos de estímulos relevantes em termos de doenças", e os tripofóbicos estendem a aversão a outras superfícies esponjosas, esburacadas ou marcadas por cicatrizes. Em perguntas abertas sobre olhar para grupos de buracos, com frequência os tripofóbicos relataram sensações na pele, como coceira e formigamento. Os pesquisadores concluíram que "essas descobertas corroboram a proposta de que indivíduos com tripofobia percebem principalmente agrupamentos de estímulos como portas de entrada para ectoparasitas e patógenos transmitidos pela pele".

Muitas vezes, uma resposta tripofóbica não interfere na rotina normal de uma pessoa, e é mais um desconforto ou mal-estar do que uma fobia, mas para alguns é uma aversão poderosa e incapacitante, capaz de desencadear ataques de pânico. "Eu choro incontrolavelmente, e minha respiração fica acelerada", disse um jovem de dezenove anos de Ohio, que se horrorizava com tudo, desde caroços de pêssego a raladores de queijo. "Meu coração e minha mente disparam. Meu peito fica apertado, e eu só quero que tudo pare. Nesses momentos, seria capaz de dar minha perna esquerda para que parasse. Quero fugir o mais rápido possível, mas a coisa está na minha mente e, infelizmente, ninguém consegue fugir dos próprios pensamentos."

☞ Veja também: *acarofobia, fobia de botões, misofobia*

TRISCAIDECAFOBIA

O medo irracional do número 13 (*treiskaideka*, em grego antigo) é generalizado no Ocidente. Pode ser que tenha origem na história de Loki, o deus trapaceiro da mitologia nórdica, que ficou tão furioso por ser excluído de um jantar para doze deuses em Valhalla que invadiu o evento, tornando-se o décimo terceiro à mesa, e amaldiçoou a terra com trevas. O 13 também pode nos parecer um número estranho porque não é divisível com precisão e porque agrupamos muitas coisas em dúzias (tabuadas, apóstolos, meses do ano, horas do dia, signos do Zodíaco, ovos).

O escritor Stephen King confessou: "O número 13 nunca deixa de me fazer sentir aquele dedo gelado deslizando de cima a baixo na minha espinha. Quando estou escrevendo, nunca paro de trabalhar se o número da página for 13 ou um múltiplo de 13; continuo digitando até chegar a um número seguro." Para atender aos triscaidecafóbicos, hotéis e prédios costumam omitir quartos e andares com o número 13; algumas companhias aéreas pulam a fileira 13 nos aviões; casas geminadas saltam do número 12 para o 14, recorrendo a alternativas como "12a", por exemplo. Na sexta-feira 13, as pessoas também evitam fazer transações financeiras vultosas ou se casar.

Em 2004, o Centro e Instituto de Gerenciamento de Estresse e Fobias sediado na Carolina do Norte estimou que os Estados Unidos perdem mais de oitocentos milhões de dólares por ano porque os funcionários se recusam a trabalhar ou a voar nessa data (o diretor do instituto batizou a fobia da sexta-feira 13: parascavedecatriafobia — *paraskevi* é "sexta-feira", em grego moderno).

Embora alguns hospitais optem por não atribuir o número 13 a nenhuma de suas enfermarias ou leitos, o Hospital Southmead em Bristol decidiu ignorar a superstição quando inaugurou o Edifício Brunel, em 2014. Dois médicos do hospital aproveitaram a oportunidade para comparar os resultados de pacientes em diferentes leitos na nova unidade de terapia intensiva entre 2015 e 2017. Não encontraram variação estatisticamente significativa entre as taxas de mortalidade de pacientes do leito 13 e os dos leitos 14 a 24. Na verdade, os pacientes que ocupavam o leito 13 se saíam um pouco melhor. Os resultados foram publicados no *Journal of Critical Care* em 2018 sob o título "Admissão ao leito 13 na UTI não reduz as chances de sobrevivência".

Otimistas, os médicos escreveram: "Esperamos que nossos dados tranquilizem os pacientes, suas famílias e até os membros da equipe do hospital que possam ter essa fobia, e estimulem uma abordagem menos supersticiosa e mais sensata da numeração de enfermarias e leitos hospitalares."

☞ *Veja também: aritmomania, tetrafobia*

TULIPAMANIA

As nações, assim como os indivíduos, podem enlouquecer, como escreveu o jornalista escocês Charles Mackay em *A história das* *ilusões e loucuras das massas* (1841): "Descobrimos que, de súbito, comunidades inteiras fixam a mente em um só objeto e enlouquecem em sua busca; que milhões de pessoas ficam simultaneamente impressionadas com uma ilusão e saem no encalço dela." Como exemplo, Mackay citou a "tulipamania"[*] holandesa de 1634 a 1637, durante a qual o preço dos bulbos de tulipa disparou e depois caiu abruptamente, arruinando a vida de muitos especuladores.

As tulipas foram levadas da Turquia para a Europa Ocidental em meados do século XVI — "tulipa" era uma palavra persa e turca para "turbante", uma relação com o formato da cabeça da flor — e se tornaram um símbolo de status durante a Idade de Ouro holandesa, quando os Países Baixos estavam entre as nações prósperas do planeta. As tulipas mais valiosas tinham pétalas coloridas de um jeito exuberante, raiadas com plumosas labaredas amarelas ou brancas. Como cresciam a partir de bulbos quebrados, exigiam um cultivo mais lento e arriscado.

Os comerciantes de tulipas criaram um mercado de futuros, ao fechar contratos na primavera e no verão para a compra de bulbos antes de darem flor, e que seriam colhidos somente ao desabrochar, no fim da estação. Em 1636, dizia-se que alguns contratos mudavam de mãos dez vezes por dia. E atingiam preços exorbitantes. Uma única tulipa da variedade "vice-rei", segundo um escritor contemporâneo, foi negociada em troca de quatro bois gordos, oito porcos gordos, doze ovelhas gordas, duas barricas de vinho, quatro tonéis de cerveja, dois latões de manteiga, 453 quilos de queijo, uma cama, um conjunto completo de roupas, uma taça de prata e uma grande quantidade de trigo e centeio. Mackay contou uma história, possivelmente apócrifa, sobre um marinheiro faminto que surrupiou um bulbo de tulipa

---

[*] O auge da tulipamania, tido como a primeira bolha especulativa conhecida, também é chamado de "mania das tulipas", "tulipomania", "febre da tulipa" ou "crise das tulipas". (N. T.)

do balcão de um comerciante, pensando que era uma cebola, e foi encontrado ao lado de seu navio comendo alegremente o bulbo no café da manhã, acompanhado de arenque; segundo o jornalista, se essa tulipa furtada fosse vendida, poderia alimentar toda a tripulação do navio durante um ano inteiro.

Mackay afirmou que a ânsia de possuir tulipas tornou-se tão desenfreada que "a indústria comum do país foi negligenciada, e a população, até mesmo a ralé, mergulhou de cabeça no comércio dessas flores [...] Nobres, cidadãos, agricultores, mecânicos, marinheiros, lacaios, criadas, até limpadores de chaminés e velhas remendeiras se meteram a negociar tulipas. Pessoas de todas as classes converteram suas propriedades em dinheiro e investiram em flores". Todo mundo imaginava que a paixão pelas tulipas duraria para sempre, escreveu ele, mas no início de 1637 a confiança no mercado começou a vacilar e, em fevereiro, desmoronou. Segundo Mackay, o governo holandês não conseguiu encontrar uma saída para a bancarrota generalizada, e muitos comerciantes foram reduzidos quase à mendicância.

O jornalista foi acusado de exagerar a extensão do estouro da bolha da tulipamania. Depois de examinar os contratos da época, a historiadora Anne Goldgar argumenta que o mercado de tulipas era pequeno e o impacto da quebradeira foi limitado. Ela não conseguiu encontrar uma única pessoa que tenha ido à falência por causa das tulipas. A mania sobre a tulipamania, segundo ela, foi estimulada pelos panfletários calvinistas holandeses, que descreveram a mania das tulipas como prova dos males da especulação. No entanto, ela concorda que o episódio foi influente: "Embora a crise financeira tenha afetado pouca gente, o choque da tulipamania foi considerável. Toda uma rede de valores foi colocada em xeque." O desejo por tulipas acabou virando um símbolo de arrogância, ganância e histeria capitalista.

☞ *Veja também: bibliomania, plutomania*

XENOFOBIA

Na década de 1880, xenofobia era sinônimo de "agorafobia", o medo de espaços abertos ou públicos — *xénos* significa "estrangeiro" ou "estranho" em grego —, e somente no início do século XX a palavra passou a definir desconfiança, temor ou antipatia por pessoas de uma etnia, nacionalidade ou credo diferente. Formas específicas de xenofobia são a islamofobia (o temor de ou ódio ao islã e aos muçulmanos, do francês *islamophobie*, em uso desde a década de 1870, mas difundida no Ocidente somente a partir da década de 1990), a judeofobia (usada já em 1847 para descrever o antissemitismo) e a sinofobia (aparentemente usada pela primeira vez em um livro sobre o comércio de ópio em 1876 para designar a aversão ao povo e à cultura chineses). Em 1923, o jornal *The New York Times* descreveu a atitude da Ku Klux Klan em relação aos negros como xenofobia, "uma doença mais perigosa para um povo livre do que qualquer praga física".

Os psicanalistas argumentam que a xenofobia surge do medo de nossos próprios impulsos. "Associamos outras pessoas a uma parte que reprovamos em nós mesmos", nas palavras de Joost Meerloo, judeu holandês que fugiu dos nazistas em 1942, "e assim o ódio pelo objeto de nossa identificação cresce dentro de nós; na verdade, torna-se a personificação do nosso medo, embora possa ser apenas um bode expiatório simbólico [...] Boa parte do ódio e da perseguição às minorias pode ser atribuída a um medo não analisado e inexplicável."

A exemplo de outras fobias, esses preconceitos podem se tornar aversões fisiológicas. Trabalhos recentes de psicologia social mostram que os estereótipos culturais se incrustam no cérebro. "Associar repetidamente símbolos de emoções negativas a um representante de um exogrupo identificará todos os membros desse grupo com um marcador somático negativo", argumenta o filósofo Stephen T. Asma. "A amígdala cerebelar faz esse trabalho nefasto." Em experimentos realizados em 2013 na Universidade de Nova York, David Amodio rastreou essas reações subconscientes à diferença racial. Mas Amodio assinala que as pessoas podem reeducar seus impulsos antissociais, usando os poderes reflexivos do complexo córtex frontal para modificar medos irracionais aos quais foram condicionadas. Amodio diz que "a mente humana tem uma habilidade extrema de controle e regulação, e a verdade é que o fato de termos esses preconceitos deveria ser visto como uma oportunidade para tomarmos consciência deles e fazermos algo a respeito".

O consultor educacional britânico Robin Richardson popularizou o termo islamofobia em um relatório sobre o sentimento antimuçulmano que ele escreveu em 1997, mas quinze anos depois o próprio Richardson advertiu contra o uso da palavra. Em 2012, ele argumentou que descrever o racismo e o nacionalismo como fóbicos pode ser um tiro pela culatra, porque isso parece naturalizar e justificar as divisões entre as pessoas e pode acabar dando o debate por encerrado. "Acusar alguém de ser insano ou irracional é ser abusivo e deixa essa pessoa na defensiva e resistente, o que não é nenhuma surpresa", escreve Richardson. "O diálogo reflexivo com ela é praticamente impossível." Uma estratégia melhor, sugere ele, é pensar nos sentimentos racistas e nacionalistas não como temores ou doenças, mas como manifestações de ansiedade.

☞ *Veja também: homofobia*

XILOFOBIA

A palavra xilofobia, que significa medo intenso de florestas, é formada a partir da palavra grega antiga *xylon*, "madeira". Esse medo está incutido em contos de fadas como "João e Maria" e "Chapeuzinho Vermelho" e filmes de terror como *Uma Noite Alucinante: A Morte do Demônio* (1981) e *A Bruxa de Blair* (1999). Uma floresta pode esconder javalis, ursos e lobos, bruxas e homens desvairados. É um lugar no qual perdemos o rumo e nos perdemos, talvez para nunca mais voltar.

Em seu ensaio "Medo e delírio na Frente Oriental", o historiador espanhol David Alegre Lorenz documenta o terror que as florestas soviéticas do Centro-Norte, tão densas, despertaram nos voluntários franceses, valões e espanhóis que combateram as tropas alemãs na Segunda Guerra Mundial. Quanto mais os soldados avançavam sobre a União Soviética em 1941, mais o terreno da floresta se assomava ao redor deles, e o dossel da copa das árvores se fechava. O líder espanhol fascista Dionisio Ridruejo descreveu "uma floresta salpicada de poças, aroma pesado; escura, com abetos imensos que a tornam ainda mais sombria".

Os voluntários sentiam que os guerrilheiros soviéticos estavam escondidos nas árvores: "Estamos sendo observados", escreveu um francês na Bielorrússia. "Uma sensação desagradável, fazer a barba sabendo que a cem metros de distância alguém está olhando para você, com o rifle na mão." Alguns temiam que forças sobrenaturais estivessem agindo. "A floresta evoca o diabo", escreveu um soldado espanhol, ao passo que outro, mesmo depois de sair da mata, sentia-se acossado pelo "fantasma das florestas, que cruza as linhas e mergulha nas costas da retaguarda, nessas florestas que servem de covil aos guerrilheiros e que gritam com você".

"A floresta fervilha de guerrilheiros", declarou um voluntário valão em 1943. "Esta lama, esta chuva, estes abetos dão a impressão de que lutamos contra fantasmas que surgem do nevoeiro [...] A Rússia está preparando uma armadilha para nós." A floresta, ao que parecia, estava em conluio com o inimigo.

Lorenz argumenta que havia muito que o medo da floresta primitiva permeara as percepções que os povos ocidentais tinham da Rússia, e esse temor foi reavivado pelos combates na Frente Oriental. As florestas da União Soviética, escreve ele, "encarnaram o mito da Rússia e do 'Leste selvagem'". Um anúncio da campanha eleitoral de Ronald Reagan em 1984 invocou o sentimento antissoviético com o slogan "Há um urso na floresta", abaixo de uma imagem de um urso enorme, tradicional símbolo da Rússia, que avançava em meio a um arvoredo denso.

☞ Veja também: *claustrofobia, nictofobia, talassofobia*

Z

ZOOFOBIA

A zoofobia — do grego *zōon*, "criatura viva" — é um medo excessivo de animais, seja um animal específico ou animais em geral. Os medos relacionados a animais são surpreendentemente consistentes em todo o mundo. De acordo com um estudo de 1998, as populações do Reino Unido, dos Estados Unidos, da Coreia do Sul, da Holanda e da Índia apresentaram níveis muito semelhantes de medo em relação aos mesmos bichos, ao passo que os cidadãos do Japão e de Hong Kong relataram taxas apenas um pouco mais altas. Entre os predadores mais temidos incluem-se tigres, jacarés, crocodilos, ursos, lobos, tubarões, leões e cobras. Destes, apenas a cobra é objeto comum de fobia — isto é, de medo excessivo ou irracional. Somos muito mais propensos a ter um medo ilógico das criaturas que provocam pavor associado à repulsa, das quais as sete primeiras são: baratas, aranhas, minhocas, sanguessugas, morcegos, lagartos e ratos.

Nove em cada dez zoofóbicos mostram melhora significativa quando são submetidos primeiro à terapia de dessensibilização sistemática, na qual se empenham em visualizações controladas do objeto de fobia, e depois à exposição ao vivo, na qual confrontam diretamente as criaturas temidas. Entretanto, a maioria dos indivíduos zoofóbicos evita (ou abandona) tratamentos desse tipo. Por conta disso, em 2018 uma equipe de neurocientistas do Japão, de Hong Kong e dos Estados Unidos tentou uma alternativa: uma terapia para a zoofobia que ignora a mente consciente.

Para começar, os pesquisadores usaram a nova técnica de "decodificação de hiperalinhamento" da imagem por ressonância magnética funcional (RMF), a fim de identificar os padrões cerebrais associados a animais em um grupo de pessoas não fóbicas. Munidos desses códigos, os cientistas usaram a RMF para monitorar o cérebro de dezessete indivíduos, cada um com fobia de pelo menos dois animais. A cada participante mostrou-se um disco cinza, que ficava maior sempre que a atividade no córtex frontal, especificamente na parte ventral, se alinhava ao padrão de código correspondente a um desses dois animais. Como um incentivo para que os sujeitos da pesquisa se estendessem sobre o que estavam pensando nesses momentos, os pesquisadores lhes disseram que, quanto maior o disco, maior a recompensa financeira que receberiam por participar do estudo.

Os participantes não estavam pensando conscientemente em seus temidos animais quando o código era detectado, e, mesmo depois de cinco sessões, não sabiam dizer quais animais haviam sido codificados pela varredura da ressonância. No entanto, a fobia das criaturas visualizadas, medida por reações corporais como a condutividade da pele, foi reduzida significativamente, ao passo que o medo que tinham dos animais de controle permaneceu intacto.

Os pesquisadores escreveram: "Este estudo fornece evidências de que respostas fisiológicas ao medo — referentes a medos específicos, subclínicos, que ocorrem naturalmente — podem ser reduzidas de maneira inconsciente por meio de decodificadores de hiperalinhamento, completamente fora da consciência dos sujeitos humanos." Os zoofóbicos aprenderam a associar a recompensas os animais que outrora temiam, sem nem sequer saber que as criaturas tinham passado pela mente deles.

☞ *Veja também: acarofobia, ailurofobia, aracnofobia, batracofobia, cinofobia, entomofobia, equinofobia, musofobia, ofidiofobia*

FONTES

—

INTRODUÇÃO

Associação Norte-Americana de Psiquiatria (APA), 5ª edição do *Manual Diagnóstico e Estatístico de Transtornos Mentais – DSM*. Tradução de Aristides Volpato Cordioli, Cristiano Tschiedel Belem da Silva, Ives Cavalcante Passos, Christian Kieling e Mário Tregnago Barcellos. Porto Alegre: Artmed, 2014.

Stephen T. Asma, "Monsters on the Brain: An Evolutionary Epistemology of Horror'. *Social Research*, vol. 81, nº 4, 2014.

George Miller Beard, *A Practical Treatise on Nervous Exhaustion (Neurasthenia): Its Symptoms, Nature, Sequences, Treatment*. Nova York: William Wood & Company, 1880.

Joanna Bourke, *Fear: A Cultural History*. Londres: Virago, 2005.

S. E. Cassin, J. H. Riskind e N. A. Rector, "Phobias", in V. S. Ramachandran (org.), *Encyclopedia of Human Behaviour*. Amsterdã: Elsevier Science, 2012.

Graham C. L. Davey (org.), *Phobias: A Handbook of Theory, Research and Treatment*. Chichester e Nova York: Wiley, 1997.

William W. Eaton, O. Joseph Bienvenu e Beyon Miloyan, "Specific Phobias'. *The Lancet Psychiatry*, vol. 5, nº 8, 2018.

Jean-Étienne Esquirol, *Mental Maladies: A Treatise on Insanity*. Tradução de E. K. Hunt. Londres: Lea and Blanchard, 1845.

Hilary Evans e Robert Bartholomew, *Outbreak! The Encyclopedia of Extraordinary Social Behavior*. San Antonio, Texas: Anomalist Books, 2009.

Sigmund Freud, *Freud (1916-1917) — Obras completas volume 13: Conferências introdutórias à psicanálise*. Tradução de Sergio Tellaroli. São Paulo: Companhia das Letras, 2014.

G. Stanley Hall, "A Study of Fears". *American Journal of Psychology*, vol. 8, nº 2, 1897.

G. Stanley Hall, "A Synthetic Genetic Study of Fear: Part 1". *American Journal of Psychology*, vol. 25, nº 2, 1914.

G. Stanley Hall, "A Synthetic Genetic Study of Fear: Part 2". *American Journal of Psychology*, vol. 25, nº 3, 1914.

Pierre Janet, "On the Pathogenesis of Some Impulsions". *Journal of Abnormal Psychology*, vol. 1, nº 1, 1906.

Jeffrey A. Lockwood, *The Infested Mind: Why Humans Fear, Love and Loathe Insects*. Oxford: Oxford University Press, 2013.

Richard J. McNally, "The Legacy of Seligman's 'Phobias and Preparedness' (1971)". *Behavior Therapy*, vol. 47, nº 5, 2015.

Isaac M. Marks e Randolph M. Nesse, "Fear and Fitness: An Evolutionary Analysis of Anxiety Disorders". *Ethology and Sociobiology*, vol. 15, nº 5, 1994.

Benjamin Rush, "On the Different Species of Phobia" e "On the Different Species of Mania". *Columbian Magazine*, 1786.

Benjamin Rush, *Medical Inquiries and Observations Upon Diseases of the Mind*. Filadélfia: Kimber & Richardson, 1812.

Martin E. P. Seligman, "Phobias and Preparedness". *Behavioural Therapy*, vol. 2, 1971.

Mick Smith e Joyce Davidson, "'It Makes My Skin Crawl...', The Embodiment of Disgust in Phobias of 'Nature'". *Body & Society*, vol. 12, nº 1, 2006.

David Trotter, *The Uses of Phobia: Essays on Literature and Film*. Malden, Massachusetts: Wiley-Blackwell, 2010.

K. J. Wardenaar et al., "The Cross-National Epidemiology of Specific Phobia in the World Mental Health Surveys". *Psychological Medicine*, vol. 47, nº 10, 2017.

Fritz Wittels, "The Contribution of Benjamin Rush to Psychiatry". *Bulletin of the History of Medicine*, vol. 20, nº 2, 1946.

ABLUTOFOBIA

G. Stanley Hall, "A Study of Fears". *American Journal of Psychology*, vol. 8, nº 2, 1897.

Stephen Zdatny, "The French Hygiene Offensive of the 1950s: A Critical Moment in the History of Manners". *The Journal of Modern History*, vol. 84, nº 4, 2012.

ABULOMANIA

William A. Hammond, *A Treatise on Insanity in Its Medical Relations*. Nova York: D. Appleton and Company, 1883.

Pierre Janet, "The Fear of Action". Tradução de Lydiard H. Horton. *The Journal of Abnormal Psychology and Social Psychology*, vol. 10, nº 1, 1921.

Ralph W. Reed, "An Analysis of an Obsessive Doubt with a Paranoid Trend". *Psychoanalytic Review*, vol. 3, nº 4, 1916.

ACAROFOBIA

Luis Buñuel, *Meu último suspiro*. Tradução de André Telles. São Paulo: Cosac Naify, 2009.

Jeffrey A. Lockwood, *The Infested Mind: Why Humans Fear, Love and Loathe Insects*. Oxford: Oxford University Press, 2013.

William G. Waldron, "The Entomologist and Illusions of Parasitosis". *California Medicine*, vol. 117, 1972.

P. Weinstein e D. Delaney, "Psychiatry and Insects: Phobias and Delusions of Insect Infestations in Humans", in J. L. Capinera (org.), *Encyclopedia of Etymology*. Heidelberg: Springer, 2008.

ACROFOBIA

Graham C. L. Davey, Ross Menzies e Barbara Gallardo, "Height Phobia and Biases in the Interpretation of Bodily Sensations: Some Links Between Acrophobia and Agoraphobia". *Behaviour Research and Therapy*, vol. 35, nº 11, 1997.

Daniel Freeman et al., "Automated Psychological Therapy Using Immersive Virtual Reality for Treatment of Fear of Heights: A Single-Blind, Parallel-Group, Randomised Controlled Trial". *Lancet Psychiatry*, vol. 5, nº 8, 2018.

G. Stanley Hall, "A Study of Fears". *American Journal of Psychology*, vol. 8, nº 2, 1897.

G. Stanley Hall, "A Synthetic Genetic Study of Fear: Part 1". *American Journal of Psychology*, vol. 25, nº 2, 1914.

Milan Kundera, *A insustentável leveza do ser*. Tradução de Teresa Bulhões Carvalho da Fonseca. São Paulo, Companhia das Letras, 2008.

Isaac M. Marks e Randolph M. Nesse, "Fear and Fitness: An Evolutionary Analysis of Anxiety Disorders". *Ethology and Sociobiology*, vol. 15, nº 5, 1994.

Andrea Verga, "Acrophobia". *American Journal of Psychology*, vol. 2, nº 1, 1888.

AEROFOBIA

Julian Barnes, *De frente para o sol*. Tradução de Aulyde Soares Rodrigues. Rio de Janeiro: Rocco, 2012.

Gerd Gigerenzer, "Dread Risk, September 11, and Fatal Traffic Accidents". *Psychological Science*, vol. 15, nº 4, 2004.

Erica Jong, *Medo de voar*. Tradução de Myriam Campello. Rio de Janeiro: Bestbolso, 2007.

Margaret Oakes e Robert Bor, "The Psychology of Fear of Flying (Part I): A Critical Evaluation of Current Perspectives on the Nature, Prevalence and Etiology of Fear of Flying". *Travel Medicine and Infectious Disease*, vol. 8, nº 6, 2010.

Margaret Oakes e Robert Bor, "The Psychology of Fear of Flying (Part II): A Critical Evaluation of Current Perspectives on Approaches to Treatment". *Travel Medicine and Infectious Disease*, vol. 8, nº 6, 2010.

David Ropeik, "How Risky is Flying?". *Nova*, 17 de outubro de 2006.

Richard Sugden, "Fear of Flying", in Jay S. Keystone et al. (org.), *Travel Medicine*. Missouri: Elsevier, 2008.

AFEFOBIA

E. Weill e M. Lannois, *Note Sur un Cas D'Haphéphobie*. Lyon, 1892.

AFEMANIA

Fred Penzel, "Compulsion to Touch Things in OCD Cases". Disponível em: beyondocd.org/expert-perspectives/zarticles/a-touching-story.

Melissa C. Water, "Reach Out and Touch It – Haphemania – OCD". Tourette Canada, 20 de julho de 2019. Disponível em: tourette.ca/reach-out-and-touch-it-haphemania-ocd/.

AGORAFOBIA

J. H. Boyd e T. Crump, "Westphal's Agoraphobia". *Journal of Anxiety Disorders*, vol. 5, nº 1, 1991.

Paul Carter, *Repressed Spaces: The Poetics of Agoraphobia*. Londres: Reaktion Books, 2002.

Transcrições da CNN, "Larry King Live: Interview with Macaulay Culkin", 27 de maio de 2004.

Allan Compton, "The Psychoanalytic View of Phobias Part I: Freud's Theories of Phobias and Anxiety". *Psychoanalytic Quarterly*, 1992.

Helene Deutsch, "The Genesis of Agoraphobia". *International Journal of Psychoanalysis*, vol. 10, 1929.

Sigmund Freud, *Freud (1916-1917) — Obras completas volume 13: Conferências introdutórias à psicanálise*. Tradução de Sergio Tellaroli. São Paulo: Companhia das Letras, 2014.

Joshua Holmes, "Building Bridges and Breaking Bridges: Modernity and Agoraphobia". *Opticon 1826*, vol. 1, nº 1, 2006.

Klaus Kuch e Richard P. Swinson, "What Westphal Really Said". *Canadian Journal of Psychiatry*, vol. 37, nº 2, 1992.

John Lanchester, "Diary". *London Review of Books*, 30 de agosto de 1990.

Maureen C. McHugh, "A Feminist Approach to Agoraphobia", in *Lectures on the Psychology of Women*, 3ª ed. Nova York: McGraw-Hill, 1994.

Kathryn Milun, *Pathologies of Modern Space: Empty Space, Urban Anxiety, and the Recovery of the Public Self*. Nova York: Routledge, 2007.

Robert Seidenberg e Karen DeCrow, *Women Who Marry Houses: Panic and Protest in Agoraphobia*. Nova York: McGraw-Hill, 1983.

Mabel Loomis Todd (org.), *Letters of Emily Dickinson*. Boston: Roberts Brothers, 1894.

David Trotter, "Platz Angst". *London Review of Books*, 24 de julho de 2003.

David Trotter, *The Uses of Phobia: Essays on Literature and Film*. Malden, Massachusetts: Wiley-Blackwell, 2010.

Anthony Vidler, *Warped Space: Art, Architecture and Anxiety in Modern Culture*. Cambridge, Massachusetts: MIT Press, 2000.

Alex Williams, "Generation Agoraphobia". *The New York Times*, 16 de outubro de 2020.

AIBOFOBIA

Stan Kelly-Bootle, *The Devil's DP Dictionary*. Nova York: McGraw-Hill, 1981.

AILUROFOBIA

H. L. Freeman e D. C. Kendrick, "A Case of Cat Phobia: Treatment by a Method Derived from Experimental Psychology", in H. J. Eysenck (org.), *Experiments in Behaviour Therapy: Readings in Modern Methods of Treatments of Mental Disorders Derived from Learning Theory*. Oxford: Pergamon Press, 1964.

G. Stanley Hall, "A Synthetic Genetic Study of Fear: Part 2". *American Journal of Psychology*, vol. 25, nº 3, 1914.

Don James McLaughlin, "Infectious Affect: The Phobic Imagination in American Literature". Tese de doutorado, Universidade da Pensilvânia, Filadélfia, 2017.

Silas Weir Mitchell, "Of Ailurophobia and the Power to be Conscious of the Cat as Near, When Unseen and Unheard".

Transactions of the Association of American Physicians, vol. 20, 1905.

AQUAFOBIA

Kevin Dawson, "Parting the Waters of Bondage: African Americans' Aquatic Heritage". *International Journal of Aquatic Research and Education*, vol. 11, nº 1, 2018.

J. Graham e E. A. Graffan, "Fear of Water in Children and Adults: Etiology and Familial Effects". *Behaviour Research and Therapy*, vol. 35, nº 2, 1997.

Carol Irwin et al., "The Legacy of Fear: Is Fear Impacting Fatal and Non-Fatal Drowning of African American Children?". *Journal of Black Studies*, vol. 42, nº 4, 2011.

Stanley J. Rachman, *Fear and Courage: A Psychological Perspective*. São Francisco: W. H. Freeman & Company, 1978.

ARACNOFOBIA

Karl Abraham, "The Spider as a Dream Symbol" (1922), *Selected Papers on Psychoanalysis*. Nova York: Basic Books, 1953.

S. Binks, D. Chan e N. Medford, "Abolition of Lifelong Specific Phobia: A Novel Therapeutic Consequence of Left Mesial Temporal Lobectomy". *Neurocase*, vol. 21, nº 1, 2015.

Charlie Brooker, "Forget Religious Fanatics: The Biggest Threat We Face Today has Eight Legs and is Hiding Behind My Telly". *The Guardian*, 3 de setembro de 2007.

Graham C. L. Davey, "The 'Disgusting' Spider: The Role of Disease and Illness in the Perpetuation of the Fear of Spiders". *Society and Animals*, vol. 2, nº 1, 1994.

Graham C. L. Davey, "Arachnophobia — the 'Disgusting' Spider". *Psychology Today*, 7 de julho de 2014.

Graham C. L. Davey et al., "A Cross-Cultural Study of Animal Fears". *Behaviour Research and Therapy*, vol. 36, nᵒˢ 7-8, 1998.

Jenny Diski, *What I Don't Know About Animals*. Londres: Virago, 2010.

Tim Flannery, "Queens of the Web". *New York Review of Books*, 1º de maio de 2008.

Jeffrey A. Lockwood, *The Infested Mind: Why Humans Fear, Love and Loathe Insects*. Oxford: Oxford University Press, 2013.

Claire Charlotte McKechnie, "Spiders, Horror, and Animal Others in Late Victorian Empire Fiction". *Journal of Victorian Culture*, vol. 17, nº 4, 2012.

Paul Siegel, "The Less You See: How We Can Unconsciously Reduce Fear". *Psychology Today*, 27 de agosto de 2018.

Mick Smith, Joyce Davidson e Victoria L. Henderson, "Geographies, Spiders, Sartre and 'Magical Geographies': The Emotional Transformation of Space". *Transactions of the Institute of British Geographers*, vol. 37, nº 1, 2012.

Marieke Soeter e Merel Kindt, "An Abrupt Transformation of Phobic Behavior After a Post-Retrieval Amnesic Agent". *Biological Psychiatry*, vol. 78, nº 12, 2015.

George W. Wood, *Glimpses into Petland*. Londres: Bell and Daldy, 1863.

ARITMOMANIA

George Frederick Abbott, *Macedonian Folklore*. Londres: University Press, 1903.

Nikki Rayne Craig, "The Facets of Arithmomania". *Odyssey*, 28 de junho de 2016. Disponível em: www.theodysseyonline.com/facets-arithmomania.

Lennard J. Davis, *Obsession: A History*. Chicago: University of Chicago Press, 2008.

Gilbert King, "The Rise and Fall of Nikola Tesla and his Tower". *Smithsonian*, 4 de fevereiro de 2013.

Vila Sésamo, episódios 539 (22 de novembro de 1973) e 1.970 (23 de novembro de 1984).

Daniel Hack Tuke, "Imperative Ideas". *Brain*, vol. 17, 1894.

BAMBACOFOBIA

Chris Hall, "Can Anything Cure My Lifelong Fear of Cotton Wool?". *The Guardian*, 10 de novembro de 2019.

Mario Maj et al. (org.), *Phobias*. Hoboken, Nova Jersey: Wiley, 2004.

Crystal Ponti, "Investigating My Lifelong Phobia of Cotton Balls". *The Cut*, 19 de julho de 2017.

Laurence Scott, comunicação privada, novembro de 2021.

BATRACOFOBIA

Bruce A. Thyer e George C. Curtis, "The Repeated Pretest-Posttest Single-Subject Experiment: a New Design for Empirical Clinical Practice". *Journal of Behaviour Therapy and Experimental Psychiatry*, vol. 14, nº 4, 1983.

John Locke, *Ensaio acerca do entendimento humano*. Tradução de Anoar Aiex. São Paulo: Nova Cultural, 1999.

Marta Vidal, "Portuguese Shopkeepers Using Ceramic Frogs to 'Scare Away' Roma". *Al Jazeera*, 4 de fevereiro de 2019.

BEATLEMANIA

Garry Berman, *We're Going to See the Beatles!: An Oral History of Beatlemania as Told by the Fans Who Were There*. Santa Mônica, Califórnia: Santa Monica Press, 2008.

Barbara Ehrenreich, Elizabeth Hess e Gloria Jacobs, "Beatlemania: A Sexually Defiant Consumer Subculture?", in Ken Gelder e Sarah Thornton (orgs.), *The Subcultures Reader*. Londres: Routledge, 1997.

Lisa A. Lewis, *The Adoring Audience: Fan Culture and Popular Media*. Londres e Nova York: Routledge, 1992.

Dorian Lynskey, "Beatlemania: 'The Screamers' and Other Tales of Fandom". *The Guardian*, 29 de setembro de 2013.

Nicolette Rohr, "Yeah Yeah Yeah: The Sixties Screamscape of Beatlemania". *Journal of Popular Music Studies*, 28 de junho de 2017.

Julia Sneeringer, "Meeting the Beatles: What Beatlemania Can Tell Us About West Germany in the 1960s". *The Sixties: A Journal of History, Politics and Culture*, vol. 6, nº 2, 2013.

Shayna Thiel-Stern, *From the Dancehall to Facebook: Teen Girls, Mass Media, and Moral Panic in the United States, 1905-2010*. Amherst, Massachusetts: University of Massachusetts Press, 2014.

BIBLIOMANIA

Nicholas A. Basbanes, *A Gentle Madness: Bibliophiles, Bibliomanes, and the Eternal Passion for Books*. Nova York: Henry Holt & Company, 1995.

Philip Connell, "Bibliomania: Book Collecting, Cultural Politics, and the Rise of Literary Heritage in Romantic Britain". *Representations*, nº 71, 2000.

Jeremy B. Dibbell, "Not Wisely". *Fine Books and Collections*, fevereiro de 2009.

Thomas Frognall Dibdin, *Bibliomania, or Book Madness: A Bibliographical Romance*. Londres: Chatto & Windus, 1876.

Thomas Frognall Dibdin, *Reminiscences of a Literary Life*. Londres: John Major, 1836.

Isaac D'Israeli, "Of Erudition and Philosophy", in *Miscellanies; or literary recreations*. Londres: T. Cadell and W. Davies, 1796.

Gustave Flaubert, "Bibliomanie". *Le Colibri*, 12 de fevereiro de 1837.

Holbrook Jackson, *The Anatomy of Bibliomania*. Londres: Soncino Press, 1930.

C. G. Roland, "Bibliomania". *Journal of the American Medical Association*, vol. 212, nº 1, 1970.

BRONTOFOBIA

George Miller Beard, *A Practical Treatise on Nervous Exhaustion (Neurasthenia): Its Symptoms, Nature, Sequences, Treatment*. Nova York: William Wood & Company, 1880.

D. J. Enright, *The Faber Books of Fevers and Frets*. Londres: Faber & Faber, 1989.

G. Stanley Hall, "A Study of Fears". *American Journal of Psychology*, vol. 8, nº 2, 1897.

Andrée Liddell e Maureen Lyons, "Thunderstorm Phobias". *Behavioural Research and Therapy*, vol. 16, nº 4, 1978.

Barry Lubetkin, "The Use of a Planetarium in the Desensitisation of a Case of Bronto- and Astraphobia". *Behavior Therapy*, vol. 6, 1975.

Martin E. P. Seligman, "Phobias and Preparedness". *Behavior Therapy*, vol. 2, julho de 1971.

CINOFOBIA

Emma Brazell, "China to Recognise Dogs as Pets and Not Food". *Metro* (Londres), 10 de abril de 2020.

S. E. Cassin, J. H. Riskind e N. A. Rector, "Phobias", in V. S. Ramachandran (org.), *Encyclopedia of Human Behaviour*. Amsterdã: Elsevier Science, 2012.

L. Kevin Chapman, Sarah J. Kertz, Megan M. Zurlage e Janet Woodruff-Borden, "A Confirmatory Factor Analysis of Specific Phobia Domains in African American and Caucasian American Young Adults". *Journal of Anxiety Disorders*, vol. 22, nº 2, 2008.

Benoit Denizet-Lewis, "The People Who Are Scared of Dogs". *Pacific Standard*, 24 de julho de 2014.

J. Gilchrist, J. J. Sacks, D. White e M.-J. Kresnow, "Dog Bites: Still a Problem?". *Injury Prevention*, vol. 14, nº 5, 2008.

Marian L. MacDonald, "Multiple Impact Behaviour Therapy in Child's Dog Phobia". *Journal of Behavior Therapy and Experimental Psychiatry*, vol. 6, nº 4, 1975.

Julia McKinnell, "Big (Bad) Dogs". *Maclean's*, vol. 120, nº 34, 2007.

Solomon Northup, *Doze anos de escravidão. Narrativa de um cidadão de Nova York sequestrado em Washington em 1841 e resgatado em 1853 de uma plantação de algodão perto do rio Vermelho, na Louisiana*. Tradução de Caroline Chang. São Paulo: Penguin-Companhia, 2014.

Timothy O. Rentz et al., "Active Imaginal Exposure: Examination of a New Behavioral Treatment for Cynophobia (Dog Phobia)". *Behaviour Research and Therapy*, vol. 41, nº 11, 2003.

Shontel Stewart, "Man's Best Friend? How Dogs Have Been Used to Oppress African Americans". *Michigan Journal of Race and Law*, vol. 25, 2020.

CLAUSTROFOBIA

Benjamin Ball, "On Claustrophobia". *British Medical Journal*, 6 de setembro de 1879.

Edgar Jones, "Shell Shock at Maghull and the Maudsley: Models of Psychological Medicine in the UK". *Journal of the History of Medicine and Allied Sciences*, vol. 65, nº 3, 2010.

Don James McLaughlin, "Infectious Affect: The Phobic Imagination in American Literature". Tese de doutorado, Universidade da Pensilvânia, Filadélfia, 2017.

Stanley Rachman, "Claustrophobia", in Graham C. L. Davey (org.), *Phobias: A Handbook of Theory, Research and Treatment*. Chichester e Nova York: Wiley, 1997.

Stanley Rachman e Steven Taylor, "Analyses of Claustrophobia". *Journal of Anxiety Disorders*, vol. 7, 1993.

W. H. R. Rivers, "A Case of Claustrophobia". *The Lancet*, 18 de agosto de 1917.

Siegfried Sassoon, *Counter-Attack, and Other Poems*. Londres: E. P. Dutton & Company, 1918.

Anthony Vidler, *Warped Space: Art, Architecture and Anxiety in Modern Culture*. Cambridge, Massachusetts: MIT Press, 2000.

Minna Vuohelainen, "Cribb'd, Cabined, and Confined". *Journal of Literature and Science*, vol. 3, 2010.

CLAZOMANIA

G. D. L. Bates, I. Lampert, M. Prendergast e A. E. van Woerkom, "Klazomania: the Screaming Tic". *Neurocase*, vol. 2, nº 1, 1996.

A. Hategan e J. A. Bourgeois, "Compulsive Shouting (Klazomania) Responsive to Electroconvulsive Therapy". *Psychosomatics*, vol. 54, nº 4, 2013.

William Pryse-Phillips, *Companion to Clinical Neurology*. Oxford: Oxford University Press, 2009.

CLEPTOMANIA

Elaine A. Abelson, "The Invention of Kleptomania". *Signs*, vol. 15, nº 1, 1989.

Anônimo, "Homicidal Monomania". *Journal of Psychological Medicine and Mental Pathology*, vol. 5, nº 20, 1º de outubro de 1852.

Anônimo, "Kleptomania". *The Lancet*, 16 de novembro de 1861.

Clara Bewick Colby, "Kleptomania and the Wife's Income". *Woman's Signal*, 31 de dezembro de 1896.

Jenny Diski, "The Secret Shopper". *London Review of Books*, 26 de setembro de 2011.

Paul Dubuisson, *Les Voleuses de Grands Magasins*. Paris: Hachette Livre, 1902.

Ronald A. Fullerton e Girish N. Punj, "Shoplifting as Moral Insanity: Historical Perspectives on Kleptomania". *Journal of Macromarketing*, vol. 24, nº 1, 2004.

Carolynn S. Kohn, "Conceptualisation and Treatment of Kleptomania Behaviors Using Cognitive and Behavioral Strategies". *International Journal of Behavioral Consultation and Therapy*, vol. 2, nº 4, 2006.

Thomas Lenz e Rachel MagShamhráin, "Inventing Diseases: Kleptomania, Agoraphobia and Resistance to Modernity". *Society*, vol. 49, 2012.

Wilhelm Stekel, *Peculiarities of Behaviour: Wandering Mania, Dipsomania, Cleptomania, Pyromania, and Allied Impulsive Acts*. Tradução de James S. van Teslaar. Nova York: Boni and Liveright, 1924.

Wilhelm Stekel, "The Sexual Root of Kleptomania". *Journal of Criminal Law and Criminology*, vol. 2, nº 2, 1911.

Émile Zola, *O paraíso das damas*. Tradução de Joana Canêdo. São Paulo: Estação Liberdade, 2008.

COREOMANIA

Robert Bartholomew, "Rethinking the Dancing Mania". *Skeptical Inquirer*, vol. 24, nº 4, 2000.

Hilary Evans e Robert Bartholomew, *Outbreak! The Encyclopedia of Extraordinary Social Behavior*. San Antonio, Texas: Anomalist Books, 2009.

Kélina Gotman, *Choreomania: Dance and Disorder*. Oxford: Oxford University Press, 2018.

J. F. C. Hecker, *The Black Death and the Dancing Mania*. Tradução de B. G. Babington. Londres: Cassell & Company, 1894.

COULROFOBIA

Anônimo, "No More Clowning Around — It's Too Scary". *Nursing Standard*, vol. 22, nº 19, 2008.

Katie Gibbons, "To Help Child Patients, Send in the Clowns". *The Times*, 17 de dezembro de 2020.

Stephen King, *It: A coisa*. Tradução de Regine Winarski. Rio de Janeiro: Suma, 2014.

Andrew McConnell Stott, "Clowns on the Verge of a Nervous Breakdown: The Memoirs of Joseph Grimaldi". *Journal for Early Modern Cultural Studie*s, vol. 12, nº 4, 2012.

Craig Marine, "Johnny Depp". *San Francisco Examiner*, 17 de novembro de 1999.

Linda Rodriguez McRobbie, "The History and Psychology of Clowns Being Scary". *Smithsonian Magazine*, 31 de julho de 2013.

Benjamin Radford, *Bad Clowns*. Albuquerque, Novo México: University of New Mexico Press, 2016.

DEMONOMANIA

Jean-Étienne Esquirol, *Mental Maladies: A Treatise on Insanity*. Tradução de E. K. Hunt. Londres: Lea and Blanchard, 1845.

Hilary Evans e Robert Bartholomew, *Outbreak! The Encyclopedia of Extraordinary Social Behavior*. San Antonio, Texas: Anomalist Books, 2009.

Ruth Harris, "Possession on the Borders: The 'Mal de Morzine' in Nineteenth-Century France". *Journal of Modern History*, vol. 69, nº 3, 1997.

Catherine-Laurence Maire, *Les Possédées de Morzine 1857--1873*. Lyon: Presses Universitaires de Lyon, 1981.

Allen S. Weiss, "Narcissistic Machines and Erotic Prostheses", in Richard Allen e Malcolm Turvey (orgs.), *Camera Obscura, Camera Lucida*. Amsterdã: Amsterdam University Press, 2003.

DERMATILOMANIA

Michael B. Brodin, "Neurotic Excoriations". *Journal of the American Academy of Dermatology*, vol. 63, nº 2, 2010.

Celal Calikusu e Ozlem Tecer, "Skin Picking: Clinical Aspects", in Elias Aboujaoude e Lorrin M. Koran (orgs.), *Impulse Control Disorders*. Cambridge: Cambridge University Press, 2010.

Jon E. Grant e Marc N. Potenza, *The Oxford Handbook of Impulse Control Disorders*. Oxford: Oxford University Press, 2011.

Jon E. Grant e Samuel R. Chamberlain, "Prevalence of Skin Picking (Excoriation) Disorder". *Journal of Psychiatric Research*, vol. 130, 2020.

G. E. Jagger e W. R. Sterner, "Excoriation: What Counsellors Need to Know about Skin Picking Disorder". *Journal of Mental Health Counseling*, vol. 38, nº 4, 2016.

G. M. Mackee, "Neurotic Excoriations". *Archives of Dermatology and Syphilology*, vol. 1, nº 256, 1920.

DIPSOMANIA

Jean-Étienne Esquirol, *Mental Maladies: A Treatise on Insanity*. Tradução de E. K. Hunt. Londres: Lea and Blanchard, 1845.

Friedrich-Wilhelm Kielhorn, "The History of Alcoholism: Brühl-Cramer's Concepts and Observations". *Addiction*, vol. 91, nº 1, 1996.

Pierre Janet, "On the Pathogenesis of Some Impulsions". *Journal of Abnormal Psychology*, vol. 1, nº 1, 1906.

Daniel Hack Tuke, *A Dictionary of Psychological Medicine*. Filadélfia: Blakiston, 1892.

Mariana Valverde, *Diseases of the Will: Alcohol and the Dilemmas of Freedom*. Cambridge: Cambridge University Press, 1998.

DORAFOBIA

G. Stanley Hall, "A Study of Fears". *American Journal of Psychology*, vol. 8, nº 2, 1897.

Helen Thomson, "Baby Used in Notorious Fear Experiment is Lost No More". *New Scientist*, 1º de outubro de 2014.

John B. Watson e Rosalie Rayner, "Conditioned Emotional Reactions". *Journal of Experimental Psychology*, vol. 3, nº 1, 1920.

DROMOMANIA

Charlotte Brontë, *Jane Eyre*. Tradução de Fernanda Abreu. São Paulo: Penguin-Companhia, 2021.

Ian Hacking, *Mad Travellers: Reflections on the Reality of Transient Mental Illness*. Charlottesville, Virgínia: University of Virginia Press, 1998.

Sabrina Imbler, "When Doctors Thought 'Wanderlust' was a Psychological Condition". *Atlas Obscura*, 15 de abril de 2019.

Pierre Janet, "On the Pathogenesis of Some Impulsions". *Journal of Abnormal Psychology*, vol. 1, nº 1, 1906.

Sarah Mombert, "Writing Dromomania in the Romantic Era: Nerval, Collins and Charlotte Brontë", in Klaus Benesch e François Specq (orgs.), *Walking and the Aesthetics of Modernity: Pedestrian Mobility in Literature and the Arts*. Nova York: Palgrave MacMillan, 2016.

G. Nicholson, *The Lost Art of Walking: The History, Science, Philosophy, Literature, Theory and Practice of Pedestrianism*. Chelmsford, Essex: Harbour Books, 2011.

Emmanuel Régis, *A Practical Manual of Mental Medicine*. Tradução de H. M. Bannister. Nova York: Press of American Journal of Insanity, 1894.

Rebecca Solnit, *A história do caminhar*. Tradução de Maria do Carmo Zanini. São Paulo: Martins Fontes, 2016.

Wilhelm Stekel, *Peculiarities of Behaviour: Wandering Mania, Dipsomania, Cleptomania, Pyromania and Allied Impulsive Acts*. Tradução de James S. van Teslaar. Nova York: Boni and Liveright, 1924.

EGOMANIA

Max Nordau, *Degeneration*. Tradução de Howard Fertig. Londres: D. Appleton, 1895.

W. S. Walker, *Poetical Works*. Londres, 1852.

EMETOFOBIA

Marcel A. van den Hout e Iris M. Engelhard, "How Does EMDR Work?". *Journal of Experimental Psychopathology*, vol. 3, nº 5, 2012.

Ad de Jongh, "Treatment of a Woman with Emetophobia: A Trauma Focused Approach". *Mental Illness*, vol. 4, nº 1, 2012.

Alexandra Keyes, Helen R. Gilpin e David Veale, "Phenomenology, Epidemiology, Co-morbidity and Treatment of a Specific Phobia of Vomiting: A Systematic Review of an Understudied Disorder". *Clinical Psychology Review*, vol. 60, nºˢ 15-31, 2018.

David Veale, Philip Murphy, Neil Ellison, Natalie Kanakam e Ana Costa, "Autobiographical Memories of Vomiting in People with a Specific Phobia of Vomiting (Emetophobia)". *Journal of Behavior Therapy and Experimental Psychiatry*, vol. 44, nº 1, 2013.

ENTOMOFOBIA

Anônimo, "Celebrities' Secret Phobias Revealed". *Economic Times*, 7 de julho de 2008.

Steve Coll, "The Spy Who Said Too Much". *New Yorker*, 1º de abril de 2013.

Millais Culpin, "Phobias: With the History of a Typical Case". *The Lancet*, 23 de setembro de 1922.

Dani Fitzgerald, "New Castle Native Who Served Prison Time for Blowing Whistle on 'Enhanced Interrogation Techniques' Shares Story with Slippery Rock Crowd". *Beaver County Times*, 1º de março de 2018.

Aurel Kolnai, *On Disgust*. Carolyn Korsmeyer e Barry Smith (orgs.). Chicago: Open Court, 2004.

Julia Kristeva, *Powers of Horror: An Essay on Abjection*. Tradução de Leon Roudiez. Nova York: Columbia University Press, 1982.

Jeffrey A. Lockwood, *The Infested Mind: Why Humans Fear, Love and Loathe Insects*. Oxford: Oxford University Press, 2013.

William I. Miller, *The Anatomy of Disgust*. Cambridge, Massachusetts: Harvard University Press, 1997.

M. Schaller e L. A. Duncan, "The Behavioral Immune System: Its Evolution and Social Psychological Implications", in J. P. Forgas, M. G. Haselton e W. von Hippel (orgs.), *Evolution and the Social Mind: Evolutionary Psychology and Social Cognition*. Nova York: Psychology Press, 2007.

Mick Smith e Joyce Davidson, "'It Makes My Skin Crawl...', The Embodiment of Disgust in Phobias of 'Nature'". *Body & Society*, vol. 12, nº 1, 2006.

Comissão do Senado dos Estados Unidos sobre Inteligência, *Committee Study of the Central Intelligence Agency's Detention and Interrogation Program*. Washington, DC, 9 de dezembro de 2014.

EQUINOFOBIA

Harold P. Blum, "Little Hans: A Centennial Review and Reconsideration". *Journal of the American Psychoanalytic Association*, 1º de setembro de 2007.

Franco Borgogno, "An 'Invisible Man'? Little Hans Updated". *American Imago*, vol. 65, nº 1 (primavera de 2008).

Sigmund Freud, *Freud (1906-1909) — Obras completas volume 8: O delírio e os sonhos na* Gradiva, *Análise da fobia de um garoto de cinco anos e outros textos*. Tradução de Paulo César de Souza. São Paulo: Companhia das Letras, 2015.

Sigmund Freud, *Freud (1909-1910) — Obras completas volume 9: Observações sobre um caso de neurose obsessiva ["O homem dos ratos"], Uma recordação de infância de Leonardo da Vinci e outros textos*. Tradução de Paulo César de Souza. São Paulo: Companhia das Letras, 2013.

Julia Kristeva, *Powers of Horror: An Essay on Abjection*. Tradução de Leon Roudiez. Nova York: Columbia University Press, 1982.

Francis Rizzo, "Memoirs of an Invisible Man". *Opera News*, 5 de fevereiro de 1972.

Jerome C. Wakefield, "Max Graf's 'Reminiscences of Professor Sigmund Freud' Revisited: New Evidence from the Freud Archives". *Psychoanalytic Quarterly*, vol. 76, nº 1, 2007.

ERGOFOBIA

Anônimo, "Ergophobia: A Diagnosis". *The Bystander*, vol. 6, nº 79, 1905.

Anônimo, "New Name for Laziness". *Baltimore Sun*, 27 de fevereiro de 1905.

W. D. Spanton, "An Address on Ergophobia". *British Medical Journal*, 11 de fevereiro de 1905.

ERITROFOBIA

Mark Axelrod, *Notions of the Feminine: Literary Essays from Dostoyevsky to Lacan* Nova York: Springer, 2014.

Edmund Bergler, "A New Approach to the Therapy of Erythrophobia". *Psychoanalytic Quarterly*, vol. 13, nº 1, 1944.

W. Ray Crozier, *Blushing and the Social Emotions: The Self Unmasked*. Londres: Palgrave MacMillan, 2006.

W. Ray Crozier, "The Puzzle of Blushing". *Psychologist*, vol. 23, 2010.

Charles Darwin, *A expressão das emoções no homem e nos animais*. Tradução de Leon de Souza Lobo Garcia. São Paulo: Companhia das Letras, 2009.

Alexander L. Gerlach, Karin Gruber, Frank H. Wilhelm e Walton T. Roth, "Blushing and Physiological Arousability in Social Phobia". *Journal of Abnormal Psychology*, vol. 2, nºs 247-58, 2001.

G. Stanley Hall, "A Synthetic Genetic Study of Fear: Part 1". *American Journal of Psychology*, vol. 25, nº 2, 1914.

Entrevista com Enrique Jadresic, Chronic Blushing Help. Disponível em: chronicblushinghelp.com.

Liev Tolstói, *Anna Kariênina*. Tradução de Rubens Figueiredo. São Paulo: Companhia das Letras, 2017.

EROTOMANIA

G. E. Berrios e N. Kennedy, "Erotomania: A Conceptual History". *History of Psychiatry*, vol. 52, nº 4, 2002.

Jean-Étienne Esquirol, *Mental Maladies: A Treatise on Insanity*. Tradução de E. K. Hunt. Londres: Lea and Blanchard, 1845.

Ian McEwan, *Amor sem fim*. Tradução de Jorio Dauster. São Paulo: Companhia das Letras, 2011.

Maria Teresa Tavares Rodriguez, Tomaz Valadas e Lucilla Eduarda Abrantes Bravo, "De Clérambault's Syndrome Revisited: A Case Report of Erotomania in a Male". *BMC Psychiatry*, vol. 20, nº 516, 2020.

Kate Summerscale, *Mrs Robinson's Disgrace: The Private Diary of a Victorian Lady*. Londres: Bloomsbury, 2012.

FICOFOBIA

Otto Renik, "Cognitive Ego Function in the Phobic Symptom". *Psychoanalytic Quarterly*, vol. 41, 1972.

Charles A. Sarnoff, "Symbols and Symptoms: Phytophobia in a Two-Year-Old Girl". *Psychoanalytic Quarterly*, vol. 39, 1970.

FOBIA DE BOTÕES

Anônimo, "Button Phobia is Ruining My Life". *Metro* (Londres), 20 de abril de 2008.

Chris Hall, "Can Anything Cure My Lifelong Fear of Cotton Wool?". *The Guardian*, 10 de novembro de 2019.

Anne Jolis, "Steve Jobs's Button Phobia Has Shaped the World". *Spectator*, 22 de novembro de 2014.

Kateri McRae, Bethany G. Ciesielski, Sean C. Pereira e James J. Gross, "Case Study: A Quantitative Report of Early Attention, Fear, Disgust, and Avoidance in Specific Phobia for Buttons". *Cognitive and Behavioral Practice*, 18 de setembro de 2021.

Lissette M. Saavedra e Wendy K. Silverman, "Case Study: Disgust and a Specific Phobia of Buttons". *Journal of the American Academy of Child and Adolescent Psychiatry*, vol. 41, 2002.

FOBIA DE CAIAQUE

Ivan Lind Christensen e Søren Rud, "Arctic Neurasthenia — the Case of Greenlandic Kayak Fear 1864-1940". *Social History of Medicine*, vol. 26, nº 3, 2013.

Zachary Gussow, "A Preliminary Report of Kayak-Angst Among the Eskimo of West Greenland: A Study in Sensory Deprivation". *International Journal of Social Psychiatry*, vol. 9, 1963.

Klaus Georg Hansen, "Kayak Dizziness: Historical Reflections About a Greenlandic Predicament". *Folk: Journal of the Danish Ethnographic Society*, vol. 37, 1996.

FOBIA DE PIPOCA

College of Curiosity, "Popcorn (Maizophobia)". *Pantophobia*, episódio 5, 28 de março de 2016.

Mary Douglas, *Pureza e perigo*. Tradução de Mônica Siqueira Leite de Barros e Zilda Zakia Pinto. Rio de Janeiro: Perspectiva, 2012.

FOBIA DE URINAR EM LUGARES PÚBLICOS

Mark Hay, "How People Deal with Having Shy Bladder Syndrome". *Vice*, 31 de maio de 2018.

Kenley L. J. Kuoch, Denny Meyer, David W. Austin e Simon R. Knowles, "A Systematic Review of Paruresis: Clinical Implications and Future Directions". *Journal of Psychosomatic Research*, vol. 98, 2017.

FOBIA SOCIAL

George Miller Beard, *A Practical Treatise on Nervous Exhaustion (Neurasthenia): Its Symptoms, Nature, Sequences, Treatment*. Nova York: William Wood & Company, 1880.

Xinyin Chen, Kenneth H. Rubin e Boshu Li, "Social and School Adjustment of Shy and Aggressive Children in China". *Development and Psychopathology*, vol. 7, nº 2, 1995.

Pierre Janet, *Les obsessions et la psychasthénie*. Paris: Alcan, 1903.

Christopher Lane, *Shyness: How Normal Behavior Became a Sickness*. New Haven: Yale University Press, 2007.

Helen Saul, *Phobias: Fighting the Fear*. Londres: HarperCollins, 2001.

FOBIAS DE SANGUE-INJEÇÃO-FERIMENTOS

H. Stefan Bracha, O. Joseph Bienvenu e William W. Eaton, "Testing the Paleolithic-Human-Warfare Hypothesis of Blood--Injection Phobia in the Baltimore ECA Follow-up Study — Towards a More Etiologically-Based Conceptualization for DSM-V". *Journal of Affective Disorders*, vol. 97, n°s 1-3, 2007.

Josh M. Cisler, Bunmi O. Olatunji e Jeffrey M. Lohr, "Disgust, Fear, and the Anxiety Disorders: A Critical Review". *Clinical Psychological Review*, vol. 29, n° 1, 2009.

James G. Hamilton, "Needle Phobia: A Neglected Diagnosis". *Journal of Family Practice*, vol. 41, n° 2, 1995.

L. Öst e K. Hellstrom, "Blood-Injury-Injection Phobia", in Graham C. L. Davey (org.), *Phobias: A Handbook of Theory, Research and Treatment*. Chichester e Nova York: Wiley, 1997.

John Sanford, "Blood, Sweat and Fears: A Common Phobia's Odd Pathophysiology". *Stanford Medicine*, primavera de 2013.

FONOFOBIA

Zamzil Amin Asha'ari, Nora Mat Zain e Ailin Razali, "Phonophobia and Hyperacusis: Practical Points from a Case Report". *Malaysian Journal of Medical Science*, vol. 17, n° 1, 2010.

Jody Doherty-Cove, "Fight in Sussex over Person 'Eating Too Loudly'". *The Argus*, 27 de julho de 2021.

Sukhbinder Kumar et al., "The Brain Basis for Misophonia". *Current Biology*, 2 de fevereiro de 2017.

GELOTOFOBIA

Neelam Arjan Hiranandani e Xiao Dong Yue, "Humour Styles, Gelotophobia and Self-Esteem Among Chinese and Indian University Students". *Asian Journal of Social Psychology*, vol. 17, n.º 4, 2014.

Graham Keeley, "Britain has a Bad Case of Paranoia, Humour and Laughter Symposium is Told". *The Times*, 8 de julho de 2009.

R. Proyer, W. Ruch et al., "Breaking Ground in Cross-Cultural Research on the Fear of Being Laughed At: A Multi-National Study Involving 73 Countries". *International Journal of Humor Research*, vol. 22, n.ºs 1-2, 2009.

Willibald Ruch, "Fearing Humor? Gelotophobia: The Fear of Being Laughed at, Introduction and Overview". *International Journal of Humor Research*, vol. 22, n.ºs 1-2, 2009.

Grace Sanders, "Fearing Laughter". *Psychologist*, 9 de abril de 2021.

Michael Titze, "Gelotophobia: The Fear of Being Laughed At". *International Journal of Humor Research*, vol. 22, n.ºs 1-2, 2009.

GERASCOFOBIA

J. M. Barrie, *Peter Pan, or The Boy Who Wouldn't Grow Up*. Londres, 1904.

Laurencia Perales-Blum, Myrthala Juárez-Treviño e Daniela Escobedo-Belloc, "Severe Growing-Up Phobia, a Condition Explained in a 14-Year-Old Boy". *Case Reports in Psychiatry*, 2014.

Oscar Wilde, *O retrato de Dorian Gray*. Tradução de Paulo Schiller. São Paulo: Penguin-Companhia, 2012.

GLOBOFOBIA

Anônimo, "7 Korean Celebrities Terrifying Fears with Super Uncommon Phobias". *Koreaboo*, 27 de janeiro de 2018. Disponível em: www.koreaboo.com/stories/7-korean-celebrities-terrifying-fears.

Ken Lombardi, "Oprah Winfrey Reveals Her Phobia of Balloons". *CBS News*, 10 de setembro de 2013. Disponível em: www.cbsnews.com/news/oprah-winfrey-reveals-her-phobia-of--balloons/.

GLOSSOFOBIA

Cícero, "De Oratore", in *Cicero on Oratory and Orators*. Tradução e organização de J. S. Watson. Carbondale, Illinois: Southern Illinois University Press, 1970.

Karen Kangas Dwyer e Marlina M. Davidson, "Is Public Speaking Really More Feared Than Death?". *Communication Research Reports*, vol. 29, nº 2, 2012.

John Lahr, "Petrified: The Horrors of Stage Fright". *New Yorker*, 28 de agosto de 2006.

D. L. Rowland e J. J. D. M. van Lankveld, "Anxiety and Performance in Sex, Sport, and Stage: Identifying Common Ground". *Frontiers in Psychology*, vol. 10, 2019.

Kenneth Savitsky e Thomas Gilovich, "The Illusion of Transparency and the Alleviation of Speech Anxiety". *Journal of Experimental Social Psychology*, vol. 39, nº 6, 2003.

Jerry Seinfeld, *I'm Telling You for the Last Time*. HBO, 9 de agosto de 1998.

GRAFOMANIA

Lennard J. Davis, *Obsession: A History*. Chicago: University of Chicago Press, 2008.

Tillie Elkins, "Hypergraphia: A Two-Sided Affliction". *Doctor's Review*, setembro de 2016.

Max Nordau, *Degeneration*. Tradução de Howard Fertig. Londres: D. Appleton, 1895.

Helen Thomson, "Epilepsy Gives Woman Compulsion to Write Poems". *New Scientist*, 19 de setembro de 2014.

HIDROFOBIA

James Joyce, *Ulysses*. Tradução de Caetano W. Galindo. São Paulo: Penguin-Companhia, 2012.

Don James McLaughlin, "Infectious Affect: The Phobic Imagination in American Literature". Tese de doutorado, Universidade da Pensilvânia, Filadélfia, 2017.

Benjamin Rush, *Medical Inquiries and Observations*, vol. 4. Filadélfia: Dobson, 1798.

HIPNOFOBIA

R. G. Mayne, *An Expository Lexicon of the Terms, Ancient and Modern, of Medical and General Science*. Londres: J. Churchill, 1853.

Wilfred R. Pigeon e Jason C. DeViva, "Is Fear of Sleep a Valid Construct and Clinical Entity?". *Sleep Medicine Reviews*, vol. 55, 2021.

HIPOFOBIA

G. Stanley Hall, "A Study of Fears". *American Journal of Psychology*, vol. 8, nº 2, 1897.

Isaac M. Marks e Randolph M. Nesse, "Fear and Fitness: An Evolutionary Analysis of Anxiety Disorders". *Ethology and Sociobiology*, vol. 15, nº 5, 1994.

HIPOPOTOMONSTROSESQUIPEDALIOFOBIA

Dennis Coon e John O. Mitterer, *Introduction to Psychology: Exploration and Application*. Eagan, Minnesota: West Publishing Company, 1980.

HOMOFOBIA

Lige Clarke e Jack Nichols, "He-Man Horse-Shit". *Screw*, 23 de maio de 1969.

William Grimes, "George Weinberg Dies at 86". *The New York Times*, 22 de março de 2017.

Gregory M. Herek, "Beyond 'Homophobia': Thinking About Sexual Prejudice and Stigma in the Twenty-First Century". *Sexuality Research and Social Policy*, vol. 1, nº 2, 2004.

Amanda Hess, "How '-Phobic' Became a Weapon in the Identity Wars". *The New York Times*, 20 de janeiro de 2016.

Celia Kitzinger, "Heteropatriarchal Language: the Case Against 'Homophobia'". *Gossip*, vol. 5, c. 1986-88.

George Weinberg, "Homophobia: Don't Ban the Word — Put it in the Index of Mental Disorders". *Huffington Post*, 12 de junho de 2012.

George Weinberg, *Society and the Healthy Homosexual*. Nova York: St. Martin's Press, 1972.

Daniel Wickberg, "Homophobia: On the Cultural History of an Idea". *Critical Inquiry*, vol. 27, nº 1, outono de 2000.

LIPEMANIA

G. E. Berrios, "The Psychopathology of Affectivity: Conceptual and Historical Aspects". *Psychological Medicine*, vol. 15, nº 4, 1985.

Jean-Étienne Esquirol, *Mental Maladies: A Treatise on Insanity*. Tradução de E. K. Hunt. Londres: Lea and Blanchard, 1845.

MANIA DE RISO

Robert E. Bartholomew e Bob Rickard, *Mass Hysteria in Schools: A Worldwide History Since 1566*. Jefferson, Carolina do Norte: McFarland, 2014.

Hilary Evans e Robert Bartholomew, *Outbreak! The Encyclopedia of Extraordinary Social Behavior*. San Antonio, Texas: Anomalist Books, 2009.

Suzanne O'Sullivan, "The Healthy Child Who Wouldn't Wake Up: The Strange Truth of 'Mystery' Illnesses". *The Guardian*, 12 de abril de 2021.

Suzanne O'Sullivan, *The Sleeping Beauties: And Other Stories of Mystery Illness*. Londres: Picador, 2021.

MEGALOMANIA

Horatio Clare, *Heavy Light: A Journey Through Madness, Mania and Healing*. Londres: Chatto & Windus, 2021.

Rebecca Knowles, Simon McCarthy-Jones e Georgina Rowse, "Grandiose Delusions: A Review and Theoretical Integration of Cognitive and Affective Perspectives". *Clinical Psychology Review*, vol. 31, nº 4, 2011.

MICROMANIA

Anônimo, "Micromania". *Yorkshire Evening Post*, 22 de setembro de 1920.

Lewis Carroll, *Aventuras de Alice no País das Maravilhas & Através do espelho*. Tradução de Maria Luiza X. de A. Borges. Rio de Janeiro: Clássicos Zahar, 2010.

Osman Farooq e Edward J. Fine, "Alice in Wonderland Syndrome: A Historical and Medical Review". *Pediatric Neurology*, vol. 77, 2017.

Caro W. Lippman, "Certain Hallucinations Peculiar to Migraine". *Journal of Nervous and Mental Disease*, vol. 116, nº 4, 1952.

H. Power, Leonard William Sedgwick e Robert Gray Mayne, *The New Sydenham Society Lexicon of Medicine and the Allied Sciences*. Londres: New Sydenham Society, 1879.

MISOFOBIA

Frederick Aardema, "Covid-19, Obsessive-Compulsive Disorder and Invisible Life Forms that Threaten the Self". *Journal of Obsessive-Compulsive and Related Disorders*, vol. 26, 2020.

Josh M. Cisler, Bunmi O. Olatunji e Jeffrey M. Lohr, "Disgust, Fear, and the Anxiety Disorders: A Critical Review". *Clinical Psychological Review*, vol. 29, nº 1, 2009.

Valerie Curtis, "Why Disgust Matters". *Philosophical Transactions of the Royal Society of Biological Sciences*, vol. 366, nº 1583, 2011.

Jean-Étienne Esquirol, *Mental Maladies: A Treatise on Insanity*. Tradução de E. K. Hunt. Londres: Lea and Blanchard, 1845.

Sigmund Freud, *Freud (1916-1917)* — *Obras completas volume 13: Conferências introdutórias à psicanálise*. Tradução de Sergio Tellaroli. São Paulo: Companhia das Letras, 2014.

Cassandre Greenberg, "Self-Exposure: Therapy and a Pandemic". *White Review*, agosto de 2020.

William A. Hammond, *Neurological Contributions*. Nova York: G.P. Putnam's Sons, 1879.

Don James McLaughlin, "Infectious Affect: The Phobic Imagination in American Literature". Tese de doutorado, Universidade da Pensilvânia, Filadélfia, 2017.

Isaac Marks, "Behavioral Treatments of Phobic and Obsessive-Compulsive Disorders: A Critical Appraisal", in Michel Hersen, Richard M. Eisler e Peter M. Miller (orgs.), *Progress in Behavior Modification*, vol. 1. Nova York: Academic Press, 1975.

Ira Russell, "Mysophobia". *The Alienist and Neurologist*, vol. 1, outubro de 1880.

MITOMANIA

Michèle Bertrand, "Pathological Lying and Splitting of the Ego". *Revue Française de Psychanalyse*, vol. 79, nº 1, 2015.

Emmanuel Carrère, *O adversário*. Rio de Janeiro: Record, 2007.

Helene Deutsch, "On the Pathological Lie (Pseudologia Phantastica)", in *The Therapeutic Process, the Self, and Female Psychology*. Nova York: Transaction Publishers, 1999.

Charles C. Dike, Madelson Baranoski e Ezra E. H. Griffith, "Pathological Lying Revisited". *Journal of the American Academy of Psychiatry and Law*, vol. 33, 2005.

William Healy e Mary Tenney Healy, "Pathological Lying, Accusation, and Swindling". *Criminal Science Monographs*, nº 1, 1915.

Stephen Grosz, *A vida em análise: Histórias de amor, mentiras, sofrimento e transformação*. Tradução de Maria Luiza X. de A. Borges. Rio de Janeiro: Zahar, 2013.

Andrew Hull, "Pseudologia Fantastica: What is Known and What Needs To Be Known". *Forensic Scholars Today*, vol. 3, nº 4, 2018.

Ranit Mishori, Hope Ferdowsian, Karen Naimer, Muriel Volpellier e Thomas McHale, "The Little Tissue that Couldn't — Dispelling Myths about the Hymen's Role in Determining Sexual History and Assault". *Reproductive Health*, vol. 16, 2019.

Kate Summerscale, *The Haunting of Alma Fielding*. Londres: Bloomsbury Circus, 2020.

MONOFOBIA

George Miller Beard, *A Practical Treatise on Nervous Exhaustion (Neurasthenia): Its Symptoms, Nature, Sequences, Treatment*. Nova York: William Wood & Company, 1880.

G. Stanley Hall, "A Study of Fears". *American Journal of Psychology*, vol. 8, nº 2, 1897.

MONOMANIA

Mary Elizabeth Braddon, *Lady Audley's Secret*. Londres, 1864.

Emily Brontë, *O morro dos ventos uivantes*. Tradução de Julia Romeu. São Paulo: Penguin-Companhia, 2021.

Lennard J. Davis, *Obsession: A History*. Chicago: University of Chicago Press, 2008.

Jean-Étienne Esquirol, *Mental Maladies: A Treatise on Insanity*. Tradução de E. K. Hunt. Londres: Lea and Blanchard, 1845.

Jean-Pierre Falret, *De la Nonexistence de la Monomanie*. Paris: Rignoux, 1854.

Jan Goldstein, "Professional Knowledge and Professional Self-Interest: The Rise and Fall of Monomania in 19th-Century France". *International Journal of Law and Psychiatry*, vol. 21, nº 4, 1998.

Herbert Melville, *Moby Dick*. Tradução de Irene Hirsch e Alexandre Barbosa de Souza. São Paulo: Cosac Naify, 2008.

Edgar Allan Poe, "Berenice". *Southern Literary Messenger*, março de 1835.

Lindsey Stewart, "Monomania: The Life and Death of a Psychiatric Idea in Nineteenth-Century Fiction 1836-1860". Tese de doutorado. Open University, 2018.

Kate Summerscale, *As suspeitas do sr. Whicher: A história real de um dos crimes mais chocantes da Inglaterra vitoriana e do detetive que inspirou Charles Dickens e Arthur Conan Doyle*. Tradução de Celso Nogueira. São Paulo: Companhia das Letras, 2009.

Anthony Trollope, *He Knew He Was Right*. Londres: Strahan and Company, 1869.

MONOMANIA HOMICIDA

J. P. Eigen, "Delusion in the Courtroom: The Role of Partial Insanity in Early Forensic Testimony". *Medical History*, vol. 35, 1991.

Jean-Étienne Esquirol, *Mental Maladies: A Treatise on Insanity*. Tradução de E. K. Hunt. Londres: Lea and Blanchard, 1845.

Michel Foucault, *História da loucura na Idade Clássica*. Tradução de José Teixeira Coelho Neto. São Paulo: Perspectiva, 1972.

Jan Goldstein, "Professional Knowledge and Professional Self-Interest: The Rise and Fall of Monomania in 19th-Century France". *International Journal of Law and Psychiatry*, vol. 21, nº 4, 1998.

David W. Jones, "Moral Insanity and Psychological Disorder: The Hybrid Roots of Psychiatry". *History of Psychiatry*, vol. 28, nº 3, 2017.

R. Smith, *Trial by Medicine: Insanity and Responsibility in Victorian Trials*. Edimburgo: Edinburgh University Press, 1981.

Kate Summerscale, *The Wicked Boy: The Mystery of a Victorian Child Murderer*. Londres: Penguin, 2016.

MUSOFOBIA

Sigmund Freud, *Freud (1909-1910) — Obras completas volume 9: Observações sobre um caso de neurose obsessiva ["O homem dos ratos"], Uma recordação de infância de Leonardo da Vinci e outros textos*. Tradução de Paulo César de Souza. São Paulo: Companhia das Letras, 2013.

George Orwell, *1984*. Tradução de Heloisa Jahn e Alexandre Hubner. São Paulo: Companhia das Letras, 2009.

D. J. Taylor, *Orwell: The Life*. Londres: Chatto & Windus, 2003.

NICTOFOBIA

David Cohen, *J. B. Watson: The Founder of Behaviourism*. Londres: Routledge & Kegan Paul, 1979.

Georges Devereux, "A Note on Nyctophobia and Peripheral Vision". *Bulletin of the Menninger Clinic*, vol. 13, nº 3, 1949.

Tim Edensor, *From Light to Dark: Daylight, Illumination, and Gloom*. Mineápolis: University of Minnesota Press, 2017.

Sigmund Freud, *Freud (1916-1917) — Obras completas volume 13: Conferências introdutórias à psicanálise*. Tradução de Sergio Tellaroli. São Paulo: Companhia das Letras, 2014.

Jocelynne Gordon, Neville J. King, Eleonora Gullone, Peter Muris e Thomas H. Ollendick, "Treatment of Children's Nighttime Fears: The Need for a Modern Randomised Controlled Trial". *Clinical Psychology Review*, vol. 27, nº 1, 2007.

G. Stanley Hall, "A Study of Fears". *American Journal of Psychology*, vol. 8, nº 2, 1897.

David A. Kipper, "In Vivo Desensitization of Nyctophobia: Two Case Reports". *Psychotherapy*, vol. 17, nº 1, 1980.

Peter Muris, Harald Merckelbach, Thomas Hollendick, Neville J. King e Nicole Bogie, "Children's Nighttime Fears: Parent-Child Ratings of Frequency, Content, Origins, Coping Behaviors and Severity". *Behaviour Research and Therapy*, vol. 39, nº 1, 2001.

NINFOMANIA

Lilybeth Fontanesi et al., "Hypersexuality and Trauma: A Mediation and Moderation Model From Psychopathology to Problematic Sexual Behavior". *Journal of Affective Disorders*, vol. 281, 2021.

R. B. Gartner, *Betrayed as Boys: Psychodynamic Treatment of Sexually Abused Men*. Nova York: Guilford Press, 1999.

J. R. Giugliano, "Sex Addiction as a Mental Health Diagnosis: Coming Together or Coming Apart?". *Sexologies*, vol. 22, nº 3, 2013.

Carol Groneman, *Nymphomania: A History*. Nova York: W. W. Norton & Company, 2001.

Carol Groneman, "Nymphomania: The Historical Construction of Female Sexuality". *Signs*, vol. 19, nº 2, 1994.

Barry Reay, Nina Attwood e Claire Gooder, *Sex Addiction: A Critical History*. Cambridge: Polity, 2015.

Sarah W. Rodriguez, "Rethinking the History of Female Circumcision and Clitoridectomy: American Medicine and Female Sexuality in the Late Nineteenth Century". *Journal of the History of Medicine and Allied Sciences*, vol. 63, nº 3, 2008.

Keren Skegg, Shyamala Nada-Raja, Nigel Dickson e Charlotte Paul, "Perceived 'Out of Control' Sexual Behavior in a Cohort of Young Adults from the Dunedin Multidisciplinary Health and Development Study". *Archives of Sexual Behavior*, vol. 39, nº 4, 2009.

NOMOFOBIA

Nicola Luigi Bragazzi e Giovanni del Puente, "A Proposal for Including Nomophobia in the New *DSM-V*". *Psychology Research and Behavior Management*, vol. 16, nº 7, 2014.

Amber Case, "The Cell Phone and its Technosocial Sites of Engagement". Tese de doutorado. Lewis and Clark College, 2007.

Russell B. Clayton, Glenn Leshner e Anthony Almond, "The Extended iSelf: The Impact of iPhone Cognition, Emotion, and Physiology". *Journal of Computer-Mediated Communication*, vol. 20, nº 2, 2015.

Charlie D'Agata, "Nomophobia: Fear of Being Without Your Cell Phone". *CBS News*, 3 de abril de 2008.

Keith Griffith, "Cambridge Dictionary Reveals Its Word of the Year: Nomophobia". *Daily Mail*, 30 de dezembro de 2018.

Chuong Hock Ting e Yoke Yong Chen, "Smartphone Addiction", in Ceclia A. Essau e Paul H. Delfabbro (orgs.), *Adolescent Addiction: Epidemiology, Assessment, and Treatment* (2ª ed.). Cambridge, Massachusetts: Academic Press, 2020.

ODONTOFOBIA

Dina Gordon, Richard G. Heimberg, Marison I. Tellez e Amid I. Ismail, "A Critical Review of Approaches to the Treatment of Dental Anxiety in Adults". *Journal of Anxiety Disorders*, vol. 27, nº 4, 2013.

Isaac M. Marks e Randolph M. Nesse, "Fear and Fitness: An Evolutionary Analysis of Anxiety Disorders". *Ethology and Sociobiology*, vol. 15, nº 5, 1994.

Rosa de Stefano, "Psychological Factors in Dental Patient Care: Odontophobia". *Medicina*, vol. 55, nº 10, 2019.

OFIDIOFOBIA

Stephen T. Asma, "Monsters on the Brain: An Evolutionary Epistemology of Horror'. *Social Research*, vol. 81, nº 4, 2014.

Charles Darwin, *A expressão das emoções no homem e nos animais*. Tradução de Leon de Souza Lobo Garcia. São Paulo: Companhia das Letras, 2009.

G. Stanley Hall, "A Synthetic Genetic Study of Fear: Part 2". *American Journal of Psychology*, vol. 25, nº 3, 1914.

Lynne A. Isbell, "Snakes as Agents of Evolutionary Change in Primate Brains". *Journal of Human Evolution*, vol. 51, 2006.

Lynne A. Isbell, *The Fruit, the Tree, and the Serpent: Why We See So Well*. Harvard, Massachusetts: Harvard University Press, 2009.

Arne Öhman e Susan Mineka, "Fears, Phobias, and Preparedness: Towards an Evolved Module of Fear and Fear Learning". *Psychological Review*, vol. 108, nº 3, 2001.

Arne Öhman e Susan Mineka, "The Malicious Serpent: Snakes as a Prototypical Stimulus for an Evolved Module of Fear". *Current Directions in Psychology*, vol. 12, nº 1, 2003.

Arne Öhman, "Phobia and Human Evolution", in Larry R. Squire (org.), *Encyclopedia of Neuroscience*. Londres: Academic Press, 2009.

ONEOMANIA

Jean Harvey Baker, *Mary Todd Lincoln: A Biography*. Nova York: W. W. Norton & Company, 1987.

Bernardo Dell'Osso, Andrea Allen e A. Carlo Altamura, "Impulsive-Compulsive Buying Disorder: Clinical Overview". *Australian and New Zealand Journal of Psychiatry*, vol. 42, nº 4, 2008.

Darian Leader, *Simplesmente bipolar*. Tradução de Vera Ribeiro. Rio de Janeiro: Zahar, 2015.

ONICOTILOMANIA

Evan A. Rieder e Antonella Tosti, "Onychotillomania: An Underrecognized Disorder". *Journal of the American Academy of Dermatology*, vol. 75, nº 6, 2016.

Ivar Snorrason e Douglas W. Woods, "Nail Picking Disorder (Onychotillomania): A Case Report". *Journal of Anxiety Disorders*, vol. 28, nº 2, 2014.

ONOMATOMANIA

Daniel Hack Tuke, "Imperative Ideas". *Brain*, vol. 17, 1894.

ORNITOFOBIA

Dell Catherall, "Birdwoman: Or My Fear of Feathers". *Globe and Mail*, 20 de março de 2015.

Adam Phillips, *Beijo, cócegas e tédio — o inexplorado da vida à luz da psicanálise*. Tradução de Rubens Figueiredo. São Paulo: Companhia das Letras, 1996.

S. Pink, "ID Crisis as Birds Flock to US Gigs: Exclusive Niall Pigeon Phobia Flap". *Sun*, 30 de março de 2012.

OSMOFOBIA

Duika L. Burges Watson, Miglena Campbell, Claire Hopkins, Barry Smith, Chris Kelly e Vincent Deary, "Altered Smell and Taste: Anosmia, Parosmia and the Impact of Long Covid-19". *PLOS ONE*, 24 de setembro de 2021.

Ahmad Chitsaz, Abbas Ghorbani, Masoumed Dashti, Mohsen Khosravi e Mohammedreza Kianmehr, "The Prevalence of Osmophobia in Migrainous and Episodic Tension Type Headaches". *Advanced Biomedical Research*, vol. 6, nº 44, 2017.

OVOFOBIA

Oriana Fallaci, *The Egotists: Sixteen Surprising Interviews*. Chicago: Henry Regnery, 1963.

Casey McCittrick, *Hitchcock's Appetites: The Corpulent Plots of Desire and Dread*. Londres: Bloomsbury Academic, 2016.

PANTOFOBIA

Wilhelm Stekel, *Peculiarities of Behaviour: Wandering Mania, Dipsomania, Cleptomania, Pyromania and Allied Impulsive Acts*. Tradução de James S. van Teslaar. Nova York: Boni and Liveright, 1924.

PEDIOFOBIA

Ernst Jentsch, "On the Psychology of the Uncanny", 1906, tradução de Roy Sellars, in Jo Collins e John Jervis (org.), *Uncanny Modernity*. Londres: Palgrave MacMillan, 2008.

Rachana Pole e G. K. Vankar, "Doll Phobia — Single Session Therapy". *Archives of Indian Psychiatry*, vol. 13, 2013.

Leo Rangell, "The Analysis of a Doll Phobia". *International Journal of Psycho-Analysis*, vol. 33, 1952.

Laura Spinney, "Spooked? Locating the Uncanny Valley". *New Scientist*, 29 de outubro de 2016.

Kate Summerscale, *The Queen of Whale Cay: The Extraordinary Life of "Joe" Carstairs, the Fastest Woman on Water*. Londres: Bloomsbury, 2012.

PIROMANIA

Associação Norte-Americana de Psiquiatria (APA), 5ª edição do *Manual Diagnóstico e Estatístico de Transtornos Mentais – DSM*. Tradução de Aristides Volpato Cordioli, Cristiano Tschiedel Belem da Silva, Ives Cavalcante Passos, Christian Kieling e Mário Tregnago Barcellos. Porto Alegre: Artmed, 2014.

Jonathan Andrews, "From Stack-Firing to Pyromania: Medico-Legal Concepts of Insane Arson in British, US and European Contexts, c. 1800-1913". *History of Psychiatry*, vol. 21, 2010.

Lydia Dalhuisen, "Pyromania in Court: Legal Insanity versus Culpability in Western Europe and the Netherlands (1800--1950)". *International Journal of Law and Psychiatry*, vol. 58, 2008.

Jean-Étienne Esquirol, *Mental Maladies: A Treatise on Insanity*. Tradução de E. K. Hunt. Londres: Lea and Blanchard, 1845.

Sigmund Freud, *Freud (1930-1936) — Obras completas volume 18: O mal-estar na civilização, Novas conferências introdutórias e outros textos*. Tradução de Paulo César de Souza. São Paulo: Companhia das Letras, 2010.

Jeffrey L. Geller, Jonathon Eden e Rosa Lynn Pinkus, "A Historical Appraisal of America's Experience with 'Pyromania' — a Diagnosis in Search of a Disorder". *International Journal of Law and Psychiatry*, vol. 9, 1986.

J. E. Grant, N. Thomarios e B. L. Odlaug, "Pyromania", in George Koob (org.), *Encyclopedia of Behavioural Neuroscience*. Vancouver: Elsevier Science, 2010.

Nolan D. C. Lewis e Helen Yarnell, *Pathological Fire-Setting (Pyromania)*. Nova York: Nervous and Mental Disease Monographs, 1951.

Wilhelm Stekel, *Peculiarities of Behaviour: Wandering Mania, Dipsomania, Cleptomania, Pyromania and Allied Impulsive Acts*. Tradução de James S. van Teslaar. Nova York: Boni and Liveright, 1924.

Sarah Wheaton, "Memoirs of a Compulsive Firesetter". Psychiatry Online, 1º de agosto de 2001. Disponível em: ps.psychiatryonline.org/doi/full/10.1176/appi.ps.52.8.1035.

PLUTOMANIA

Nick D'Alton, "The American Planet". *American History*, vol. 40, nº 4, 2005.

Edwin Lawrence Godkin, "Who Will Pay the Bills of Socialism?". *The Forum*, vol. 17, 1894.

Thomas Urquhart, "Ekskybalauron" (1652), *Tracts of the Learned and Celebrated Antiquarian Sir Thomas Urquhart of Cromarty*. Edimburgo: Charles Herriott, 1774.

PNIGOFOBIA

Richard J. McNally, "Choking Phobia: A Review of the Literature". *Comprehensive Psychiatry*, vol. 35, nº 1, 1994.

Lars-Göran Öst, "Cognitive Therapy in the Case of Choking Phobia". *Behavioural Psychotherapy*, vol. 20, 1992.

POGONOFOBIA

Valerie A. Curtis, "Dirt, Disgust and Disease: A Natural History of Hygiene". *Journal of Epidemiological Community Health*, vol. 61, nº 8, 2007.

Roald Dahl, *Os pestes*. Tradução de Angela Mariani. São Paulo: Editora 34, 2009.

Sam Jones, "Disney Lifts Beard Ban for Workers". *The Guardian*, 24 de janeiro de 2012.

Ed Lowther, "A History of Beards in the Workplace". *BBC News*, 14 de agosto de 2013.

Danielle Sheridan, "Why Roald Dahl Bristled at the Sight of Beards". *The Times* (Londres), 12 de setembro de 2015.

David A. Smith e James M. Willson, "Affairs Abroad". *Covenanter*, vol. 7, 1851.

Alun Withey, *Concerning Beards: Facial Hair, Health and Practice in England 1650-1900*. Londres: Bloomsbury, 2021.

PRESENTEMANIA

Anônimo, "Suffering from 'Giftomania'". *Daily News* (Londres), 22 de janeiro de 1897.

PTERONOFOBIA

G. Stanley Hall, "A Study of Fears". *American Journal of Psychology*, vol. 8, nº 2, 1897.

SEDATOFOBIA

Bruce Fell, "Bring the Noise: Has Technology Made Us Scared of Silence?". *The Conversation*, 30 de dezembro de 2012.

Imke Kirste, Zeina Nicola, Golo Kronenberg e Tara L. Walker, "Is Silence Golden? Effects of Auditory Stimuli and their Absence on Adult Hippocampal Neurogenesis". *Brain Structure and Function*, vol. 220, 2015.

SIDERODROMOFOBIA

George Miller Beard, *A Practical Treatise on Nervous Exhaustion (Neurasthenia): Its Symptoms, Nature, Sequences, Treatment*. Nova York: William Wood & Company, 1880.

Sigmund Freud, *Freud (1901-1905) — Obras completas volume 6: Três ensaios sobre a teoria da sexualidade, Análise fragmentária de uma histeria ("O caso Dora") e outros textos*. Tradução de Paulo César de Souza. São Paulo: Companhia das Letras, 2016.

Laura Marcus, *Dreams of Modernity: Psychoanalysis, Literature, Cinema*. Cambridge: Cambridge University Press, 2014.

Malcolm Alexander Morris, *The Book of Health*. Londres: Cassell & Company, 1884.

Peter L. Rudnytsky, *Reading Psychoanalysis: Freud, Rank, Ferenczi, Groddeck*. Cornell, Ithaca: Cornell University Press, 2002.

SILOGOMANIA

Charles Dickens, *A casa soturna*. Tradução de Oscar Mendes. Rio de Janeiro: Nova Fronteira, 2018.

E. L. Doctorow, *Homer & Langley*. Tradução de Roberto Muggiati. Rio de Janeiro: Record, 2011.

Erich Fromm, *Análise do homem*. Tradução de Octavio Alves Filho. Rio de Janeiro: Zahar, 1983.

Randy O. Frost e Gail Steketee, *Stuff: Compulsive Hoarding and the Meaning of Things*. Nova York: Houghton Mifflin Harcourt, 2010.

Nikolai Gógol, *Almas mortas*. Tradução de Rubens Figueiredo. São Paulo: Editora 34, 2018.

Scott Herring, *The Hoarders: Material Deviance in Modern American Culture*. Chicago: University of Chicago Press, 2014.

Allan V. Horwitz, *Creating Mental Illness*. Chicago: University of Chicago Press, 2002.

Janet Malcolm, *A mulher calada: Sylvia Plath, Ted Hughes e os limites da biografia*. Tradução de Sergio Flaksman. São Paulo: Companhia das Letras, 2012.

Kenneth J. Weiss, "Hoarding, Hermitage, and the Law: Why We Love the Collyer Brothers". *Journal of the American Academy of Psychiatry and the Law*, vol. 38, nº 2, 2010.

TAFEFOBIA

Jan Bondeson, *Buried Alive: The Terrifying History of Our Most Primal Fear*. Nova York: W. W. Norton & Company, 2001.

Matt Moffett, "A Man Called Freud Can't Keep His Phobia Buried". *The Wall Street Journal*, 31 de outubro de 2008.

Enrico Morselli, "Dysmorphophobia and Taphephobia: Two Hitherto Undescribed Forms of Insanity with Fixed Ideas" [tradução inglesa de um artigo acadêmico de 1891]. *History of Psychiatry*, vol. 12, nº 45, 2001.

Edgar Allan Poe, "O enterro prematuro", in *Contos de imaginação e mistério*. Tradução de Cássio de Arantes Leite. São Paulo: Tordesilhas, 2012.

TALASSOFOBIA

Seán J. Harrington, "The Depths of Our Experience: Thalassophobia and the Oceanic Horror", in Jon Hackett e Seán Harrington (orgs.), *Beasts of the Deep: Sea Creatures and Popular Culture*. Londres: John Libbey, 2018.

Alan J. Jamieson, Glenn Singleman, Thomas D. Linley e Susan Casey, "Fear and Loathing of the Deep Ocean: Why Don't People Care About the Deep Sea?". *ICES Journal of Marine Science*, 21 de dezembro de 2020.

H. P. Lovecraft, "Dagon". *The Vagrant*, nº 11, 1919.

Kate Lyons, "Mining's New Frontier: Pacific Nations Caught in the Rush for Deep-Sea Riches". *The Guardian*, 23 de junho de 2021.

TELEFONOFOBIA

Anônimo, "Gossip". *Merthyr Express*, 8 de novembro de 1913.

Australian Associated Press, "Queen Mary Fears Phones". *Sun* (Sydney), 12 de março de 1953.

Daisy Buchanan, "Wondering Why That Millennial Won't Take Your Phone Call? Here's Why". *The Guardian*, 26 de agosto de 2016.

Sigmund Freud, *O mal-estar na civilização*. Tradução de Paulo César de Souza. São Paulo: Penguin-Companhia, 2011.

Robert Graves, *Goodbye to All That*. Londres: Jonathan Cape, 1929.

Rob Stott, "Telephonophobia: It's a Real Thing". *Now Associations*, 11 de outubro de 2013.

David Trotter, *The Uses of Phobia: Essays on Literature and Film*. Malden, Massachusetts: Wiley-Blackwell, 2010.

John Zilcosky, *Kafka's Travels: Exoticism, Colonialism and the Traffic of Writing*. Londres: Palgrave Macmillan, 2004.

TETRAFOBIA

Anônimo, "Nothing to Fear... But Four Itself". *The Economist*, 5 de dezembro de 2015.

Anônimo, "Tetraphobia and Doing Business in Asia". *Acclaro*, 4 de abril de 2012.

Jo Chim, "Tetraphobia: Overcoming My Fear of Four". Medium, 24 de agosto de 2020. Disponível em: medium.com/@jochim/tetraphobia-15778da79bd1.

David P. Philips, George C. Liu, Kennon Kwok, Jason R. Jarvinen, Wei Zhang e Ian S. Abramson, "The *Hound of the Baskervilles* Effect: A Natural Experiment on the Influence of Psychological Stress on the Timing of Stress". *British Medical Journal*, 22 de dezembro de 2001.

TOCOFOBIA

Kristina Hofberg e Ian Brockington, "Tokophobia: An Unreasoning Dread of Childbirth". *British Journal of Psychiatry*, vol. 176, nº 1, 2000.

Laura Jacobs, "The Devil Inside: Watching *Rosemary's Baby* in the Age of #MeToo". *Vanity Fair*, 31 de maio de 2018.

Ashley Lauretta, "Too Afraid to Have a Baby". *The Atlantic*, 29 de junho de 2016.

Maeve A. O'Connell, Patricia Leahy-Warren, Ali S. Khashan, Louise C. Kenny e Sinéad M. O'Neill, "Worldwide Prevalence of Tocophobia in Pregnant Women: Systematic Review and Meta-Analysis". *Acta Obstetricia et Gynecologica Scandinavica*, 30 de março de 2017.

P. Slade, K. Balling, K. Sheen e G. Houghton, "Establishing a Valid Construct of Fear of Childbirth: Findings from In-Depth Interviews with Women and Midwives". *BMC Pregnancy and Childbirth*, vol. 19, 2019.

TRICOMANIA

Charles Baudelaire, "Um hemisfério em uma cabeleira", in *O spleen de Paris: Pequenos poemas em prosa*. São Paulo: Editora 34, 2020.

Robert Graves, *The Common Asphodel*. Londres: H. Hamilton, 1949.

Richard von Krafft-Ebing, *Psychopathia Sexualis: A Clinical--Forensic Study*. Tradução de Charles Gilbert Chaddock. Londres: Rebman, 1894.

TRICOTILOMANIA

Bridget Bradley e Stefan Ecks, "Disentangling Family Life and Hair Pulling". *Medical Anthropology*, vol. 10, 2018.

Hemali Chhapia, "Ordinary Jains into Extreme Penance: Every Hair Pulled Out". *Times of India*, 19 de agosto de 2012.

François Henri Hallopeau, "Alopecia par Grattage (Trichomania ou Trichotillomania)". *Annales de Dermatologie et Syphilologie*, vol. 10, 1889.

Pierre Janet, "On the Pathogenesis of Some Impulsions". *Journal of Abnormal Psychology*, vol. 1, nº 1, 1906.

Miri Keren, Adi Ron-Miara, Ruth Feldman e Samuel Tyano, "Some Reflections on Infancy-Onset Trichotillomania". *Psychoanalytic Study of Childhood*, vol. 61, 2006.

Jemima Khan, "Beautiful Women Who Tear Out Their Hair". *The Times* (Londres), 22 de fevereiro de 2009.

Daniela G. Sampaio e Jon E. Grant, "Body-Focused Repetitive Behaviors and the Dermatology Patient". *Clinical Dermatology*, vol. 36, nº 6, 2018.

S. Swedo e J. Rapoport, "Trichotillomania". *Journal of Child Psychology and Psychiatry and Allied Disciplines*, vol. 32, 1991.

TRIPOFOBIA

Jennifer Abbasi, "Is Trypophobia a Real Phobia?". *Popular Science*, 25 de julho de 2011. Disponível em: www.popsci.com/trypophobia/.

Chrissie Giles, "Why Do Holes Horrify Me?". *Mosaic*, Wellcome, 12 de novembro de 2019.

Tom R. Kupfer e An T. D. Le, "Disgusting Clusters: Trypophobia as an Overgeneralised Disease Avoidance Response". *Cognition and Emotion*, vol. 32, nº 4, 2018.

Juan Carlos Martinez-Aguayo et al., "Trypophobia: What Do We Know So Far? A Case Report and Comprehensive Review of the Literature". *Frontiers in Psychiatry*, vol. 9, 2018.

Anna Medaris Miller, "Living with Trypophobia: a Fear of Honeycomb-Like Patterns". *USNews.com*, 30 de outubro de 2017. Disponível em: health.usnews.com/wellness/articles/2017-10-30/living-with-trypophobia-a-fear-of-honeycomb-like-patterns.

Ali Szubiak, "Kendall Jenner Suffers From 'Really Bad' Trypophobia". *Popcrush*, 18 de agosto de 2016. Disponível em: popcrush.com/kendall-jenner-trypophobia/.

TRISCAIDECAFOBIA

Melissa Chan, "Why Friday the 13th Is a Real Nightmare for Some People". *Time*, 13 de outubro de 2017.

Scott Grier e Alex R. Manara, "Admission to Bed 13 in the ICU Does Not Reduce the Chance of Survival". *Journal of Critical Care*, vol. 48, 2018.

Brian Handwerk e John Roach, "Where Our Fear of Friday the 13th Came From". *National Geographic*, 13 de novembro de 2015.

TULIPAMANIA

Hilary Evans e Robert Bartholomew, *Outbreak! The Encyclopedia of Extraordinary Social Behavior*. San Antonio, Texas: Anomalist Books, 2009.

Anne Goldgar, *Tulipmania: Money, Honor, and Knowledge in the Dutch Golden Age*. Chicago: University of Chicago Press, 2007.

Charles Mackay, *A história das ilusões e loucuras das massas — as armadilhas dos cisnes negros*. Tradução de Eduardo Levy. Barueri: Faro Editorial, 2020.

XENOFOBIA

David M. Amodio, "The Neuroscience of Prejudice and Stereotyping". *Neuroscience*, vol. 15, 2014.

Joanna Bourke, *Fear: A Cultural History*. Londres: Virago, 2005.

Amanda Hess, "How '-Phobic' Became a Weapon in the Identity Wars". *The New York Times*, 20 de janeiro de 2016.

Joost Abraham Mauritis Meerloo, *Aftermath of Peace: Psychological Essays*. Nova York: International Universities Press, 1946.

Mark Schaller, "The Behavioural Immune System and the Psychology of Human Sociality". *Philosophical Transactions of the Royal Society of Biological Sciences*, 12 de dezembro de 2011.

XILOFOBIA

David Alegre Lorenz, "Fear and Loathing on the Eastern Front: Soviet Forests and the Memory of Western Europeans in the German Military Forces, 1941-1944". *Journal of Modern European History*, vol. 19, nº 1, 2021.

ZOOFOBIA

Graham C. L. Davey et al., "A Cross-Cultural Study of Animal Fears". *Behaviour Research and Therapy*, vol. 36, n°s 7-8, 1998.

Jakub Polák, Silvie Rádlová et al., "Scary and Nasty Beasts: Self--Reported Fear and Disgust of Common Phobic Animals". *British Journal of Psychology*, 11 de junho de 2019.

Vincent Taschereau-Dumouchel et al., "Towards an Unconscious Neural Reinforcement Intervention for Common Fears". *Proceedings of the National Academy of Sciences of the United States of America*, vol. 114, n° 13, 2018.

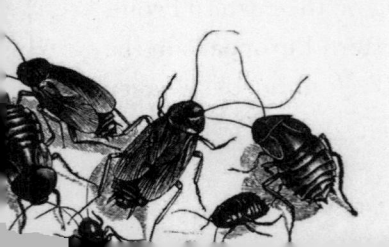

AGRADECIMENTOS

—

Sou muito grata a todas as pessoas que falaram comigo sobre este livro ou leram partes dele — em especial durante os longos períodos de confinamento na pandemia —, entre eles Anjana Ahuja, Hal Currey, Graham Davey, Rose Dempsey, Shomit Dutta, Miranda Fricker, Victoria Lane, Sinclair McKay, Ruth Metzstein, Robert Randall, John Ridding, Laurence Scott, Sophie Scott, Wycliffe Stutchbury, Ben Summerscale, Juliet Summerscale e Frances Wilson. Meus agradecimentos à equipe da Wellcome Collection e da Biblioteca Britânica, e a Martha Stutchbury pelo maravilhoso trabalho de pesquisa.

Obrigada a todos que ajudaram a produzir o livro, principalmente minha brilhante editora, Francesca Barrie, da Wellcome Collection, e também Alex Elam, Andrew Franklin, Graeme Hall, Pete Dyer, Hannah Ross, Rosie Parnham, Jack Murphy, Claire Beaumont e Ellen Johl, da Profile Books, e Ann Godoff, Virginia Smith Younce e Caroline Sydney, da Penguin Press. Obrigada a Kate Johnson pela esplêndida revisão, e a Nathan Burton e James Alexander pelo design. Como sempre, meu muito obrigada aos meus agentes literários, Georgia Garrett e Melanie Jackson, e a Honor Spreckley. Este livro é dedicado, com amor, ao meu filho Sam.

FOBIAS

Aglomerados de buracos ... 249	Espaços confinados ... 76	Pipoca ... 134
Água ... 48, 152	Estrangeiros ... 255	Ratos ... 182
Algas ... 127	Falar em público ... 148	Ruborizar ... 119
Algodão ... 58	Ferimentos ... 139	Ruídos ... 142
Altura ... 30	Ficar sem celular ... 191	Sangue ... 139
Animais ... 258	Florestas ... 257	Sapos ... 60
Animais minúsculos ... 28	Gatos ... 44	Ser enterrado vivo ... 234
Aranhas ... 49	Germes ... 166	Ser tocado ... 36
Balões e bexigas ... 148	Homossexualidade ... 158	Silêncio ... 223
Barbas ... 220	Injeções ... 139	Solidão ... 176
Bonecos ... 209	Insetos ... 111	Sujeira ... 166
Botões ... 130	Mar ... 237	Telefones ... 239
Cães ... 72	Nada ... 156	Tomar banho ... 25
Caiaques ... 132	Número 4 ... 241	Trabalhar ... 119
Cavalos ... 115	Número 13 ... 251	Trens ... 225
Cheiros ... 205	Outras pessoas ... 137	Trovão ... 69
Cobras ... 196	Ovos ... 206	Tudo ... 208
Dentistas ... 194	Palavras longas ... 157	Urinar em lugares públicos ... 136
Dormir ... 155	Palhaços ... 89	Voar ... 33
Engasgar ... 218	Palíndromos ... 43	Vômito ... 107
Envelhecer ... 146	Parto ... 242	Zombaria ... 144
Escuridão ... 183	Pássaros ... 203	
Espaços abertos ... 37	Pelos de animais ... 100	
	Penas ... 222	

MANIAS

Acumulação 227	Generosidade 222
Álcool 99	Gritar 80
Arrancar cabelos 246	Indecisão 26
Assassinar 179	Livros 64
Beatles 61	Mentir 172
Cabelo 244	Poder 164
Caminhar 103	Provocar incêndios 213
Comprar 199	Rir 161
Contar 55	Ser objeto de desejo 124
Cutucar a pele 97	Sexo 187
Cutucar as unhas 201	Si mesmo 107
Dançar 86	Tocar coisas 37
Demônios 93	Tristeza 160
Dinheiro 217	Tulipas 252
Encolhimento 165	Uma coisa 177
Escrever 150	Uma palavra 203
Furtar 81	

- intrinseca.com.br
- @intrinseca
- editoraintrinseca
- @intrinseca
- @editoraintrinseca
- editoraintrinseca

1ª edição	OUTUBRO DE 2023
impressão	IMPRENSA DA FÉ
papel de miolo	PÓLEN NATURAL 70G/M²
papel de capa	CARTÃO SUPREMO ALTA ALVURA 250G/M²
tipografia	SABON LT